建築・都市レビュー叢書 07

空間の名づけ

Aと非Aの重なり

塩崎太伸 *Taishin Shiozaki*

NTT出版

はじめに

空間はこうして、白いページに記された言葉や記号だけを伴って現れる。空間を記述するとは、名づけ、線引きすることだ。海岸という海岸を、港や岬や入り江の名で埋め尽くし、ついには陸地と海を隔てるものといえば、帯状に連なった文字だけにしてしまった、あの古の海図作りたちのように。ボルヘスが描いた場所、世界全体を同時に見渡すことができるというあのアレフも、ヘブライ文字の一つに他ならないではないか。

ジョルジュ・ペレック『さまざまな空間』

建築を少し意識的に考えるようになって以来、わたしがしようとしてきたことはおそらく、空間をつくることだけというよりも、自分でつくる空間であろうとそうでなかろうと、何かしらの「名づけ」を与えること、また、与えることができそうな空間を見つけること、そしてときには、誰かが名づけた空間にうなずいたり唸ったりすること、であったように思う。

空間は空間と呼ばれて初めて存在して、認識されるようになったけれども、建築家はそれに満足せずに、というより抽象的で空虚な空間という実体のよくわからないものに、さらなる名づけ

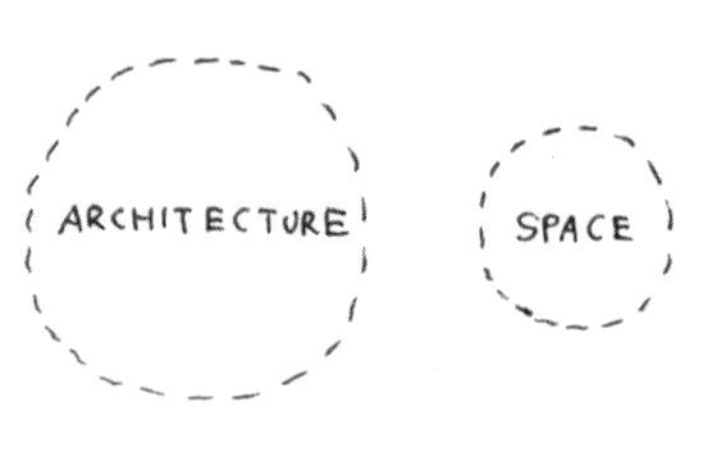

をおこなってはその可能性を議論してきた。今「名づけ」という言い方で話し始めているのは、本書でさまざまな角度から検討する鍵語であって、何を指して名づけと呼ぶかは、今はまだ宙に浮かべたままでこの話を始めたいと思う。そしてまた、名づけられる相手である空間という物も、話が広がりすぎないために視線の先に置かれた何かくらいに思っておいてもらえればそれでかまわない。

実際のところ20世紀から21世紀の初頭にかけて空間という語は、おおよそ建築と置き換えても話が通るくらいに曖昧な言葉として建築の分野においてはもちいられてきている。そしてまた、何を指して空間というか、の方が難問となっていて、その回答のためにはおそらく、建築の、そして空間の自律性をめざしたモダニズムの頃の文学や諸芸術における時空間表象と建築のそれとの比べによって、時間芸術と空間芸術それぞれの、時間の空間化と空間の時間化についての検討が必要になってきてしまうだろう。そのためにはあの奇跡の1905年に立ち戻って、アインシュタインの3大業績の1つを、時間と空間の絡まりを、繙く必要が生じるのかもしれない。だから、それは本書の先にのこされる課題のように思う。そもそも日本においては、空間と時間という概念は混ざり合っていて、ただただ「間」という狭間を示す概念

があったのだ。

またとくにわたしと同世代か、あるいはもっと若い世代の建築家にとっては、空間という語にある種の形式性（形式という語についても後でじっくり考えよう）、あるいはもうすでに様式性といってもいいような堅苦しさを感じる人もいるはずであるから、そうした人は「場所の」名づけと変換しておくのがよいかもしれない。実際、本書で扱われるであろう子どもの遊び場の名づけや、伝統手仕事産業の仕事場における名づけなどは、本来的には空間という語が適しているはずであるにもかかわらず、今のわたしたちの感覚としては場所と呼んだ方が、すっと、かつての思い出の時間に、あるいは長い歴史が連綿とつくりあげてきたローカルな慣習に、立ち戻れるに違いないであろう。

ともかくも、わたしは抽象的で曖昧でよくわからない言葉をもちいて眩ますつもりがあるわけではなくて、むしろその逆に、モダニズム期につくられてしまった空間という何ものかを、単純に別の言葉に逃げるのではなく、本書で少しでも解きほぐしたいと思っている。そもそもわたしたちが子どもの頃から少しずつ獲得してきた目の前のこの世界（あるいは環境）とは、わたしたちの名づけとその移り変わりそのものではなかったか。世界のすべてに名づけがあると信じられていたのは遠い昔で、いまや世界のすべてが名づけられ

るなんていう幻想［▼1］を抱くことすらめまいとともにあきらめてしまうほどに、目の前に広がる情報の量はわたしたちを窮屈にしているけれど、それでも手の届く範囲にある／あった物やそれらの関係（本書ではまさにそれを空間と呼んでいる）にある／あった名づけはもっと考える対象にしてもいいのではないかと思う。

わたしたちの生きる世界のさまざまな物や人や場所には、それぞれに名前があり、またその名前は永遠のものではなくて、変化したり、合わさったり分かれたりする。皆で共有している名前もあれば、個人的に密かにつけられた名前や、数人のコミュニティでのみ通用する名前もある。なるほどと思う由来があることもあれば、もともとの意味から離れて名前だけ生きながらえていることもある。

たとえば日本各地の営みと住まいにも、それぞれに名前がある。農業・窯業・染織業・蚕業・漁業・工業どれを取ってみても、それぞれの営みに応じた空間があって、それぞれの作業場所に名前がついていることも多い。面白いことにその名づけを観察すると、1人の作家が篭っておこなう作業の場所には名前がないことが多い。わたしたちは2人以上で同じ場所を同じ目的で使うときに初めて名づけを必要とするのだ。

また近代以降の産業効率化にともなって、多くの手仕事の営みから手間のかかる作業工程が機械化されて、なくなっていった。工程とその名前が機械工程に残ったとしても、かつて使われていた特徴的な場所とその名づけは、わたしたちの歴史から跡形もなく消えていってしまう運命にある。たとえば窯業においてもっとも重要な、土をつくる水簸(すいひ)という作業は、土練機という機械が取って代わった。水簸をおこなっていた場所が自然に帰してなくなっていくのとともに、ひょっとすると各場所にあったかもしれない職人どうしで呼ばれていた名づけは、職人に話を聞くことができない今[▼2]、すでに取り戻せなくなっている。こうした名づけを記憶することはわたしたちの責務であろうと思う。

わたしたちはこれから、建築家側(つくる側)からの空間の名づけと、古来より長い時間をかけて空間を使ってきた使用者側(つかう側)からの空間の名づけとの双方を検討する。本書ではそのために、先人の知恵や営みを参照するけれど、その中でとくに本書を書くきっかけとなったのは、美学者であるバーバラ・スタフォードの「ヴィジュアル・アナロジー」という考え方と、人類学者であるフィリップ・デスコラの「同一化」についての思想である。本書は方々に彷徨ってさくらんぼ摘みをするかのごとくに寄り道しながら「名づけ」について考えている。それはちょうどわたしたちの名づけがひょんな気まぐれから埋まっていくのと同じようなものでありつつも、ところどころでしばしば、このスタフォードとデスコラの言葉から得た着想の周辺を彷徨うことになる。ただ、そうしたいくつかの先行する考察について参照するけれども、ここでは精緻な哲学的議論を目的とせず（そもそも門外漢のわたしにそれは不可能であるので）、わたしたちが今現在の建築を考えるとき、あるいは何かに気づくうえで、参考にしうる事柄を都合の良いように切り取って拾い出していることをあらかじめ了解いただきたい。建築家には本を読む時間がないのだという、生前の篠原一男の言葉に励まされながら……。建築家であるためには少なくとも、思索のための思索でなく、創作のための思索でなくてはならぬ。だから恐れず、先人の言葉を借りて、多くの対比をいったん設定してみようと思う。

そして本書の中ほどでは、建築家によるつくる側からの空間の名づけの研究と、そして、それとはちょうど真逆に位置するわたしたちの日常の営みに染み込んでいるつかう側からの空間の名づけへの視線とが折り畳まれるように点在して置かれている。研究とはいっても本書では論理的な道筋での展開よりも、幼少期の母親の言葉のように、平易で途切れぬ、繰り返しの言葉がつらつらとどこまでも続くという体裁を取っている。だから読みにくくて仕方がないかもしれない。物や人や場所に、普段当たり前のようにこびりついている言葉を、そしてその言葉を剥ぎ取る作業を、慎重に距離と音色を測りながら言葉にしていきたい。言い訳がましいとか、余計な意味だとして消してしまおうとした言葉と、そのときの空気の記憶が、消えることを恐れて、結局書き残してしまうわたしの習性によるのかもしれない。

それでもこうした、重なりを剥がし、もう一度重ねる作業が、空間についての気づきにつながることを期待してわたしは文章を書きためた。

目次

空間の名づけ

Aと非Aの重なり

第1部 対比にあらがって

1　もっともあなたに近い名づけはあなた自身の名である

その帰りがけにバルザックはふとある裁縫屋の看板が目についた。見るとその看板にマーカスという名がかいてある。バルザックは手を拍うって「これだこれだこれに限る。マーカスは好い名じゃないか。マーカスの上へZという頭文字をつける、すると申し分のない名が出来る。Zでなくてはいかん。

夏目漱石『吾輩は猫である』

家の呼び名

あなたが、友人やお世話になった方、あるいは恋人や年老いた両親を、自宅に招こうとするとき、あなたのさまざまな記憶がこびりついているであろうその場所のことをあなたはなんと呼んできただろう。「きただろう」というのは、おそらくは、その呼び方が時と場所に応じて、招こうとする相手に応じて、そしてまた、あなたの成長に応じて変わってきていることをわたしは期待しているのでもある。それくらいに、家というのはさまざまな状況に満ちていると思うし、何ならば、それらの種類別に住まいのタイプを位置づけてしまいたいくらいだ。「ボクンチ来なよ」「ウチに来る?」「俺のイエでゲームしよう」「わたしのスマイにようこそ」「スミカは目黒に移ったんであそびにどうぞ」「ここが最近のネグラです」「アジトに行こう」「ワガヤにおいでいただきまして」「よろしければセッタクにお越しください」「今日はヒトツヤネノシタで語り合いましょう」……。さらに、家自身の寿命よりも長く続く屋号という呼び名が家には与えられることもある。

訪れ方も変わってきてはいまいか。言葉をなぞるだけでも、訪ねる・訪れる・行く・門をたたく・敷居を跨ぐ・お邪魔する……と、たくさんの家への「行き方」があるようだ。

はたして、このようにたくさんの「家」とそこへの「行き方」があるのは日本語特有なのかというと、やはりそんなことはなさそうだ。すぐに思い当たるだけでも英語にはハウスとホームがある。houseがどちらかというと家の建物としての側面を感じさせるのに対し、homeはそこで営まれる生活を含み込んだ家庭を感じさせる。家と庭を合わせて家庭である点にもあらためて気づく。建築家の清家清は住まいにはハウスとホームとの両方が必要で、今はホームの性格が少なくなってきているとの設計趣旨を今から50年以上前に述べていた。

その、住宅の場合ね、ホームとハウスとふたつの面があると思うんですよ。ハウスというと形態的な、造形的なもので、彫刻的なオブジェの意味が深くなると思うのですが、そういった意味でのよい住宅をつくるというのはやさしいと思うんですよ。問題はホーム——よい生活の場をつくるということではないでしょうか。そうすると、よい暮らしとは何かということが難しい問題になってきますけれどもね。……よい住宅というのはハウスとホームが一緒じゃなくちゃいけないんだと思いますね。

（清家［1961］「住宅設計の行き詰まりをめぐって」）

ファミリー（family）はhomeと近い意味で使われることもある。また、レジデンス（residence, residency）やdwelling、habitationという語も家を指してもちいられる。もちろんときにはbuildingという建物一般を指す語で呼ばれることもあるだろうし、architecture、あるいはspaceと名指されることもあるわけである。

住まいを近代化するということと、西欧化するということを取り違えているのではないか。西欧には西欧なりの住の歴史があり、その上での近代化が行われている。日本の住生活の近代化ということは、西欧での結果をそのまま輸入することではなくて、自分たちの生活を自分たちで近代化することなのである。この点をとりちがえているので、使われない居間などという問題がでてくるのだろう。それに住宅を設計するのは「建物」をつくるのではなくて「うち」をつくることなのである。居間が事務所や喫茶店であったり、台所が工場だったのではだめなので、生活のための場ということを抽象的にではなく考える必要があるのではないか。

（清家［1965］「居間をどう考えているか」）

タイプとトークン

こんなにもたくさんの呼び方があるけれども、それは、呼ぶ人が、そこに何を重ねているか、による。あるいは何を同一化しているかと言ってもよい。わたしたちはさまざまな物が、事が、人が、空虚としての空間に、あるいは家に宿るのをこれまで幾度となく感じてきた。わたしたちにとって、空間は、確かに、複製可能となることもある。その時その空間は、「タイプ」として名づけられる。ユニバーサルスペースという名づけは、タイプの名づけである。それは生み出されてからタイプ化され、特徴づけられた空間だ。また、同じようにタイプの名づけがおこなわれる空間にも、すでに巷に存在している空間が、集められて類型化されて名づけられることもある。引っ越した新しい街で、すぐにまた図書館を見つけられるのはこのためである。

こうしたタイプとしての空間の名づけと別に、「トークン」としての空間の名づけというものもある。トークンとはタイプを位置づけているひとつひとつの物のことだ。たとえばあなたが今コーヒーを飲んでいるとすると、そのコーヒーはコーヒーカップやマグカップ、あるいはアイスコーヒーならグラスに入っているかもしれない。それらの容れ物の種類はタイプである。交換可能なタイプとしてのコップ。「コップを買ってきて」とおつかいを頼まれれば、共有したイメージによって「その」コップを手に入れることができる。しかしそのたくさんあるコップは、ひとつひとつがトークンとしての意味をもつ。ある1つのコップが、思い出の日に大事な人からもらったプレゼントだとすると、それは交換できない価値をもつ。その交換不可能なコップは、トークンとしてのコップである。社会学者の岸政彦は、『断片的なものの社会学』で、自分の幼少期に気づいた小石の不思議さについて触れている。

> 小学校に入る前ぐらいのときに奇妙な癖があって、道端に落ちている小石を適当に拾い上げ、そのたまたま拾われた石をいつまでもじっと眺めていた。私を惹きつけたのは、無数にある小石のひとつでしかないものが、「この小石」になる不思議な瞬間である。……中略……そのへんの道ばたに転がっている無数の小石のなかから無作為にひとつを選びとり、手のひらに乗せて顔を近づけ、ぐっと意識を集中して見つめていると、しだいにそのとりたてて特徴のない小石の形、色、つや、表面の模様や傷がくっきりと浮かび上がってきて、他のどの小石とも違った、世界にたったひとつの「この小石」になる瞬間が訪れる。
>
> （岸［2015］）

そうしたトークンとしての空間の名づけも存在する。それはたいてい深い記憶と関係をもつ。

若くして交通事故で他界してしまった子どもが生前使っていた部屋は、親にとってはその部屋だけ時が止まったかのように感じ、いつまでもそのままにしておくかもしれない。その部屋はいつしか、太郎君の部屋から、太郎君のところと呼び換えられるかもしれない。そのとき、その1つの部屋はnLDKのnとして他の部屋と同様にナンバリングされるには、あまりに重い記憶が重ねられている。その部屋は帰らぬ人となった息子と同じ存在となる。わたしたちはこうした空間の名づけと、重なり・同一化について、のちに深く見ていくことにしよう。おそらくそこではペットやシャーマンと家族の問題、また毎日夜に見ているらしい夢の問題が関係してくる。

空間の重なりをめざして

もう少し家の呼び名の問題にとどまる。重ね、同一化されるものはまったく自由であるのだけれど、これまで建築が社会の中で立ち上がるときには時代の空気をふくんで限定されてきた。建築が社会的産物であると言われるのはそうした事情である。ある時代の空気のもとでは、重ねることが許されなかった物もあるかもしれないし、重ねることが可能なことにすら気づけなかったかもしれない。しかし本書ではときに、そうした時代背景とは別に話を進めることがある。そうすることができるのも言葉の特徴かと思う。たとえば、家を「父の間」と呼んだらどうであろう。わたしはそう呼ばれうる空間に足を踏み入れたことがある。そこは家族にとってほとんど父そのものに見えていただろう。そこで空間は父と重ねられ、そして父は空間と重ねられる。あるいは、家を「師の空間」と見る人もいる。師弟関係のある手工芸の作業場や、闘技における稽古場、道場などで弟子が師を思い描きながら修行をするとき、その空間は師のふるまいと一体化・同一化していることだろう。また、建築の世界では、建物の依頼者である建主が、設計者である「建築家の空間」を望み、自身の生きられた空間となってからもなお、そこを建築家の空間として見続けている関係に遭遇することがある。もしくは、家が自然とあまり違わなくなるくらいに重なることもある。日本を含むアジアでは家と自然は境界が曖昧に重なっていた。中国の庭園建築では、わざと建築を未完成のように見せる建築の形式が存在し、それを半建築と呼んで建築と自然の中間の存在として位置づけることがあるという。さらに子どもの遊び場はより自然と重なっている。そもそも子どもにとってはその場所が自然であるか人工であるかは重要でなく、未分化で、包まれ囲まれているかとか見晴らしが良いといった隠れ家性の方が重要なのだ。

こうした重なり・同一化の空間をめざして、いくつかの物の見方を経由して、本書の最後にはシャーマン的なる思考を通して、「対比的な空間の思考」から抗おうと思う。シャーマンとは、この世のものではない何者かを自身に憑依させ宿らせるものの総称である。彼らはときに神の言葉を民衆につたえる伝道師として、ときに死した家族の声を現世に蘇らせるイタコとして、この世界と別の世界の媒介者となった。わたしより若い世代の日本の読者にとっては、著名な漫画によってシャーマンという語になじみが深いかもしれない。彼らは自己を一度空にして別のものを

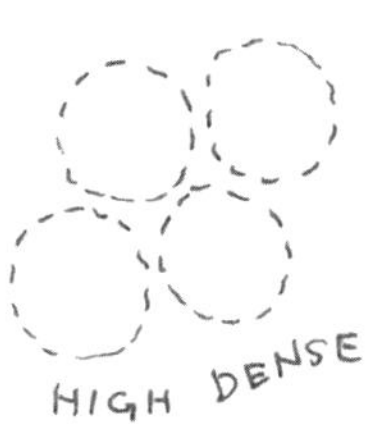

宿らせる。空虚としてのシャーマンと、そこに何者かが宿った存在。この2つの重なりがシャーマンを考えるときの本質とするならば、空虚としての空間にさまざまな物が、事が、人が宿るのをわたしたちはこれまで幾度となく感じてきているのに気づく。それはたとえば、空間と言葉の重なりであり、建築と設計者の重なりであり、都市と社会の重なりである。この世のすべてのものは何かのシャーマンではなかろうか。この、重なるという状態は、カオスと呼ばれたアジア都市の、高密度であり、けれどその背後に秩序が隠れているようなスーパータイトな状況の先に訪れ始めているオーバーラップした社会、さまざまなものが重ねられたシェア社会として考えてみることもできるし、そして同時に古来コミュニティが兼ね備えてきた人と物と空間とが親密度をもった状態が進化した社会として考えてみることもできる。この過密性と親密性の先にある重なりの社会をわたしたちの未来都市の射程として今捉えよう。

差異から類似へ

ところでもっともあなたに近い名づけはあなた自身の名である。

あなたはいくつの名をもっているだろうか。それはどれだけの世界（環境）をあなたが経験してきたかということかもしれない。あなたの名をつけた人がいて、いくつかの呼び名で呼ばれてきただろう。ときには父や母もその時と場に応じて違う呼び方をしてきただろう。あなたの大事な人も次第にあなたへの呼び方が変わってきたかもしれない。周りの状況によってもそれは変わるだろう。誰か特定のもう1人がそこにいるとき、大勢の中にいるとき、そして2人きりのとき、子どもと3人のとき、きっとあなたの名はさまざまに変わるだろう。そこにはいくつもの物語もあるだろうし、楽しい話もあれば辛い話もあるだろう。そして、きっと、空間も同じように愛おしく、多くの名づけがあるのだ。

ここまで、60〜70年代に建築の分野においても話された言語論的転換、そのきっかけとなった記号学や構造主義的な話の繰り返しに聞こえるかもしれないけれど、話はそう単純ではない。今しいて言うならば、本書ではあまり差異は着目されない。むしろ類似が時代の空気として取り出される。類似・類推は多くの意味空間（環境）を生成し続ける。その環境は、人新世という新しい時代の世界をつくる環境群のひとつひとつの粒でもあって、これまでの世界のアナロジーをもちいて生態学的（エコロジカル）との名づけで眺め始められてもいる。生態学的転換とされている何かが今、確実にわたしたちの物への見方を変えようとしている。本書ではその変化を、より広く、むしろ類推論的(アナロジカル)な転換として検討してみたい。そこにわたしたちの空間や場所にたいする心の情動へとつながる糸口を見たい。

2　家の名づけ――家屋文鏡

「わたしの名まえはアリスですけど――」

「ばかげた名まえだ！」とハンプティ・ダンプティはがまんしきれぬというようにさえぎりました。「それにどんな意味があるのだ？」

「名まえに意味がなくてはいけませんの？」とアリスは怪しんで聞きました。

「むろん、そうだ」とハンプティ・ダンプティはちょっと笑って、「おれの名まえはおれの形状を意味する――なんとまた、申し分のない、品のいい形だろうが。お前のような名まえだと、どんな形をしてたっていいことになる」


ルイス・キャロル『鏡の国のアリス』第6章

4つのビルディングタイプ

ひとつ、具体的な物の話をはさむ。

建築史家である木村徳国は、いずれも8世紀の書籍である『古事記』『日本書紀』『風土記』

『万葉集』にもちいられる語を詳細に調査することから、わたしたちが本書で検討する空間の名づけについてとても興味深い考えを提示している（木村［1979］）。木村はまず「家屋文鏡」に着目する。家屋文鏡とは古墳時代の鏡であり、4つの建造物が描かれていることで知られている。日本国内で現在知られる最古の「描かれた建築形象」は、銅鐸に描かれた建物や弥生式土器のかけらに刻まれたもの、また、家屋を模した埴輪などである。そうした一連の建築形象のうち、家屋文鏡とは古墳時代の初めにあたる4世紀、大和地方に大きな権力が生じていた時代の鏡である。そしてこの鏡に描かれた建築形象が興味深いのは4つの建築がセットで描かれていることであり、おそらくこれは「日本最古のビルディングタイプ」が表されたものと言っていいだろう。

家屋文鏡（宮内庁HP所蔵資料詳細より）

この4つのタイプが示すものについては諸説ある。たとえば建築家の堀口捨己は、貴人の住居の4タイプ「添屋・倉・室・堂」（次頁の図ABCDの順。以下同）とする案、および、中国宮殿の発達の4タイプ「窟・巣・室・堂」とする案の2案を提示している。また建築史家の平井聖は、描かれた図の配列の社会的意味に着目し、「集落の人々が集まる竪穴施設・集落の穀倉（高倉）・貴人の高床の住居・一般の人々の平地住居」とする案を提示している。これらの案はそれぞれに興味深いけれども、ここで深く触れることはせず、木村の案について

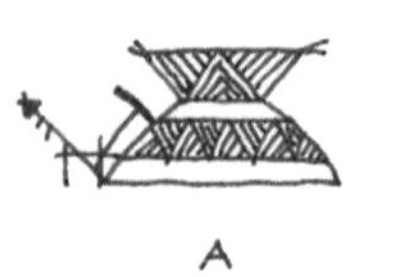

考えてみたい。木村の案が興味深いのは言葉、とくに話し言葉の検討をもとに、これら4つのタイプを位置づけようと試みている点である。

木村は先の4つのタイプを「ムロ・クラ・（ミ）ヤ・トノ」と呼ぶ。日本人であればその漢字を記載してしまった方がわかりやすいであろう。これらは「室・倉・宮・殿」に相当する。室（ムロ）の派生には大室（オオムロ）や新室（ニヒムロ）が存在し、倉の上位には御蔵・御倉・神蔵・神倉・宝府（ミクラ）や祠・小祠・庫（ホクラ・ホコラ）が存在する。宮は家の上位としての御家・神家・御舎（ミヤ）の変形と考えるとわかりやすいだろう［▼1］。木村は『古事記』『日本書紀』『風土記』『万葉集』にもちいられる語が、その語によってどのような建築を示しているか読み取ることからさかのぼって、家屋文鏡の4つの形象の名づけを与えている。つまりムロという言葉が、歌の中で、建物内の一室についても使われることなどに触れつつ、ムロのもっとも重要な性格が「閉鎖性」にあることを述べ（呼び名と、名づけた者が気づいている特徴の重なり）、閉鎖的な形象をもつA（竪穴式住居）を「ムロ」のタイプの描写であるとする。そのとき言葉と建物の諸所の形の対応は最後に見い出される。同様にして、クラの名づけの特質を「神聖なもの（神や食物）が座する場所」であるとして高倉の形象をもつBを「クラ」のタイプの描写、ヤの名づけの特質を「クラ以外の建物一

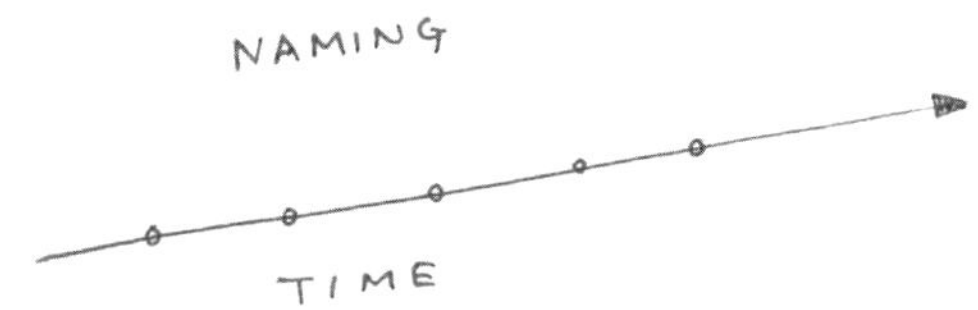

般」であるとして統治者の家の形象をもつCを「ミヤ」タイプの描写、最後にトノの特質が「大陸伝来の建物」であるとして中国伝来の建築形象をもつDを「トノ」タイプと位置づける。

キャラクターと時間

ここでわたしたちは、大きなきっかけを得ることができそうだ。

名づけは、通常は、物の特徴（キャラクター）によると思われる。そしてそれは、現在のキャラクターによる。手が長い猿だからテナガザルであり、いつも自分の主張を優先するからジャイアンというあだ名になる。子どもの頃だけ手が長くて大人になって普通の長さになる猿がもしいたら、きっとテナガザルと呼ばれないか、あるいは成長に合わせて名前の変わる多くの魚のように、あるいはおたまじゃくしとカエルの関係のように、名前が変わるかもしれない。わたしたちは先ほど、ある物の名前は、物の周囲の状況にもよると確認した。2人でいるときだけ下の名前で呼び合う恋人どうしは、学校の教室では苗字で呼び合っているかもしれない。やがて結婚し子どもが生まれたら、お互いをお父さん／お母さんと呼び始めて、孫が生まれれば、おじいさん／おばあさんと呼ぶかもしれない。ビール瓶のカラフルなプラスチックケースは、安居酒屋では簡単に椅子や机に転生する。ドラム缶はある環境では机になり、また別なところでは五右衛門風呂となる。物の名づけは状況で変わる。木は、あるときたまたま木材になり、板になり、そしてまた柱になって、一時だけ建築の一部になる。

木村の考察を眺めるうちに、名づけは時間からも自由であるということに気づけそうなのである。どういうことだろうか。

家屋文鏡のビルディングタイプには、もともと名づけはない。もちろん何かしらあったかもしれないが、当初の名づけは、今問題ではない。堀口や平井は、その建築を、現代の知識による特徴から、それに対応する現代の名前を与えているから、現代の名づけに他ならない。それは正しく歴史家の仕事である。未来の歴史家は、未来の知識によって、また別の名づけを与えるかもしれない。しかし、ここで木村が試みたのは少し違う。木村は名づけを探すとき、現代に居ない。過去の名づけと、それに対応する過去の特徴とを、捜索する。そして、その過去の名づけをあてがう。そして、たまたま、それが現代語に通用する名づけであることで、名づけは一気に時間を飛び越えて、わたしたちの目の前までやってくる［▼2］。

どう呼ぶか＝どう考えるか

ところではたして、このようなことを考えることは建築あるいは住宅の設計にどんな関係があるだろう。それはただの雑談トリビア的な小ネタにすぎないのか。けれど、「どう呼ぶか」は「どう考えるか」に他ならない。何かについて考えるとき、その呼び方を経由せずに考えるのは困難である。だから知らず知らずのうちにわたしたちの思考は名づけにからめとられている。建築家がクライアントにどんな家に住みたいですかと聞いたときに、「3LDKの家」と答える人と、「大きい部屋が1つと残りは小さい部屋の家」と答える人とでは住まいのイメージはまるで違うし、「リビングルーム」と呼ぶ部屋と「主室」と呼ぶ部屋とでは建築の設計の仕方がおそらくは変わってくる。建築家の西沢立衛は、空間の名づけと発生について次のように述べている。

> 名前をもつことで、みんなその空間の個性や長所や短所を理解できるし、議論できるわけです。……ビルディングタイプ論みたいに建築的空間とかフォルマリスティックな形態とかだけを収集していくというのでなく、もっとほかの、たとえば星空的配列や、森の状態や、そういう一見非建築的に見える空間や状態も対象にしたいと思うんです。……名前がつけばそれは誕生できるというか、存在できるし、理解される。
>
> （西沢［2003］）

そうした当たり前にわかった気になっている空間の名づけについてのさまざまと、わたしたちの意識の寄り添い方についてと、室・家・空間・物・様式・かたち・尺度などについて、8章以降に順次もう一度検討してみたいと思う。

簡単化と複雑化

ところでもう一度、何度でも、同じ問いを発しよう。空間を、あるいは何かしらを名づけるとはどういうことだろうか。

それは世界を整理することだと言えるかもしれない[▼3]。複雑な世界を整理して簡単に捉えるために、名づける。それは複雑なものの簡単化である。本当は少しずつ違うものたちに、「おおざっぱには同じである」と捉えて1つの名をつける。違うものの同一化である。それが単純にする、そして、整理するということだろう。それは建築家あるいはデザイナーがおこなうデザイン行為に近いかもしれない。デザインとは複雑な与条件を単純化し、整理するところからスタートする。「違う物を同じと捉える」ことが単純化だ。けれど、と、思う。逆に、複雑にするというのもまた、違う物を同じと捉えることではなかっただろうか。本来違うはずのもの、大きいものと小さいもの、丸いものと四角いものが、同じところにまとめられた状態、それが複雑な状態ではなかったか。思想家の内田樹も「「簡単」と「複雑」は、同一の操作のわずかな程度差にすぎない」と述べる(内田［2004］)。本心と違う言葉をぶつけるのは人間の複雑で混乱した、そして豊かで飽きることのない表現能力だ。わたしたちは好きな人にも嫌いと言う。嫌いと言われた者もまた、わずかな言外の事象の重なりから、嫌いという言葉の中に好きという言葉の重なりを見つけだす。「嫌い」と「好き」という真逆の複雑な物を同じと捉える。この相反する混乱した名づけもまたきっと、わたしたちがもちいている能力であると思う。何しろ現代では自ら多くのキャラクターを使い分ける時代でもある。これからの人生の中でいくつのサブアカと、そのつどの名づけと、キャラづけを、わたしたちはもつだろうか。以前に書いた文章で、ボルヘスのフネスという複雑なものを複雑なままにしか認識できない主人公が登場する小説について次のように触れたことがある。

今更いうまでもないことではあるけれど、私たちはある「適当さ」のおかげである程度の差異を排除し、少ない類似性のみを抽出して共通のコードのなかで会話を成立させている。かつて、差異しか認識できない人物を描いたホルヘ・ルイス・ボルヘスの『記憶の人 フネス』という小説があった。フネスはあらゆる細部を記憶しその違いを認識するが故に、3丁目14番地にいるイヌと3丁目15番地にいるイヌが、どうして「イヌ」という同じ記号で呼ばれうるのかに苦悶するのだ。

いつしかモダニズムは、もしくは私たちは、フネスと同じ認知の罠にはまっていたのではないか。私たちは今、アナロジーを認識処理する能力をもって、人間意識・空間意識をもっと歴史的風景として定着していけないだろうか。

（拙稿［2015］「ジェネリックに育った僕たちのもうひとつの空間論に向けて」『応答「漂うモダニズム」』）

この「適当さ」と「厳密さ」の使い分けというのは複雑な世界に生きるわたしたちの認識能力である。それは「類似」を見る能力だ。名づけの能力とはこの類似を見る能力と関係している。あるものに類似を見る見方を探るために、次章以降いくつかの見方について整理しよう。それはきっと木村が家屋文鏡を見るために多くの歌を読みながら発揮した能力であり、そして生まれながらにインターネットの画像の渦にまみれている、今を生きる人々が、知らず知らずに備えている能力だと思う。

3　要素と構成――物と見方①

小生の事の学というは、心界と物界とが相接して……心界が物界と雑りて初めて生ずるはたらきなり。……
心界が物界とまじわりて生ずる事……という事にはそれぞれ因果のあることと知らる。その事の条理を知りたきことなり。

南方熊楠『南方熊楠 土宜法竜 往復書簡』

外在性から内在性へ

わたしたちが、それこそ何でもよいのだが、何かの特徴を捉えるときのことを考える。机の上にいつも出してある文房具でも、ふと頭に思い浮かぶ人物でも、あなたが今いる場所や手にもっているグラス、1年間に吸い込む空気の気積やあなたの生涯で横になったことのあるベッドについてでもよい。繰り返し、何度も、歴史の中で語られてきたことであるが、もう一度そうした物の見方を整理してみたい。

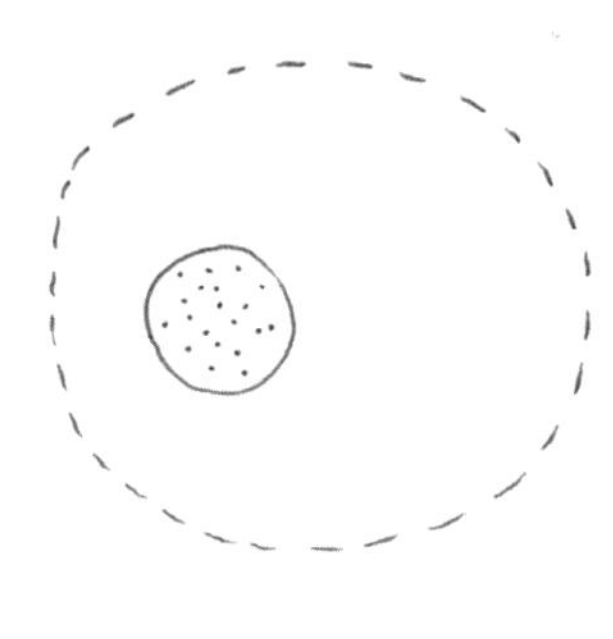

まず、その何かを外から見つめる視点がある。それはあなたの視点であり、また、誰かの視点でもある。そして（その何か自身によって）その外に生じる特徴というものがある。たとえばその何かが発揮するとされている影響や、ある社会・ある時代において呼ばれている名前あるいは属性や役割など。それらを外在的な特徴としよう。

その何かは、そのとき全体として見渡される。俯瞰されてラベルを貼られる。仮に取り出される特徴がその何かの部分をもとにした外在的な特徴であっても、全体がもつ特徴としてみられるということである。これは部分が全体を、あるいは全体が部分を代表する比喩のひとつの形式をまずは思い浮かべるとわかりやすい。たとえば多くの学生が集まる駅伝のスタート地点で、「〇〇大学、来てください」とあなたが呼ばれたとしたら、あなたは自分の所属によって名づけられたことになる。これは比喩の形式でいうと提喩（シネクドキ）と言われる。全体が部分を、あるいは部分が全体を表す比喩の形式である。

その何か、を、建築のエレメントにしてみよう。建築を眺め、つくり、考えながら、わたしは建築家の思考と言葉を観察してきた。

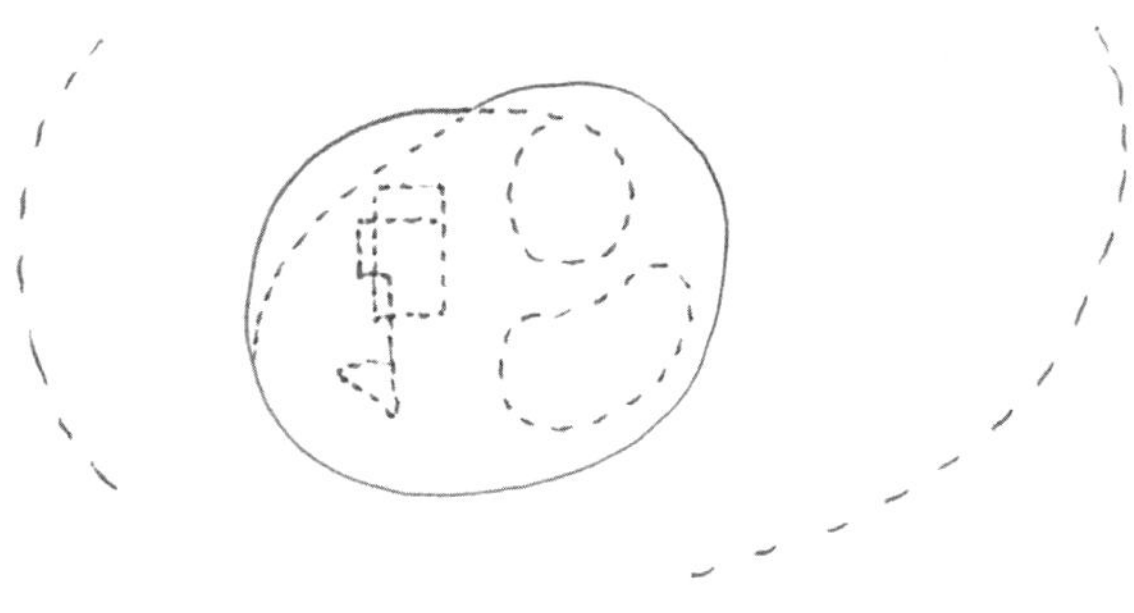

建築家の建築への思考はもとより、建築家のエレメントへの思考を見てきた。たとえば床。床とは何かを問いながら、床に可能性を見出す立ち位置から、床にまつわる建築家の思考を見る。ある床が成立する条件を考えると、やはりそこには外在的な条件と言える事柄があることに気づく。たとえば建主の要望や使用用途、構造・技術・法規などの制約、地域や社会の時好などが建築には避けがたく存在する。

次に、外在的な条件から離れて、別の視点で建築を見ようとするとき、内在的な条件と言える事柄が視線の先に浮上してくる。それは、たとえば床であれば、建築の構成要素としての床そのものの性質（大きさ、素材などの要素の性質）と、要素どうしの関係（位置関係、配置など）、つまり建築の構成としての性質がある。物を記号として説明するときに何度となく使われてきた料理のメニューやファッションを例にあげておこう。床そのものの性質は、料理であれば前菜を何にするか、スープを何にするかに対応し、ファッションであれば帽子の種類、あるいはジャケットの種類に対応する。そして要素どうしの関係は、それらの料理どうしの相性、前菜とスープとメインとデザートの関係（献立）であり、帽子とシャツとパンツとジャケットと靴の関係（コーディネート）に対応する。前者が要素そのものの物としての性質であるのに対し、後者は要素どうしの関係ということになる。

このようにまず建築、あるいは建築のエレメントを眺めるときには、大きく外在的な事柄と内在的な事柄があり、さらに内在的な事柄は、要素としての性質と、関係としての性質を位置づけることができる。要素としての性質は、読者によって必要であれば、物の性質と呼び直してもよい。その場合関係としての性質は空間の性質と呼べるだろう。ちなみに要素の特徴がそのもの自身から離れたものであるとき、先の外在的な特徴で見た提喩という比喩の形式に対し、換喩（メトニミー）と言われることもある。置き換えの比喩だ。白雪姫は白い雪のように美しいお姫さまだけれど、赤ずきんちゃんは赤い頭巾のような女の子ではなくて、身につけている物で代表されて呼ばれている。けれどどちらも、その呼び名が本人自身への名づけであることは明らかだろう。

要素論から構成論へ

建築の場合はとくに、社会的な産物としてしか存在しがたいこともあって、まず外在的特徴が避けがたく存在するが、それでも何人かの建築家は外在的な条件から距離を取って建築を発見してきた。たとえば篠原一男はあらゆる外在的な条件から自由に建築をつくることを宣言し闘った建築家である。

「その住宅を建てる敷地が美しくなくても建築家は美しい家をつくる責任がある。……住宅の設計は敷地の形や環境から独立した発想の上に足場を置くべきだ」

「住宅はその施主のために設計してはならない。建築家はその施主からも自由でなければならない。これは暴言と聞こえるであろうか。……都市からも、敷地からも、あるいは家族の構成からもすべて自由な、建築家自身の出発点を大切にしなければならない」

「虚構の空間を美しく演出したまえ」

(篠原［1964］「住宅設計の主体性」)

この立場と対照的だとわたしが思うのは、やはり外在的な条件から独立して設計をしているように見えるアドルフ・ロースの主張である。ロースは『装飾と罪悪』を著したことで知られていて、その書名から、彼のもちいる装飾という語について誤解されることの多いモダニズム期の建築家である。一般にロースは書名の通り、それまでの装飾を批判し、白く抽象的な立面をつくりだしたと認識されていて、外部と内部をほとんど別個に設計したとも言える彼の表現からは、あながちその理解は間違ってはいない。けれど、室内の大理石の豊かな表情と素材感が目に飛び込んでくるとき、そのエレメントの特徴が、禁欲的な無装飾主義とはかけ離れてはいないかという頻繁に起こる疑問は、ロースの思考の本質を見落としてしまっている。それは矛盾に見えてしまう表現だけを追ってしまうことで生じるものだ。ロースの言いたいこと、要するにそれは篠原の言葉をもちいれば、「虚構の空間」批判である。次の一節はその感覚を明快に示している。

インテリア写真には反対です。……どういうことかと言うと、建築家の中には心地よく暮らすという目的のためではなく、写真うつりをよくするために内装を手がけるものがいるということです。……写真はマテリアルの感触を消してしまうけれども、僕はむしろその感触を前面に出したいのです。僕が手がけるインテリアの目指すところは、住人が身の回りに家具のマテリアルを感じとり、それが何らかの心理的効果を及ぼし、ひととインテリアと空間全体に統一感を生むことです。（ロース［2017］）

ここではっきりとロースは、マテリアルの感触を前面に出したいと述べて、写真うつりのための内装を批判している。このとき、篠原とロースの言い回しは要素論としての側面が強い。それは、要素としての物、要素としての空間、さらに言えば物としての空間と言える。要素としての物・空間には、関係性がない。先の篠原一男の研究室に学んだ建築

家・坂本一成は、要素間の関係を見つめ、それを浮かび上がらせるために要素そのものの性質を極力中庸化する。それは師の篠原の扱う建築の要素、要素としての建築がクライマックスとも言える極となる性質をもっていたのにたいして、アンチクライマックスの建築と言い表されている。ここでは要素論から構成論への展開がクリアに見られる。坂本の一時期の作品を評して、篠原研究室の同僚たちは「空間がない」と述べたそうだが、坂本は物としての空間ではなく、関係としての空間へとシフトしていたのである。

名づけの拡張

このような建築の外在性から内在性への思考、そして要素論から構成論への思考については、建築の形態論として香山壽夫が整理している（香山［1988］）。香山はヘンリー・H・リチャードソンとアメリカの近代建築を題材とした『建築形態の構造』の中で次のように形態分析の段階を述べる。

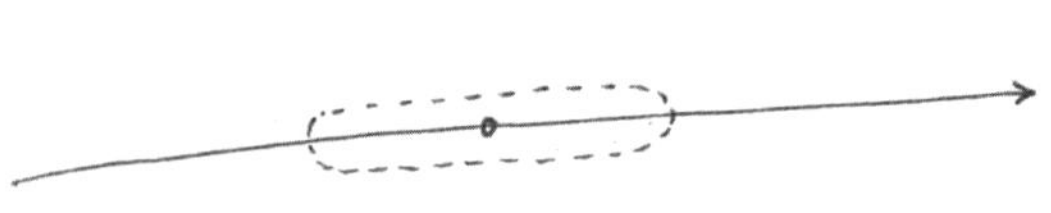

形態そのものの内在的条件を研究するために、まず出発点となるのは、形態のその特質を具体的に捉えることである。……その要素の特徴は、最も具体的に、物に即して、客観的に把え得るものだからである。……形態の要素論的説明は、建築形態の内在的研究にとって重要なものではあるが、しかし、それだけでは、まだ十分ではない。……形態のその存在だけでは、ひとつの様式の定義として不充分なことになり、……要素が同時に存在する全体系において求めざるを得ない。ここで、議論は、要素論から、全体の統合関係を問題にする関係論の段階に進むことになる。

ここで香山は、構成論の先に構造論を位置づけている。

複数の対立する意味が統一的に把えられてはじめて、形態の構成とその意味は、正しく捉えられたことになる。そのためには、対立しつつ共存している、異なった構成を統一的に理解する軸が導入されなければならない。その異なった構成をひとつに統一している全体こそ、形態構造であり、それについての理論が構造論である。

香山は関係の関係を構造と呼んでいる。数学で言えば関数間の関数ということになる。建築において、関係を捉えようとするときには、着目する事柄によっていくつかの関係を捉えることができる。それら複数の関係、あるいは複数の構成に通底するメタ関数が構造というわけである。

今はこの香山の言う構造という概念には踏み込まずに、もう1つ思考の展開をつけ加えておきたい。ある物を、たとえば床を、思考することが、これまで床として考えられてこなかった範囲にまで及んで、思考の領域を拡張するという展開がある。わたしたちが建築をつくり、考えることの目標の1つはおそらくここにあるのではなかろうか。それはたとえば床という概念が拡張されることを意味する。ここでその作業を、本書の言葉をもちいて、名づけの拡張と呼ぼう。実はこれについてもすでに香山が前掲書でわずかだが触れている。

形態論は、単にすでに存在する形態の存在形式を説明するだけでなく、これから存在し得る他の形態の存在形式を導き出すものでなくてはならない。

香山はここで、概念的拡張を検討する際に、あくまで形態論の外には飛び出していない。そのため、名づけが外在的な事柄を含み込んで拡張していくダイナミックな展開にまでは踏み込んでいない。わたしたちは物どうしの距離が極端に近づいて、ほとんど労力なくそのつながりにアクセスできる世界に生き始めている。それはイメージの集まりが並走する世界である。わたしたちは実の環境から虚の環境へ、実の都市から虚の都市へ、あるいはそれらのオーバーラップの世界へと活動の場所をふたたび戻している。そうしたときには、わたしたちは、形態を捉えるときの関係性を、「柔軟な名づけの拡張」「名づけの調整」「名づけのゆらぎ」によって、より広い視野で思考することができるだろう。柔軟で広いその関係性は、後に検討するフィリップ・デスコラらの人類学者によって、検討されている。また、この外在的環境に向けられたエコロジカルなつながりは、あらゆる物がメッセージを備えたメディアであるとしたマーシャル・マクルーハンを経由して、メディア論の分野でも精力的に検討がなされている。

次章以降、わたしたちの新しい関係性に踏み込んでゆこう。そのときの重要なキーワードは「類似」と「重なり」である。類似と重なりは名づけの根本的なプロセスでもある。そのときに、本章で見た基本的思考の所作「外在性から内在性へ[▼1]／要素論から構成論へ／名づけの拡張」は、建築の部位・形式・形態・空間といったあらゆる水準に当てはまり、思考の基本的な3つの段階として位置づけられる。おそらくはその先に、わたしたちが検討しようとする類推論的（アナロジカル）な環境を読み解く糸口があるのではないか。

4　切断と連関――物と見方②

「……ぜんぶわたし自身のものなんだって、世界に向けて静かにどなりつけてやるのよ」

端的に、わたしとミァハは変な子供ではあった。

この思いやりと共同体意識にあふれたセカイにあって、完全に孤立していたといえば嘘になるけど、それでもわたしは日々感じていた。

〈declaration〉

〈i：このひとたちの一員になるのはまっぴらだって〉

〈/declaration〉

伊藤計劃『ハーモニー』

2010年代も後半を迎え、再度の東京オリンピックに向けて新しい建設が進む現在（2017年執筆時）、建築を事物として見つめる際に、次の対比的と言えそうな視点が存在している。

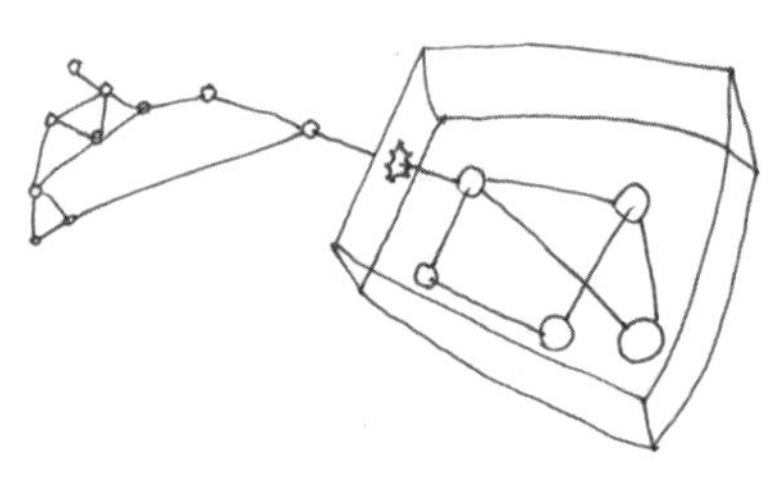

連関的視点——ネットワークを探る視点
切断的視点——オブジェクトを探る視点

この章では、参照されることの多いこの2つの視点についてごく簡単に触れたうえで、もうひとつ、「重なり」の視点を紹介して、次章以降につなげたい。ここまで少しずつ触れてきているように、重なりは名づけの基本的な所作である。

連関的視点

連関的視点は2000年前後頃より少しずつ見られていたが、日本では東日本大震災での経験がその大きなスイッチとして位置づけられる。わたしたちは震災後に人と人のつながり、人と物のつながり、物と物のつながりが希薄であったことを再認識した。また、産業化・工業化された世界で、ナカミがわからない物に囲まれて生かされていることを再認識した。原発の電気・高度医療・デジタル機器・衛生な食品など、ナカミがわからないままに信用し利用してきたが、今わたしたちは食品においてはトレーサビリティを求め、医療においてはセカンドオピニオンを求め、そして建築においては仕上げ材や構造のわかりやすさや明快な出自を求める時代となっている。これはコーリン・ロウの虚の透明性の議論、90年代に建築的図式の整理がもたらした透明性の議論に続く、第3の透明性の議論と言える。簡単にではあるが、この第3の透明性に至る流れをもう一度概観しておこう。

・第1の透明性――リテラルとフェノメナル

近代主義が単純でなかったことを明快な1つのキーワードのもとに見透かした出来事の1つに、コーリン・ロウの「透明性」についての論文があった(ロウ[1981])。ヴァルター・グロピウスの建築とル・コルビュジエの建築とに、「実の透明性(リテラルな透明性)」と「虚の透明性(フェノメナルな透明性)」とを見て、建築の歴史が、そして近代主義が模索していた事柄をきれいに整理してみせた。「実の透明性」はガラスや水の視覚的に透過して見通せるとてもシンプルな文字どおり眼に見える透明性である。建築は石や土を積み上げた内部の、暗くじめじめとしたシェルターから、近代科学の勝ち取った技術による鉄とガラスの軽やかな透明性を手に入れ、17世紀、18世紀の間、机上の論理として夢見られた、どこまでも続く無限の空間を、少しずつ自分たちの物として現実に建築化していった。

しかしそれだけでは彼らの解放感への希求は満足できなかった。そのことに薄々と気づいていながらも、はっきりとした言葉がないままに歴史は流れていた。その流れていた時間と空間の中にこそキーフレーズはあった。ジークフリート・ギーディオンが時空間というコンセプトに行き着いたのとも対比的ながら共振していた。本来別の場所にあるものが重なっていて視覚的に共有されている様、そこには「虚の透明性」があった。

今この、リテラルな透明性からフェノメナルな透明性への変化を、原初的透明から第1の透明性への飛躍とまずは呼ぶことにしよう。戦後の建築が参照し模索したオープンネスは、この2つの透明性の融合である。

・第2の透明性――ホワイトキューブのブラックボックスからスケルトンへ

ロウ以後について、日本の状況を駆け足に眺めてみる。きらびやかな都市計画を並べて、実際の都市を毛嫌いして恐れ、都市（環境）から閉じて内向的な都市（建築）をつくりだした60年代から70年代。その後建築は一斉に、開放的で透明なものをめざし、それは20世紀の末におおよそ絶頂期を迎えた。

わたしたちは、その空間形式の透明性や、アクティビティと呼ばれるもののオープンネスに熱狂した。けれども結局のところそれは白と透明の箱で、モダニズムのガラスボックスが、少しだけあか抜けたところでとどまっていたのではなかったか。モダニズムのホワイトキューブも20世紀末のホワイトキューブも、その壁の中は架構も素材も設備もどうなっているのかわからず、ブラックボックスだった。バブルの世代が汚れとして洗い隠した物は大量にあった。だからわたしたち後続がおこなったのは泥作業だ。壁仕上げを取り払い、架構をあらわにし、スケルトンをつくりだそうとした。多分それが21世紀のスタートだった。ここにはいろいろと懐の深い事例が大量にあるが今は割愛する。とにかくそうした事例を経て、一段階開けたオープンネスを獲得した気になったと思う。突き抜ける解放感。透明から露出へ。建築は暴かれた。ロウの時代に倣って対比的に名づけてもいいかもしれない。言うなれば「ダイアグラムの透明性」と「スケルトンの透明性」だろうか。でも、それでも何かがものたりなかった。仕上材が取れて設備があらわされても。

・第3の透明性へ——プロセスのオープン化

そんな渇望感のさなか、未だに平静に記憶を思い起こしがたい東日本大震災は起こる。震災のみがメルクマークであるかのように建築を語ってはいけないと思うが、いくつかのきっかけのうちの1つであったことは間違いがない。そのとき建築が、自分たちが、ほとんどつながっていなかったことを、まざまざと見せつけられた。その少し前から始まっていた「確かなものの歴史、あるいはつながり」への欲望がこの期に膨れ上がる。今わたしたちはすべてのつながりのトレーサビリティを追い求めている。それは建築において、さらにもう一段階残されていたクローズドな部分だ。建築の背後に隠されていた部分。正体が曖昧なままに暗躍していた部分。目に見えている材料がどこで誰がどのようにつくっているかがわかっていること。架構の仕組みが施主ですら説明できる形でそのままに表現されること。わたしたちは仕組みや作成過程のわからないままハイテクノロジーやカタログ商品に囲まれて生活してきた。医療行為の根拠は医者に任せ、原発の安全性を知らず電気を使い、農家を知らず食品を食べ、仕組みのわからない構造の家に住んできた。そうした根幹への反省が生じている。マテリアルフローの整理や、職人関係図、人類学者のブリュノ・ラトゥールと社会学者のミシェル・カロンらのアクターネットワーク理論の参照、などはこの側面をわかりやすく特化したプレゼン手法だし、設計プロセスをオープンにしていく方法論も建築家の設計を明快に整理するという側面でクローズドな部分をオープンにし広く優しくさわやかな共有言語をつくりだしている。他にも、やはりいくつか事例が見られてきているように、すみからすみまで施主自らですら説明できてしまう建築と構造のストラテジーというものも、閉ざされていた不透明な部分をこじ開け、出自とつながりを探る建築の方針だろう。施主によるDIY思い出づくりを建築家が語るのもその1つだ。それが建築にとってどれほど意味のあることかは別の議論としても。これからはそういう開放性と形との関係が焦点となるのだろう。そこではきっと歴史的なつながりや個人的な物語の繙きも関わってくる。

簡単に触れるのにとどめるが、ラトゥールの理論では人間も、自然も、物も、すべて等しく社会を構成する単位であるアクターとされる。等価に扱うという意味で後に述べるデスコラの理論にもつながるものである。後述するオブジェクト指向存在論を唱える哲学者のグレアム・ハーマンもラトゥールの理論をフラットな存在論であると評価する。そしてまた、要素が等価になるという点で、完全な関係論、構成論となっていると言える。

切断的視点

しかし、このネットワークというものにも少し引いた視点で見つめると気になることがある。つながりが見出されればよいが、見出されなかった物たちはどうなるのだろうか。つながらなかった物たち、つながりの外の仲間はずれは永遠にネットワークに組み込まれないのだろうか。そして、「つながらないという関係」、「非つながり」は関係として捉えられない。この「知りえない」ところを知らないでいることにたいして批判をしたのが先にあげたグレアム・ハーマンらである。

建築分野における切断的視点はOOO（オブジェクト・オリエンテッド・オントロジー、オブジェクト指向存在論）や新コラージュ主義などと呼ばれる考え方を基にしていて、大枠として背景の意味が切断された事物を等価に扱おうとするものである。つまり、人間や自然や物をすべて等価に扱おうという姿勢は、ラトゥールのアクターネットワーク理論と同じである。こうした人間以外の物も人間と同様に捉えようという流れは、デカルト以降の主客分裂の思想、そしてカントらの主客の関係そのものを題材とする人間中心的な思想への批判であると考えられる［▼1］。

ハーマンは物の等価な捉え方について、2つの方向性からこれまでの捉え方を批判する。1つ目は科学者の物の捉え方であり、下方からの思考方法（下からの解体、undermining）の批判である。科学者は物を分子や原子の集まりとして捉え、それ以上でないとする。そうした科学者的な細分化をまず批判する。次に逆の立場、つまり上方からの思考方法（上からの埋却、overmining）も批判する。つまり観察者として眺めることで気づく物どうしの関係、物の周りの出来事だけを取り出すことが、周りに影響を与えないひとりぼっちの物を無視し、物を無性格化しているとして批判する。この上方からの思考の典型としてハーマンは、すべてを関係として捉えるアクターネットワーク理論をあげる。

こうして下からの思考、上からの思考の双方を批判したハーマンは、ここから2つの設定をもちいて物を眺める。1つ目の設定は、物の性格は物の中の媒介物に閉じこもって隠れているという設定。そして2つ目の設定は、物の中は実在オブジェクト（real object）と感覚オブジェクト（sensual object）とでできているという設定である。実在オブジェクトは閉じこもって隠れている部分。感覚オブジェクトは他のものと接触すべく表層に現れる部分である。これによって、わたしたちが見ている「物」は、一部分のみであって本当の「物」は無限の可能性を秘めて中に隠れているということが主張される。

これは、物のキャラクター化、あるいは、わたしたち自身のキャラづけとして捉えてみれば、受け入れられやすいかもしれない。ここまで述べた話について、物を人間に置き換えてみる（そもそもハーマンの理論では人間も物として扱われている）。わたしたちは心の奥の実在キャラと表層的な感覚キャラを、場合によって複数のアカウントをもちいながら、使いこなしている。そしてその同時存在性によって自分の周囲の世界を可能にしている。これはちょうど後に重なりとして検討する、相反する事柄が同時に存在する、複雑な人間の状態と近い。

建築の分野での応用は、2017年の『A＋U』誌［▼2］に建築家・平野利樹のオーガナイズで詳細にまとめられているのでここでは触れないが、たとえばインターネット上に存在する無数の画像を収集し、連想ゲームのように、事物が本来もつスケールや色彩や歴史的意味を飛び越えて併置する感覚は、大量の情報の渦の中に生きる現代人の進化かもしれない。現在ではアメリカの若手建築家の作品にその事例が見られるようだ。

同一化、重なり

しかしすでに共通点として述べているように、建築分野における連関的視点も切断的視点も、わたしたちの眼前に存在する事物を、わたしたちから切り離された異物としていったんは取り扱うということにおいて同様の視点であると言えないか。また、これら2つの視点は、モダニズム的感覚から分断された論理を構築しようとする点においても似ている。これにたいして本書では「同一化」「重なり」というもうひとつの視点を導入し、その可能性を検討する。もうひとつの、とはいっても、少し視点がずれるというだけで、今しがた部分的に触れたラトゥール、そしてハーマンの考え方と遠く離れることはない地点に漂うことは確かだ。けれどその少しのずれが、きっと、物を考えるというときには大きな違いとなってあらわれるのだと思う。この「同一化」の視点は空間の名づけと深く関わる。のちに人類学者フィリップ・デスコラの考え方を覗いてみよう。デスコラは人類学的調査から、ある部族において狩猟対象である動物が家族の一部と同一視されているのを発見する。それはわたしたちが人間の文化と自然を分断して世界を認識するのと異なり、人間と自然を等価に見て、多数の自然観を認める世界の捉え方である。このときの同一化という捉え方は、ラトゥールやハーマンの物を等価に見る捉え方に似ているけれど、物を切り離さずむしろ重ねて捉えるというところが異なるようにわたしは感じている。

わたしたちは建築を自分たちと分断し、対象として捉えすぎているように思う。それによって、対象物間に性質の対比が生じて、対比軸が設定され、分断と断絶が起こる。自分のテリトリー、イデオロギーの誇示と、対比する物の敵視は、同じ構図にある。本書を通して、そうした対立を乗り越える方法を模索したい。そして、しかしまた、対象から離れて無意識に環境化させる捉え方からも脱したいと思うのである。もう少し意識的に、建築を自分たちと重ねて、家族のように愛することはできないか。自分の子どもに願いを込めて名前をつけるのと同じように、建築空間や壁や柱にも名前をつける感覚を復権できないか。ペットを家族の一員と感じ、死別に涙するのと同じように、建築の倒壊に涙できないか。わたしたちが子どものときにつくった秘密基地は、建築と自然の区別なく、それらが重なった状態として、生き生きと存在していたのではなかっただろうか。

本書では、後にこうした重なりの思考について検討したうえで、建築家の空間への名づけ・造語、そしてわたしたちが脈々とつくりだしてきた慣習的な名づけの世界を収集し、その使用の背景となる文脈を、思考と空間の同一化として検討する。

5 対象と環境──物と見方③

ダンボールの空箱は、縦、横、それぞれ一メートル、高さ、一メートル三十前後のものであれば、どんなものでも構わない。ただ実用的には、俗に「四半割り」と呼ばれている、規格型のやつが望ましい。第一の理由は、規格品だとそれだけ入手が容易であること。第二には、規格品を使う商品の多くが、一般に不定形のもの──自由に変形がきく、食料雑貨の類──なので、箱の造りもそれなりに頑丈であること。第三は、これがもっとも重要な理由なのだが、他の箱との判別が困難であること。事実、ぼくの知っているかぎり、ほとんどの箱男が申し合せたようにこの「四半割り」を使用していた。目立つ特徴があったりすると、せっかくの箱の匿名性がそれだけ弱められてしまうことになるからだ。

安部公房『箱男』

対象化＝見ること？

ところで、物を見るとはどういうことだろうか。

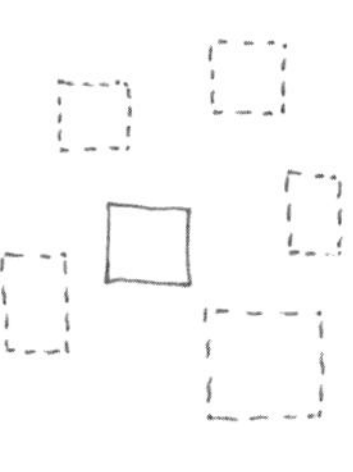

わたしたちが物を見るとき、通常はそれを意識的に見ていると言えるだろう。そのとき、物は対象化されていると言える。建築家の坂本一成は意識化された状態の「対象としての建物」と、無意識化で関係をもつ「環境としての建物」とについて「かたちの積極性」という言葉をもちいて整理している。これはすなわち、坂本自身も指摘するように、建築においては対象化するということが原則として視覚的な事柄で、見ることに関わることであったということだ。だから、「対象としての建物」は、「積極的なかたちをともなうことなしには成立しない」（坂本［2011］）という結論に至る。

テーブルの上に置かれたいろいろの物たち、意識する前には環境となっている物たちは、「このコップを見てください」と一度意識が向けられると途端に気になって対象化する。思想家のヴァルター・ベンヤミンはそれを注目（注意力の集中）という言葉であらわした（『複製技術時代の芸術作品』）。そして坂本のいう環境と対応する言葉として、ベンヤミンは慣れ（習慣化）という言葉をもちいている。わたしたちに慣れ親しんで当たり前になってしまっている物は、すでに環境化されているというわけだ。あるいはベンヤミンが近代の生活空間から取り出した対比、眠りと目覚め

の弁証法に、環境化と対象化の対比を当てはめることもできるかもしれない。

さらにイメージの氾濫する都市の中に遊歩者（フラヌール）として生きるわたしたちにとっては、消費の媒介物である広告を眺めることで、この対比が整理されるかもしれない。『広告の誕生』を著した社会学者の北田暁大が指摘するのは、都市に氾濫する広告もまた、わたしたちが注目することで初めて、広告として誕生する事実だ。けれど、そうした広告を図としての広告とするならば、地としての広告もときに、あるいは戦略として成立する。インターネット上のサイトに数多くあふれ返る広告イメージやSNS上をものすごいスピードで流れる広告イメージも、わたしたちは注目することなく焦点の外に分別して処理しているが、対象が個別にカスタマイズされて焦点上に自動で現れてきている現在では、地としてのイメージ群の方こそが、共有可能なバックグラウンドになることがある。

次に、空間の話に向けて「風景」という言葉に着目しよう。美しい風景、心洗われる風景と、わたしたちは日常的に風景という言葉を使う。けれど、先の広告の例と同様に、風景とは非日常的に着目されて初めて風景として発見される。緑豊かな自然に囲まれた田舎に観光客として訪れて、山並みと小川と田園の広がりとの関係に気づいたとき、それが風景となって名づけられる。その地に住み日常を営んでいる人たちにとっては、そこに非日常的な関係はなく、別の名づけがある。それは近年のアニメが具体的な地域を舞台として写真と見紛うほどに詳細な描写をおこない、その地が聖地化するのに似ている。聖地化は風景化でもあり、それは対象化である。かつてのアニメが架空の場所を抽象的に描いて皆の共有できる場のイメージを何となくつくりだしていたのに対して、近年のアニメはどこかにある場所を精緻に描くことでわかる人にはわかる風景をはっきりとつくりだしている。

対象化≠見ること

この意識下／無意識下、注目／慣れ、対象／環境という対比は、建築を思考するときに、「概念としての家」と「生きられた家」との対比と併せて捉えられてきてしまったように思う。当然ここには強引なジャンプがある。はたしてこの対応は的確であっただろうか。「概念としての家」と「生きられた家」の対比は、日本では多木浩二によって提示された概念で、「概念としての家」は建築家のコンセプチュアルな家、「生きられた家」は使用者の日常の家であり、そのままつくる側とつかう側の対比のようにスライドして思考されがちである（後者について、メルロ＝ポンティやミンコフスキーの現象学的な見方と接続させて説明されることがあるけれど、わたしは混乱の元だと思う）。建築家がコンセプトを投影し

FEELING THINKING

た家と、住まい手がそれぞれの生活の中でカスタマイズしながら住みこなす家との対比である。その対比は、前者が意識化、後者が無意識化に対応しがちであった。ベンヤミンも注目と慣れの対比に、鑑賞と使用の対比を対応させていた。けれど現在のようにつくるとつかうとの境目がなくなりつつある世界でこの切断は有効だろうか。そしてこの疑問は、すぐに、はたして（建築において）対象化されるということが、つねに視覚的なこと、つまり見ることであり続けているだろうかという疑問に接続する。

あるいは脳と身体の対比としてこれを捉えてみることができよう。わたしたちは一般に脳で考え、身体で感じると認識している。でも実はこの認識の総体は脳の側にある。何かを感じてその感覚を認識しているのは脳である。だから身体はもっと本能的な、動物的な、無意識的なものとして位置づけた方がよいだろう。そのうえで、である。もう少し脳と身体の切断をなくす術をわたしたちは探れないだろうか。考えると感じる、注目と慣れの境を取り払えないだろうか。身体で言葉を感じ思考をし、脳を周囲の状況を受容する無意識の空虚の状態にもっていくことはできないか。そしてそうした対象と環境との重なりの地点に空間を模索できないだろうか。

そうした訓練をもっとも積んでいるのは役者だろう。演出家の鈴木忠志率いる劇団SCOTに所属する役者・藤本康宏さんにインタビューをした際、彼は意識と無意識とが同居する状態を言葉にしていた。

藤本　「ク・ナウカ」についてはリアリズムではないんですけど、……人形振ることからやっていくんです。例えば振り向く時に無意識に動く部分があるじゃないですか。それを減らしていくってことは意識していましたね。

塩崎　それは自分の解釈を加えて、一部分だけに表現を集中させるということでしょうか。

藤本　それもあります。自分をコントロールする、無意識の状態がないエネルギー、集中力のエネルギーを生むみたいな感じですかね。

無意識の部分を減らすことを意識するという感覚は、あらゆる部分を意識することとは少し違う。「人形振る」というのは言ってみれば擬人化と逆のプロセスである。無意識の身体に意識を与えて、脳の意識を解放する。そうすることでエネルギーを生み出す。そのような状態ではないだろうか。わたしが人形としてふるまい出すのである。藤本さんは劇団SCOTに所属する前には、ク・ナウカ・シアターカンパニーという劇団で役者をしていた。宮城聰が演出をするク・ナウカの演劇は、1つの役を2人の役者が演じることで知られる。台詞担当の役者と動作担当の役者がいるのだ。1つの役のロゴスとパトスとを別々に扱って舞台の上で重ねていると、藤本さんは表現していた。初めてク・ナウカの芝居を観たとき、その激しさにショックを覚えた。単純に考えても、1つの役について、観客が受け取る情報量が通常の倍になるのであるから、観る方も相当のエネルギーを強いられるわけだけど、それ以上に、言葉と動きの情報が別にやってきて自分の中でそれを重ねるという行為が、自分の脳と身体とを一度分離してから重ねる作業のような感覚で、へとへとになる体力を要したのだと思う。

図と地をこえて

社会人類学者のティム・インゴルドは独特の考え方で、対象と環境の対比を乗り越えてみせる。その乗り越えはとても慎ましやかで、先に少し触れた自然の中に秘密基地をつくるときの子どもの純朴さに近い。インゴルドはまず2つの流れを引く。それは「物の流れ」と「イメージの流れ」である。そしてわたしたちが一般に認識しているものづくりとは、ある概念（コンセプト）というイメージによって物をつくり変えてイメージの側に引き寄せるという横のベクトルなのだとする。そこでインゴルドは大理石の彫刻と鍾乳石の石筍にはたして本当に差異があるのかと問う。

……大理石の彫刻と鍾乳石の石筍とのあいだの差異は、前者が人の手によってつくられ、他方はそうではない、ということではない。その差異は単に次のようなものだ。大理石の塊が形成された歴

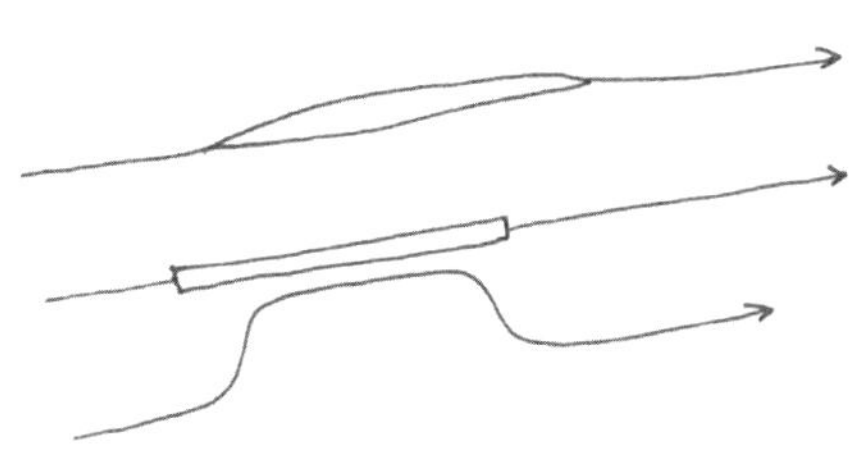

史のどこかで、最初に、石切工がその場所に現れたのだ。……鑿のひと打ちひと打ちが彫刻として現れでる形状を形づくるように、洞窟の天井からしたたる水滴のひと粒ひと粒は、鐘乳石の形状をつくることに貢献する。

（インゴルド［2017］）

インゴルドはここで非人工物と人工物との区別を否定している。環境の中の非人工物を材料として、コンセプトとしてのイメージにつくり変えて人工物にするという、通常のものづくりのプロセスで見られる思考について否定するのである。

もうひとつ事例を見てみよう。ポシェ（poché）という語で呼ばれる空間を聞いたことがあるだろうか。この語は建築家・小沢明によればモダニズムの登場とともにヨーロッパの建築・都市空間分析の用語から姿を消したという（小沢［2011］）。ポシェとは建築や都市の空間において、何かが隠されて厚みをもった建築の壁や、都市の広場を形づくる街区のクローズドな部分、つまり空間として知覚できない非空間の部分である。都市の非オープンスペースの部分についてはアーバン・ポシェと呼ばれる。建築や都市の図面において黒塗りの部分となる。このポシェによっ

て空間が規定されることから、両者はゲシュタルト心理学における図（figure）と地（ground）の関係にある。わたしたちはルビンの壺やノリの地図によってこの図と地の相互補完的な関係を知っている。けれど先に触れたように、モダニズムを経てさらに独自の透明性と軽さをめざした日本の建築・都市空間においては、壁は極端に薄くなり、ポシェは消滅したようにも思える。と言いつつも実はわたしたちの生活する管理社会、消費主義社会においては姿を変えてこのポシェのドローイングを当たり前のように受け入れながら生活している。客が立ち入れないバックヤードの空間の案内図を思い浮かべればよい。ショッピングモールや駅空間がブラックボックスとして省略された図面は、現代におけるポシェ空間の記述だ。

けれど、ともう一度考えたい。はたして日本の空間にポシェ的な思考はあるのか。以前、ヨーロッパの建築家が、日本の都市にはパブリックスペースはないと話していたのを聞いたことがある。パブリックスペースは都市の中でオープンな広場などのスペースで、それを取り囲むのが街区の建物によるポシェとなる。ポシェはパブリックをつくるプライベートな部分である。それは開放と閉鎖の関係である。日本には開放と

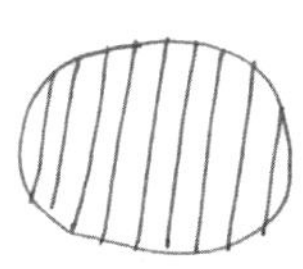
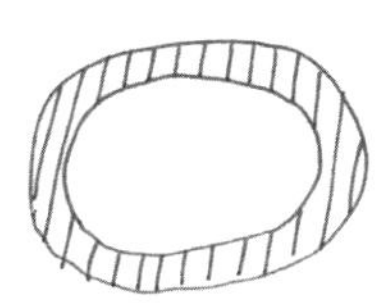

閉鎖の対比はなかったのではなかったか［▼1］。

たとえばヨーロッパで、中庭に対応する語、コート（court 英語）、クール（cour フランス語）、ホフ（Hof ドイツ語）は、すべて建物に囲まれた閉じた場所であることを小沢も指摘する。そこにはオープンスペースとクローズドなポシェとの対比があり、それはそのままパブリックとプライベートの対比となることが多い。小沢は「ポシェ」をキータームとして、ヨーロッパの都市住居、モダニズムのパヴィリオン型建築、そして現代のいくつかの建築作品への展開を分析し、日本の都市空間は図と地の関係で捉えられるポシェの理論ではなく、余白の理論で認識されることを述べている。日本の建築は余白性をもつ。これはどういうことだろうか。

わたしは、この建築の余白性の感覚はここまで述べてきた「重なり」の感覚であると思う。ヨーロッパのオープンスペースは黒いポシェに対しての囲まれた白であった。それは黒ありきの白である。けれど、余白はあくまで先にあった白地に黒の点が載せられたときの余りとして存在するから、最初からそこにある。さらに言えば、黒は白に重ねて置かれる。「白くない部分が黒」なのではなく、「白の上の黒」。ノリの地図における黒と白、図と地、対象と環境が、そのゲシュタルトとしての前提として相混じらないのに対して、余白は白と黒が部分的に重なることが前提として生まれる。そこでは対象と環境、見ていることと見ていないこと、建築と自然、わたしとあなた、が、曖昧に溶け合って重なることがまず感覚としてあるのだと思う。篠原一男が、自身の初期の傑作と言える《白の家》をつくりあげたときに、その室内空間に向けて「第2の自然」という名づけを述べたことがある。そこはたとえ室内であろうと、もともとそこに広がっていた自然が、家が立ち上がった場所に重なる感覚だったのではないだろうか。この感覚はたしか、子どもの頃に必死に囲い取った秘密基地の空間の質に、とても近いように思う。

6 重なり——物と見方④

学校で、いろいろな数字を同じ黒いインクで印刷してある算数の問題プリントが出されると、ぼくはとても混乱した。そのプリントが間違いだらけに思えた。たとえば、どうして8の文字が6の文字より大きくないのか、どうして9が青ではなく黒で印刷されているのか理解できなかったからだ。

ダニエル・タメット『ぼくには数字が風景に見える』

人はどうやって記憶しているのか

記憶のことを少し話したいと思う。

わたしたちは何を記憶しているだろうか。これはおかしな質問かもしれない。けれど、わたしが聞きたいのは思い出話とかいった記憶の内容ではなくて、それは画像なのか、音なのか、あるいは他の何かなのか、ということである。

たいていの人は画像とストーリーで覚えているのではないか。けれど、人によってはそこに、匂いだったり、音だったりも加わることがあるかもしれない。

「共感覚」というものをもつ人がいる。共感覚をもつ人は、数字や文字に色を感じ取ったり、色に匂いを感じたり、する。たとえば共感覚をもちながらサヴァン症候群でもあったダニエル・タメットは、水曜日と数字の9と諍いの声に青色を感じるという（タメット［2007］『ぼくには数字が風景に見える』）。さらに素数にはなめらかで丸い触感を感じる。11は人懐こく、289は見栄えが良くないと感じる。だから1つの事柄を複数の感覚で「見て」いる。それは同時に、思い出すきっかけも複数の感覚から思い出せるということだろう。歴史上のいわゆる天才や、芸術家、また、発達障害をもつ人などに多く見られる傾向であると言われているようである。限られた一部の人に天から与えられた力で、それによって驚異的な記憶力や表現力をもつというものだ。タメットも数字を見たときの触感で、それが素数かどうかわかる。

けれど、これはそんなに珍しい感覚だろうか。

記憶というのは、一般に、この共感覚なのではないか。

夢では皆、この共感覚の力を発揮しているとわたしは思っている。実際にあなたは夢で、「声」を聞いてはいないだろうか。その声や音はもちろん、あなたの寝ている耳元で鳴っていないのにもかかわらず聞こえている。そしてまた夢で「匂い」や「肌ざわり」を感じていないだろうか。

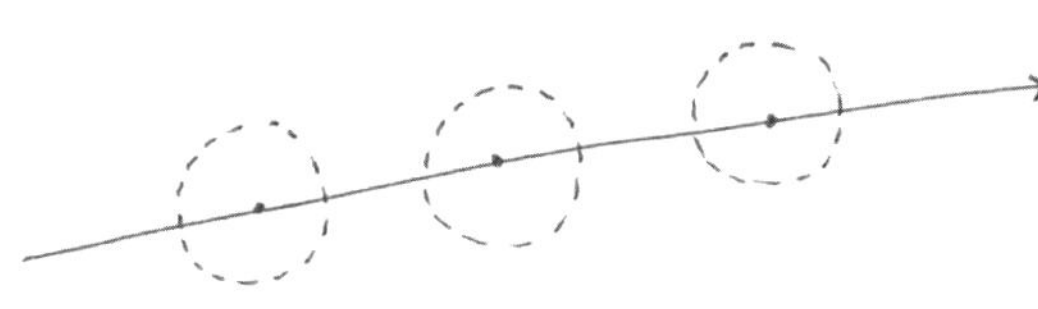

この、ない声を聞き、ない匂いと触感を感じるその夢は、共感覚そのものではなかろうか。夢は「見る」というように「映像」が基本となっているといえる。網膜の裏で何かしらの記憶、おそらくは過去に自身がもっている記憶から、映像や音や触感や味をつむぎだして、重ねて、夢として再構成しているのではないだろうか。そしてこの複数の感覚が重なるということは優れて共感覚的であって、それはそのまま、記憶の仕組みではないだろうか。文字と意味、映像と匂い、形と色、何かと何かが、重なるから、わたしたちは記憶ができるのだと思う。目をつむって食べた料理に味の記憶が取り出しにくいのは感覚が重なっていない、つまり、共感覚になっていないからではなかろうか。

そして、記憶には実は2種類あって、過去の記憶と未来の記憶というものがある。これも奇異に聞こえるかもしれないけれど、わたしたちは間違いなくそうした2種類の重なりを、つくって、日常を過ごしている。すでに感じた重なりは過去の記憶として覚えている限り、いつでも取り出せるけれど、その重なりが離れていくと、事実だけが宙に遊離して記憶ではなくなってしまう。また未来に重なりを感じて、気持ちが高揚する未来の夢を思い描きながらわたしたちは生きている。

わたしたちに「未来の記憶」が存在することについては、死者との会話という刺激的な題材を使って内田樹が明快な解説をしている（内田［2004］）。内田は自身の武道の試合において相手の出方を感覚的に「予想する」経験から、「先を読む」ということと記憶とを関連づける。つまり「未来の記憶」を知ることで武道の達人は先を読むというわけだ。そしてその延長に未来の死者の記憶にたどり着くとする。この話はもちろん少しばかり飛躍しているかもしれないが、誰しも少し先の自分、目の前にいる人の少し先の状態を、「知った」上で生活していることに異を唱える人はいないのではないだろうか。「突然の呼び出し」と「喫茶店の風景」と「沈黙の時間」との重なりの未来に、「別れ話」が重なるという未来の記憶をわたしたちは敏感に察知する。

蠟の板

人文学者のアン・ホワイトヘッドによれば、かつてソクラテスは、記憶（知識）についての問いに対し、思考と知覚とを区別した。彼は、頭の中に蠟でできた板があるというアナロジーで記憶の仕組みを捉えたという（ホワイトヘッド［2017］）。あのドロドロとした蠟。蠟の板に知覚の対象が押し付けられることで痕跡としての思考の対象となって記憶となるというイメージ。シーリングスタンプ（封蠟）と呼ばれる、文書に封をするときの刻印が思い浮かべられる。その素朴だけれどいろいろと合点のゆく豊かなイメージは、のちにプラトンやアリストテレスにも引き継がれる。

蠟板の蠟が軟らかい人は記憶のスピードは早いけれども忘れやすい。一方、硬い蠟の人は覚えるのに時間がかかるけれども一度覚えたものを忘れない。板が大きい人や蠟が厚い人は記憶の容量が大きい。ここでも記憶は重なりとしてイメージされている。そしてとくにプラトンにおいては、その重なりが、日々生きていく中でつくられるものと、生まれる前につくられたもの（イデア）の2種類存在すると考える。本書で、すでに目の前にある重なりと、これから起こるであろう重なりの、両方について考えていこうとしているわたしたちにとって興味深い。ホワイトヘッドは、アリストテレスの考え方の中の記憶のイメージでは、「想起されるもののイメージ」と「想起のためのイメージ」とが異なることを、歴史家のリチャード・ソラブジの指摘とともに紹介している。これは記憶術の考え方に近い。語呂合わせや、街中や室内の具体的な場所に記憶を埋め込む記憶術は、想起されるイメージに想起しやすいイメージを重ねて、変換し、記憶するもので、物事の重なりの自由なふるまいのなしえる技である。

予知夢とデジャヴ

夢の話に戻って、建築の話につなげていこう。

夢には「予知夢」というものがある。予知夢は未来のことを夢に見るというもので、予言的な扱われ方をされてきた。けれどもここまですでに考えてきたように、わたしたちは、未だ知らな

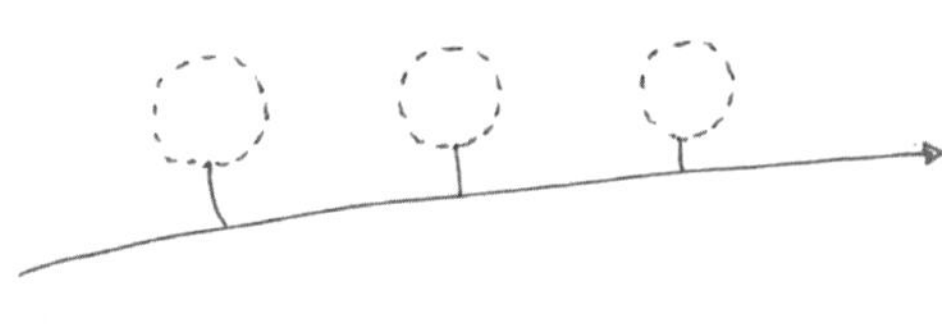

い未来を、未来の記憶として知っているから会話ができるのであって、空気が読めるわけである。空気が読めないと言われる人は、物事を未来に向けて重ねる能力・経験が不足している。つまり未来への名づけが下手くそなのだ。地震の予知とか革命の予知といった非日常的なことでなければ、日常生活でわたしたちは普通に予知をしていて、それを夢に見たところで何ら不思議なことではないはずだ。何しろ夢では当たり前のように時間を自由に移動している。一晩の夢で3日を過ごしていることもよくあることだ。

ところで「デジャヴ」というのは予知夢とは少し違う。デジャヴは既視感と言われる。これは「昔見たものを今見ているような気がする」感覚とは決定的に異なっていて、「見ていないけれど見たような気がする」感覚のことである。昔「見ていて」忘れているのではなく、「見ていない」けれども「見たことがあるように」感じるというのは、ひょっとするとイデアとしての人類の「過去の記憶」に近いかもしれないけれど、未だ見たことのない記憶という意味では、「未来の記憶」でもある。デジャヴについては多木浩二が明快な説明をしている。そこでは未だ見ぬ空間、けれども懐かしささすら感じる空間を、デジャヴの説明を交えておこなっている。建築で、そうしたデジャヴ的な空間を考えたいと思っていて、わたしは今空間をつくり文章を書いているのかもしれない。

建築の設計ではとにかくたくさんの模型をつくる。何しろ建築をつくるのはお金と時間がかかるし、すべてをつくりながら考えるわけにはいかないので、どうしても即興的につくることができない。思い返せば学生時代、音楽家やダンサーの友だちが、すぐにその場で、即興的に、つくりだすことに、激しい嫉妬を覚えた。建築家はすぐにはつくれない。アルベルティ以降わたしたちはつくることにワンクッション置かざるをえなくなった（それは後で少し触れるように、BIMや3Dプリンタの登場によって距離としては近づきつつある）。建築家は前もって図面をつくり、模型をつくり多くの検討をする。しかし実はこれは、「未来の模型」の話であって、模型にも2容態あることに気づく。これからつくる建築のための模型を未来の模型とするならば、すでにあるものを理解するための縮小模型としての過去の模型も存在する。そして、やはりひょっとするとどこかにあるかもしれない建築の、デジャヴ模型というものも存在するわけである。

ルーレットを回そう

さて、ようやく重なりと建築の話に移りたい。

先に、切断と連関とについて眺めた。あまりに単純化されてしまうきらいはあるけれど、今わたしたちの世界を見つめる視点として、この2つの視点は見通しとしてわかりやすい。けれども

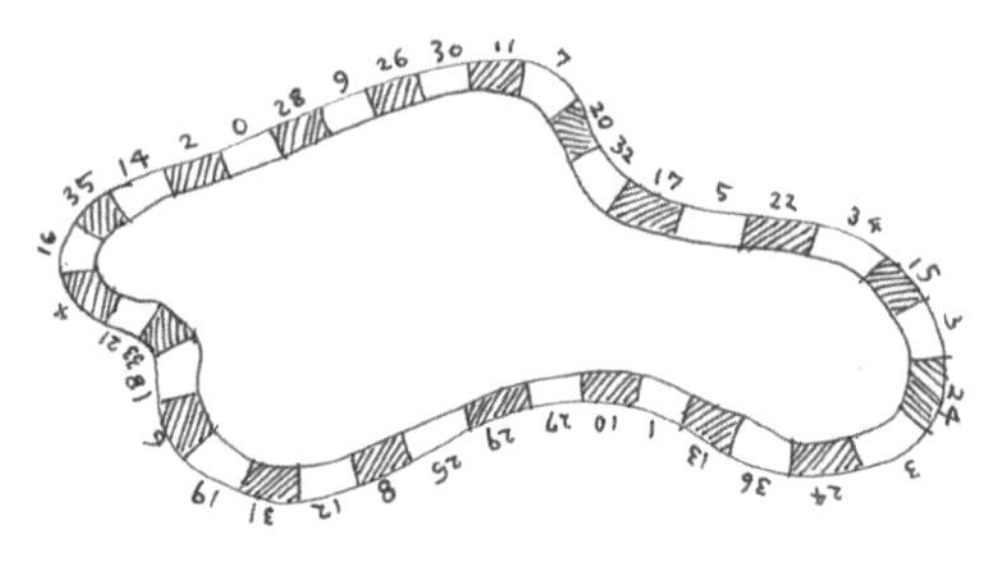

両者の対立を見るに、共に物を物以外と切断していることには違わないように今のところわたしには感じられる。つながりを見るか物を見るかという2つの視点は共に有用ではあるけれど、その切断をつくる前に、物と物、物と非物の区別がない状態、重なりの状態を見ることはできないだろうか。今たとえて言うならば、数字が書かれた、赤と黒のたくさんのマス目をもつルーレットは、回転せずに止められていて、各マス目がクリアに見つめられ、マス目どうしの比較がなされている。その止まったルーレットを回そうではないか。どちらがどちらかわからないくらいに、重なりの世界を見ることはできないだろうか。大量の物、大量のイメージに囲まれて、わたしたちはすでに重なりの日常に生きているはずなのだから。イメージであふれた世界では、モダニズム期に完了したとされる、「内容」と「形式」との分離すら訝しく感じる。

自然と文化の重なり

フィリップ・デスコラという人類学者がいる。レヴィ＝ストロースに師事し、南米アマゾンのヒヴァロ語族アシュアールと呼ばれる人々の村落の営みを調査したことで知られる。物と非物の重なりを考えていたときに人文学研究者の知人から紹介をされ、シンポジウムにオンラインで参加しその考えを知ったときに、ある気づきがあった。それまでわたしは重なりを考えるとき、言葉と物の重なりを軸に思考していた。けれど実はそれ自体人間の文化に染まった方法であって、人間と自然を分断することにもつながってしまう。デスコラは人間と非人間の区別をやめることを提唱し「自然の人類学」を掲げている。氏の思考をわかりやすく、あるいは本書にとって扱いやすいように説明する事例として、氏がフィールドワークをしたアシュアールの自然に対する捉え方がある。若干正確さを欠く説明になるかもしれないけれど単純化して述べると、おおよそ次のようなことにデスコラは着目する。

まず、その部族は動物に対して、人間の家族と同様の位置づけをもっていた。たとえば家族に、父・母・息子・叔父・叔母・従兄弟といるように、彼らの営みにおいて叔父的位置づけの動物などがいるのである。中には神聖な位置づけの動物もいたかもしれない。そして狩猟対象となる動物は母方の従兄弟にあたる存在だった。だから彼らは家族を狩猟して、感謝して、食べるのである。そして、ある位置づけの家族である動物は食べないこともある。つまりインセストタブーのようなことが、その構造は違えども、食の営みにも見出せるということである。このとき自然としての動物と、非自然としての人間は、その内面性において同じ家族として認識されているとデスコラは考えた。

わたしたちの日常の営みでもこれに近い関係性に気づくことができる。たとえばペットを家族として迎えて生活を共にすることがあるだろうし、人工物である椅子や万年筆を自分の相棒のように、感情移入し、場合によっては名前までつけてそばに置くことだってあるかもしれない。携帯電話を落として痛いと感じたとしたら、そこにはすでに身体的な重なりがある。

これは、どこまでを自分の身体として認識するか、わたしとわたしの近くにある物をどこまで重ねているか、ということと関係していると考えを展開できるだろうか。衣服は？　時計は？　わたしの身体として意識しているか？　携帯電話は？　自分の手にしているボールが身体化されているとすると、投げられたボールはいつまで自分の物か？　あるいは、わたしの手と、マウスと、画面上のポインターは、どこまでがわたしか？　タブレットやスマートフォンが発達して、スクロールの向きが逆転したのはこの身体との重なりの過程である。こうしたインターフェイスの事例のみならず、区別されていた物事が重ねられて思考される、あるいは、1つの物にもうひとつの物や人格を増やして活動を営むのは、近年急速に進んだ生活の方法である。

類似をめぐる4つの分類

デスコラが提唱する同一化、重なりについて、氏のもちいる言葉を使ってもう少し見ていこう。2017年7月にデスコラはロンドンにて「シネミューズスペース」と題する、映画の描写にまつわるワークショップ内のシンポジウムに登壇した。そこでは人間と非人間、あるいは人間と自然の同一化（アイデンティフィケーション）について、さらに氏が2006年より提唱している分類について長い時間をかけて説明がなされた。その分類とは、①トーテミズム、②アニミズム、③ナチュラリズム、④アナロジズムの4つである。これらは身体性（フィジカリティ）の一致と不一致（あるいは類似と非類似。デスコラの言葉では一と多）、内面性（インテリオリティ）の一致と不一致によって、マトリックスがあらわされ、4つの象限に整理される。

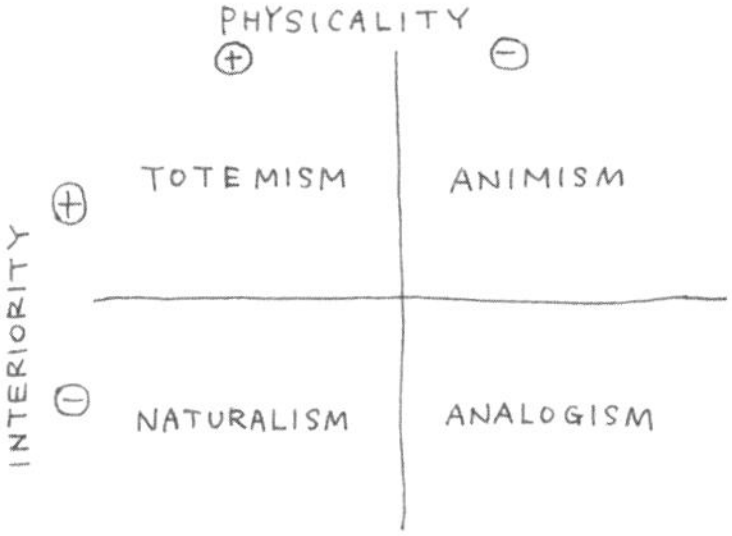

少し言葉を換えながら説明していくと、①トーテミズムというのは主に動物を人間と同一視して、さらに一部の動物を神格化する世界である。そのとき人間も動物の名で呼ばれることがある。トーテムポールは神格化した動物（トーテム）の偶像である。姿形としての身体性は同一にみなされ、さらにその内面性としての心も同一視される。身体と中身との両方が同じと捉えられる。

次に②アニミズムは日本人にはなじみやすいだろう。あらゆるものに神が宿る八百万の神を思い起こすとわかりやすい。大木や奇岩に神が宿るとするのもわかりやすいアニミズムである。このとき人間と異なる身体性が、人間的なる内面性を備えたものとして存在することになる。見た目が違う身体に、わたしたちと同

PHYSICALITY
+ −
INTERIORITY
TOTEMISM
ANIMISM
NATURALISM
ANALOGISM

じ中身を捉える。

そして③ナチュラリズム（自然主義）は近代以降のわたしたちの社会をかたちづくってきたフレームである。人間とその他（自然）という二項対立的な人間中心主義のことである。そのとき自然は人間がつくりだした文化・科学によるフィルター越しに観察され、同じ物質、同一の仕組みの身体性でできているとみなされ、なおかつ観察対象として客観的に見られる。

最後に④アナロジズム（類推主義）はあらゆるものが記号化し、相対的に観察され、その類似性から把握される世界である。アナロジズムについてはデスコラの定義のままではイメージしにくいので、後に事例をあげて説明することにしよう。けれどこの類推でできた世界は、おそらく、現代のわたしたちの世界の認識の仕方にもっとも急速に入り込んできているとわたしは思っている。

このような類似による物と人間の重なりは、実はわたしたちの社会にありふれているから、ここでも連想を重ねてゆくことで理解が定着する。具体的な例で捉えてみよう。今わたしたちの身の回りにいる動物と人間の重なりを、デスコラの四象限を通して捉えてみると、①トーテミズムとは「動物の擬人キャラ化」にあたる。ズートピアの登場人物や、ディズニーランドのキャラクター、各地方自治体のゆるキャラを思い浮かべればよい。動物の擬人化は鳥獣戯画に始まり、日本の漫画では『のらくろ』や『ジャングル大帝』など昔から例が多い。比較的近年でも『ぼのぼの』『動物のお医者さん』から最近では『けものフレンズ』『タレソカレ』『BEASTARS』『オッドタクシー』とジャンルも多く途切れないので感覚としてなじみやすいだろう。彼・彼女たちは人間と同じように話し、歩き、心を通わせる。

では②アニミズムはどうだろうか。デスコラの類似による分類の通りに考えれば身体性は異なるものの内面の心を同一視した存在となる。これはたとえば「ペット」が相当する。ペットは姿形こそ同一視されていないものの、家族の一員として共に生活し、同じ時を過ごす。他にもＡＩの搭載された機器は、かなりこのアニミズム的存在に近くなりつつある。ＡＩスピーカーは見た目にはオーディオ機器であるけれど、わたしたちはそれに向かって語りかけ会話をする。

次に③ナチュラリズムでは、人間と動物にヒエラルキーのある世界となる。そこで動物はおよそ同じ姿形の人間の「代替物」として、人間のために、実験の対象としてもちいられる。実験においてマウスは、哺乳類という類似にだけ着目された、心を抜かれた存在となるのである。

最後に④アナロジズムはどうだろう。形をとどめず心もない動物。それもわたしたちの身近にいる。テーブルの上で原形をとどめずわたしたちの体に取り込まれる「食用としての動物」だ。ハンバーグを食べるときにわたしたちは人間との身体性の近しさを忘却し、牧場で出会った愛らしいその姿を都合よく記憶から消す（たまに白子とレバテキがしゃべりだす擬人化もあるけれど）。

「重なりの思考」をめざして

この類似の4象限は、社会を類別するためのものではない。ここまで見てきて明らかなように、同じ1つの社会においても、時と場合に応じてそれぞれの分類を同時に見出せる。だから重要なことは、これらの重なりを、見方として、柔軟にもちいるということだ。デスコラの思想を受けてヨーロッパ文化を解釈し直した哲学者のミシェル・セールは、デスコラの方法は建築をある角度から眺めた投影図（プレゼンテーションの図面）なのではなく、建築をつくるための設計図（つくるための図面）なのだと述べて、4つの見方の組み合わせによって物事を見る（つくる）ことを試みている［▼1］。「ちがう」物と思われている2つが、「おなじ」である世界を想像してゆくときに、デスコラの対概念の重ね合せは有効になる。えてして、新しい思想を提示するものは古い思想からの切断を高らかに謳いあげる。エコ推進派は科学技術にえらく攻撃的で、政治的な煽動家に振れがちである。その逆もまたしかり。新たな技術で改革を起こそうとするものは旧態依然としたふるまいを敵視しがちだ。

過去も未来も同時に選択可能な、対象も環境も重ねて考えていけるような、要素と構成を行き来する思考のような、そうしたエコロジカルの先にあるアナロジカルな重なりの世界としての建築をめざせないだろうか。デスコラの考え方を経由した「重なりの思考」は、とくにわたしたちの社会が一般に2つの物事の対比で捉えられているときに有効になる。

たとえば建築と自然の重なりを考えよう。建築と自然が、身体的に、そして内面的に似ているという状況を考えてみる。ここで身体的に考えるということを、形を考えることと置き換えてみよう。デスコラの身体と内面という語を、かたちとなかみに置き換えてみる。そして先に見たように形態は、要素論的、構成論的に捉えることが可能である。要素論には素材性、かたち、おおきさなどいくつかの特性がある。構成論には位置関係や相互のスケールとプロポーションを特性として検討できる。そして内面的に考えるということを、建築を検討するにあたって、その意味を考えることと置き換えてみよう。意味は対象化された状態における意味と環境化された状態における意味とを捉えることが可能である。すると形態的および意味的に類似の状態とは、自然の素材、かたち、スケールなどに逆らうことなく自然の摂理の一部として建築をつくりだすというスタンスが対応する。有機的と言われる建築の多くはこの分類に収まる。そして形態的に類似していないけれど意味的に類似が見られる状態としては、たとえば自然から抽出したシステムをコンセプトとする建築としてメタボリズムのようなスタンスが対応する。さらに形態的に類似しつつも意味として異なる状態としては、たとえば記号として形態のみ借用するような建築（たとえば《TOD's表参道ビル》のような）があるだろうか。また一見対照的に思えそうなログハウスもここでは同じ分類になりそうである。そして形態的にも意味的にも重なりのない状態は、とくに事例をあげずともよいだろう。多くの建築にとって特性の大部分が自然とは重なりをもたないか、あるいは表現されていない。この重なりの分類は1つ

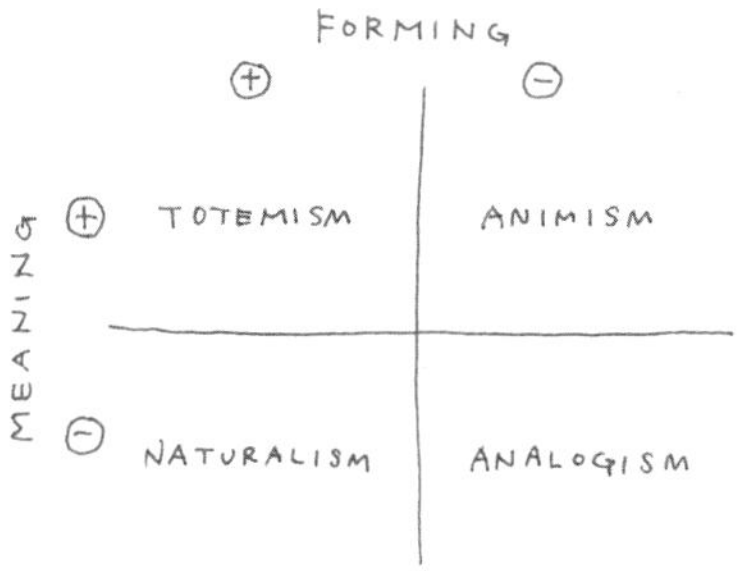

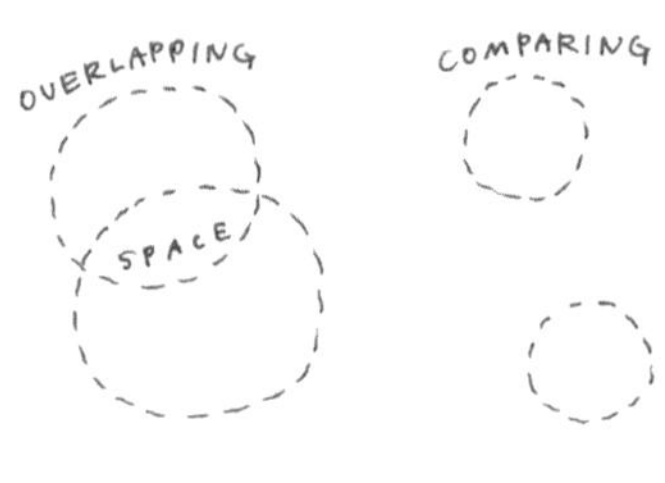

の見方にすぎない。それは前もってどれかを選ぶという類のものではない。あくまで、どれが一番、そのときに、しっくりといくかという、「わたしたちの建築」の「未来の記憶」への飽くなきトライアルなのだと思う。

この「重ねる」という思考はいったい何を生み出すだろうか。建築においては区別されているものを整理してみることからそれは始まるかもしれない。たとえばわたしたちは柱・梁・筋交いといった部材、床・壁・天井といった部位を建築の言葉として知っている。しかしそれはある特徴に、ただ一時、たまたま重ねられている言葉にすぎない。柱と梁は自然と非自然、人間と動物の区別に比べ簡単に重ねられるだろう。この言葉の重なりを外して、対象を重ねるという方法はときに発見的な空間を生む。この、対象への寄り添い方については、のちに、コンセプト主導型のものづくりと対比的な方法として考えたい。

イメージの渦の中で

記憶の話に戻ろう、とくに空間の記憶について。空間を記憶するということは、空間に何かの感覚が重なる、ということではないだろうか。そして、重なったときに人は、名づけや記憶をするのだと思う。空間に言葉が重なるということが名づけであり、また、音が重なれば音づけ、匂いが重なれば匂いづけと言える。この、重なりという記憶の世界は、類推によってどこまでも広がる世界となる。

デスコラによってアナロジズムと整理された類推の世界が、わたしたちの、大量のイメージを次から次へと消費する現代的な世界につながらないだろうかと先に考えてみた。このイメージの類似性に着目する思考として、美学者のバーバラ・スタフォードの「ヴィジュアル・アナロジー」を紹介したい。スタフォードは「ちがう」ことではなく「おなじ」であることに着目し、自らの広大な知識の海を縦横無尽に渡り歩きながら、差異による世界から逃れ、類似による世界の冒険へとわたしたちを誘導する。彼女は言う。

アナロジーは、互いに不一致な複数のものの間を絆で結び、互いに通約不能なもの同士に架橋する。見るとはつまり、何かが何か他のものと繋がっている、繋がることができると速攻理解することに他ならない。

こうやって思考についてアナロジカルに思考してみることで、脱中心化された自我（decentered self）

についてのもっと複雑な心理学を試みられるのではないか、とも思う。

（スタフォード［2006］『ヴィジュアル・アナロジー』）

ここでもちいられた「脱中心化された自我」の視線とは、物に類似を見る、自由に時空を飛び越える現代的わたしの視線であって、それはそのまま、物の関係を偶然に発見する観光客の視線でもある。つまり仮説的類推だ。スタフォードは他の幾人かの著述家と同様に、差異を見てしまう視線は構造主義的な言語論的転回によるものだという。

20世紀初めに構造主義を創りだしたフェルディナン・ド・ソシュールは、能記（signifier）〈対〉所記（signified）の二項対立を定式化することによって、聖書以来の名と意味の結び付きをさらに不動のものにした。すべてを言語化するこうした二極分化が、思惟経験、現象経験を言語のうみだしたものに変えてしまった。

（スタフォード［2004］『グッド・ルッキング』）

大量のイメージに囲まれて、類似を見つけながら生きる社会は、現代においてSNSなどのスピードをともなった画像世界とパラレルに生きるわたしたちが想像される。とくに中高生など若い世代に受け入れられている画像共有アプリの世界は、アップロードされた画像を開くやいなやカウントダウンが始まり、数秒ののちに次なるイメージへと視線は誘導される。そして自動でつながってゆくイメージ群の集まりに身を委ねなければ、その渦の中で生き抜くことはできない。

わたしたちの「重なりの日常」に対峙するおおよその準備は整った。次章以降、それらの重なりに寄り添いながら、人間と非人間の重なり、わたしとわたしの外との重なりを建築を題材としてみていこう。

7　上と下を向いて歩こう

あの猿に聞いてごらん——百頭女って誰？
教父みたいに彼は答えるだろう——百頭女をじっと見つめるだけで、わしにはあれが誰なのかわかる。だが君が説明をもとめればそれだけで、わしにはその答えがわからなくなってしまう。

マックス・エルンスト『百頭女』

きのことリノベーション

かつて建築家・篠原一男は、「民家はきのこである」と言った。民家は良い。けれどそれは自然発生して群生するきのこのようなものとして良いのであり、建築の主題とは異なる。だからこそ豊穣な土地に良いきのこ（民家）は自然と育まれるのだという趣旨である。それゆえに「民家を見て、いまだかつて美しいと私は思ったことはない」とも語る（篠原［1964］）。多くの集落調査をおこない、日本の古建築の分析から、その本質を西洋の建築と対比的に論じた篠原が、そのような言い回しで民家を位置づけた文章を読んだ学生時代、衝撃を覚えたのを記憶している。

近年の空き家問題やストック活用の必要性から建築家も積極的に関わっているリノベーションブームは、その優れた事例であるほど、きのこ的になっているとわたしは思う。既存の建物の良さを尊重し、その場所に空間と時間を育もうとする姿勢は、そのまま篠原が指摘するきのこの様相に近い。それは揶揄ではなく、住文化にとって必要な営みであると思う。そして同時にやはり、魅力的ではあっても、その空間に何らかの新しい美しさを認めることはどうしても難しい。そのときに語られている魅力は、つねに、建築の領域をいったんスライドさせたうえでの批評であるから（ただ、その魅力を美しさに変質させようとする試みがあるのは特筆しておくべきだろう）。だから、もともとの建築の領域の事象であったテーマは意識的に置き去りにされて、無視されるか、糾弾されてしまうことが往々にしてある。リノベーションは基本的にはアンソロポロジーとかエスノグラフィーの範疇であるのだとわたしは思うし、そのようになってきていると言えるだろう。一時その界隈にビジネスの手法論が飛び交って、建築批評すら対立的に語られるという（それもポジショントークであったろうが）事態になっていたが、近年の建築専門誌では、とくにリノベーションのいくつかの活動に

際して魅力的な時間の蓄積にあふれ、どうやら新築物件のいくつかにも同種の質をつかむことができると感じる。そして1つ思うことがある。リノベーションブームの河筋の底流に流れ始めているきのこ的な本質と、建築文化あるいは社会一般の文化が今必要としているであろう物語的側面とを混在させてしまいがちなことに、意匠論の混乱が生じているのではないか。

ボトムアップ的

パトリック・ゲデスという都市計画家がいる。エベネザー・ハワードと並ぶ、もうひとりの主要な近代都市計画家である。ハワードの方法は、19世紀当時の劣悪な労働者環境を改善すべく都市と田園の良いところ取りをした田園都市を郊外に立案し実際につくりあげたという点で、理想的なゼロからの都市計画であったのに対し、ゲデスはタブララサの状態からの計画を非難し、インドの都市計画を任された折にも、スラムクリアランスをするのではなく現状を残しながら手を加え補修していくという外科手術的都市計画をおこなった（ゲデス［2015］）。日本の民俗学研究者である柳田國男はゲデスの思想に大きく影響されたと言われており、柳田を師とした今和次郎の都市へのまなざしにも、ゲデスの思想が随所に現れていると言える。それは上から強い形式を嵌め込むのでなく、現状の豊かさや多様性を許容し、残すことを重視しながら物事を見つめる態度である。

エベネザー・ハワードとパトリック・ゲデスを思索するとき、もうひとりの注目すべき「パトリック」がいる。パトリック・キーラーは建築家として設計活動をおこなったのちに映画製作活動をスタートさせた。近年「ロビンソン三部作」が比較文学研究者の木内久美子の解説のもと日本でも公開された。彼の作品そのものについては今は触れず、ここではキーラーが風景への興味に関連して講演の中で何度も触れているシチュアシオニストの都市への視線について少しだけ参照したい。

ハワードとゲデスの対比は、ケヴィン・リンチの形態論的な都市構造把握とシチュアシオニストの現象学的な都市構造把握との対比に興味深くつながる。リンチは『都市のイメージ』で「アイデンティティ」「構造」「意味」の3要素を都市のイメージとして取り上げた。しかし、実際に都市を記述する際には上述の「意味」を排除した形態論的構造把握をおこなった。トップダウン的な都市把握と言えるだろう。一方シチュアシオニストは、マルクス主義とシュルレアリスムを批判的に継承した人たちで、活動時期こそリンチと近いもののその実践的活動は対照的である。彼らは恣意性の強い意味も許容し、都市を彷徨いながらそこかしこで感じることを重要視した。ボトムアップ的な都市把握と言えるだろう。コンスタント・ニーヴェンホイスのニューバビロンに見られるように、彼らは都市をカスタマイズし寄り添いながら、自分たちでつくっていく感覚を携えていた。リンチが迷う都市を良しとしなかったのに対し、シチュアシオニストは都市で迷うことを積極的に許容した。

社会を構成する諸々の事物をどのように位置づけ把握するかは、単純なことでありながら非常に大きな思考の方向性となってあらわれる。もっとも端的に結果としてあらわれる作業に、名づけのグルーピングがある。たとえばわたしたちが世の中の人々をグルーピングしようとするとき、あらかじめ何かしらの基準に従って「黒人・白人・黄色人種」とか「男性・女性」と分けてしまいがちである。しかしこうした方法では、それぞれがもつ性質とそれらの間の意味の関係性が消失してしまう。

文化人類学者の川喜田二郎が考案した「ＫＪ法」という方法がある。もともと未開部族の話す言語を調査する際にもちいられた手法であるが、さまざまな分野の記述をテキスト分析する際に、現在では多くの研究者が参照している。その勘所は、まず枠組みを想定せずに似たものを集めていくという発想法である。そうして徐々にまとまりができ、一番大きな枠組みは最後にできあがる。先に述べた一般的な分類がトップダウン的なグルーピングであるのに対して、ＫＪ法はボトムアップ的なグルーピングである。すると、実は男性と女性という枠に収まらない中性的なグループが出てきたり、女性的男性と男性的女性とが別の特徴によって集められたグループも許容されるのである。

上寄り思考と下寄り思考

このようなトップダウンとボトムアップの思考を、「上寄り思考」と「下寄り思考」と今仮に呼んでみる。上寄りの思考と関連の深いタームとしては「トップダウン、全体主義、形式主義、合理性、人間主義、都市、科学技術、工学、未来思考、進歩主義、ルール、単純性……」などがあげられ、下寄りの思考と関連の深いタームとしては「ボトムアップ、部分への着目、表現主義、ロマン主義、感性、光、色、地域、土着、歴史、多様性……」などがあるだろうか。むろん明らかに、この設定自体がトップダウン的であって、単純な二元論の穴に陥る大きな危険、世界を単純化してしまう恐れがあるから日常的にもちいてよいような対比ではない。

それでもこんな方法を今ここで「大枠として」提示するのは、先の「きのこ／物語」の混乱を整理するのにも有用であると思うからだ。そしてモダニズムの一部分であった上寄りの思想に対し、現在は下寄りの思想が強く求められている時代である。思い返してみればそれは最近に限ったことでなく、美術批評も建築批評も、単純化されてゆく物への反発として戦後に歩み始めていた。モダニズムが一筋縄でないので話しにくいけれど、美術批評家のクレメント・グリーンバーグの称賛したモダニズムの美的対象（情念豊かなポロックの抽象表現主義のような）は、突き詰めればミニマリズムに到達する性質であったし、建築のモダニズムの大きい流れも、その形や肌理の性質を見れば同様の方向性をもっていた。そうした性質にたいして同じく美術批評家のマイケル・フリードは「芸術と客体性」を著して、演劇性（つまり、閉じたハコの中で良い見世物として成立している物性）を批判した（モダニズムを擁護するためにだけど。その後はさらにレオ・スタインバーグやロザリンド・クラウスがポップアートを題材として現代美術批評の基礎を築き上げた）。建築ではモダニズムに対してコーリン・ロウが「虚の透明性」という概念を打ち出すことで単純性を痛烈批判し、磯崎新は建築を解体するところからスタートし、ピーター・アイゼンマン、ロバート・ヴェンチューリ、坂本一成らがそれぞれの着目する建築的部位・属性をもちいて同時性・二重性を成し遂げた。映画批評においてアンドレ・バザンが現実に内在する曖昧さと不確かさのフィルミックな再現の必要性を説いたのも同様な流れと言えるだろうか。それは上寄りから下寄りへの思想の流れといったんは捉えてみてもよいだろう。このような二極でいったん整理するという方法は、これまでにも危険を顧みず数多く試みられてきた。たとえば美術史家のアルフレッド・バー・ジュニアによるキュビスムと抽象芸術の対比や建築評論家の神代雄一郎による近代主義と地域主義の対比の図などは今でも参照される。

ユートピアという上寄り思考

民俗学や民族誌学の周囲をめぐると、豊かな建築的ナラティブが発掘できる。先の柳田國男、今和次郎しかり。それは土着的で地域性を重んじる物語である。とくに伝統工芸が介在すると歴史を含蓄する。わたしの所属する大学は、工学を専門とする単科大でありながら、人間国宝の濱田庄司や島岡達三ら、陶芸作家を輩出した。前身である東京高等工業学校時代にG・ワグネル博士の開設した窯業科が存在し、化学反応をもちいた釉薬研究が彼らの手によって探究されたことによる。近代日本の代表的な陶芸家である板谷波山もワグネル門下生である。そうした事情で陶芸の世界の人や活動、そしてそれらが営み育んできた場所と関連が深く、現在でも学内の博物館が中心となり益子焼の窯業集落である益子市と協力しポッタリーキャンプが開催されている（2017年の執筆時には建築家の遠藤康一が中心となって毎年開催されていたが、現在休止中）。

民藝運動の中心的人物である河井寛次郎も同じ卒業生である。民藝は日本の芸術活動を考えるとき少し特殊に思う。民藝運動に関わった人によって雑誌『白樺』が生まれたことを鑑みても、民藝は当時の時代の空気を反映した、「下寄り」なロマン主義的活動であるし、河井寛次郎邸（現記念館）のそこかしこに散りばめられた情念豊かな形象からは、「日本という地域性」に立脚した創作を感じる。しかし一方で、民藝運動はどこかユートピア的思想も内包していて、その芸術家村的コミュニティが、当時の各地域の伝統工芸コミュニティとどう折り合いをつけたかは慎重に検討する必要があるだろうと思う。そして、それでもなお、作家性と非作家性を重ねたその運動の仕組みは、物をつくるときの仕組みとしてとても示唆的である。

以前ユートピアについていろいろな角度から検討したことがある。上下で言えばユートピアは「上寄り」である。漫画や映画や小説に描かれるユートピア的都市・建築に対し、ユートピアカードなるものを数百枚単位で制作し、バーバラ・スタフォードの「ヴィジュアル・アナロジー」の思想を参照しつつ、先に述べたＫＪ法的なイメージング（画像によるＫＪ法）という手法を模索した。大学研究室でのリサーチも、この画像蒐集による「イメージング」と、言葉蒐集による

「フレージング」の、2つのKJ法的手法を研究と設計双方のインプットのとっかかりとして、それを時間軸と空間軸にアウトプットとして重ねていくことをおこなっている。KJ法の本質は多様性を許容した総体である。

ラッダイトの矛盾

もう20年くらい前からそうだろう。規則的な時間割で生活し、反復の都市環境の中で、すみずみまで清潔に均質に明るく照らされて、わたしたちは生きている。テクノロジーに守られ、制服的な何かを身にまとい、デジタルに生きている。これはユートピアそのものではないだろうか。だが、生かされていたということに、東日本大震災以後否応なくわたしたちは気づいた。本当はもっと前から気づいていたのだけれど、やっと言えるようになった。わかっているつもりになっていた世界には、実はつながりと呼べそうなものが極端にかぼそかったことを、わたしたちは叫ぶことができるようになった。家族のつながりすら怪しかったではないか。

わたしたちはユートピアに明確にNOと言える意志をもてるだろうか。

この反抗に思いを巡らすとき、ふと、イギリスの産業革命に必死で抵抗した、暴力的なラッダイトという人たちと自分の思考が重なり恐ろしくなる。ラッダイトとは19世紀の前半に産業化の象徴としての工場の機械や明るく都市を照らし始める街灯を壊して回った覆面の暴徒集団である。

ラッダイト的な憤りと野心を抱えながらもラッダイトになってはいけない。ラッダイトは自己矛盾を抱えた存在なのだ。

原発、環境問題、政治に対しての憤りがSNS等で連日のように垂れ流される。そうした情報啓蒙は複数の媒体へ範囲を広げている。公共の情報の場に政治をもちこむこと自体は当然の成り行きであるだろうし、音楽は政治と並走してきたし、建築が扱う空間だってつねに政治の場として語られてきたしで、まあよいのだけれど、アジテーションの垂れ流しとなるとちょっと食傷気味で、辟易した若者たちは早々に退散し始めている。きっとここが重要なのだ。現代を柔軟に生きる彼らは、ラッダイトには関わらない。

トップダウン権力／ボトムアップ権力

かつて、窓ガラスを壊して回って支配からの卒業を歌った歌手は、その支配の複雑さに気づくにはあまりに若かったかもしれない。あるいは単純なトップダウンの支配のみならず、規律訓練型の権力（フーコー）に支配されている自分自身に抵抗したのかもしれない。だからこそ彼はラッダイト的であり80年代の若者のカリスマたりえた。現代において、環境管理型の権力そしてアーキテクチャの浸透で社会ができていることに気づいたならば、彼はユートピアソングを歌い現代の若者の心をつかむだろうか。

わたしたちは原発という自分たちの範疇を越えて簡単に理解できないものに生かされていることに嫌気がさしている。ただでさえ携帯やＰＣなど、科学技術という言葉が古くさく感じられるほどに進歩した技術で生活は固められている。誰がどこでつくっているかわからない野菜よりはトレーサビリティをもった野菜を安心して食べたいと思うし、よくわからない政治の仕組みは見える化して欲しいと望み、医者任せの治療はやめて最低限の治療方針を理解しセカンドオピニオンを求め、よくわかっていなかった建築の構造や素材や仕上げはわかりやすく明らかに、そのブラックボックスの部分が暴かれていっている。そこまではよい。わたしたちは多くの出自やトランスペアレントなつながりをもとに、自分たちの世界を、多様性を携えて組み上げていけばよい。

そのときの対立軸にあった上寄りの思想、進歩思想、全体思想、科学技術賛美、体系化、トップダウン……を壊そうとしたり切断しようとするから混乱が生じる。ラッダイトは気づいていただろうか。ラッダイトという存在そのものが、本来の単純化した規則社会から自然に即した多様性の社会をめざそうとしたその方向性と矛盾し、自己の物語を振りかざし、きのこすら寄せつけない混乱した存在としてしか成立していないことを。つくられる物語は、自然発生し沈黙するきのこを許容すべきなのだ。もちろんユートピアをめざすことと、反ユートピアを抑えることは違う。その逆も同様である。そしてここまでいくつか見てきた上下の対比軸を観察すれば、きのこがこの軸に乗っていないのは明らかだ。きのこは軸と直交し、本来いかようにも同時存在可能なのである。それは空間の軸と時間の軸の直交でもある。その自由を奪うことは冒頭に述べた建築とリノベーションの間に生じている混乱と同じ現象である。ノスタルジーとエネルギー神話に浸りがちな現代のラッダイトたちは物語ときのこの混乱の中どこに向かうであろうか。とりあえず落ち着こう。

猫と暮らす

リノベーションは本来、パンクだ。それは文字どおりの意味である。かつてセックス・ピストルズを皮切りにイギリスで隆盛したパンク・ロック・ムーブメントのバンドの1つであるCrassはＤＩＹ（Do It Yourself）をスローガンとして掲げたコミューンに12人＋猫20匹で共同生活をおこなった。リノベーションの本質はＤＩＹだと思う。それはすでに何らかの方法でつくられたらしき物々をカタログから選ぶのではなく、自らの触感でつくり変える姿勢だから。そしてパンク・ロックがそうであったように、政治的でも反体制的でもなく、ただただ目の前のものにアナーキーであればよい。

世界はすでに多様性に満ちているから

２０１６年に相模原の障害者施設で起きた凄惨な事件は弱者に対するわれわれの排他的姿勢の

再考をうながした。犯人が描いた世界は人類の希望では決してない。『生物と無生物のあいだ』の著者である生物学者の福岡伸一はＴＶのコメンテーターとして、犯人の思想は生物学的に完全に間違いで、生物の進化においては強い種が弱肉強食の論理で生き残ってきたのではなく、多様性を尊重した種が生き残ってきた、ということを強調した。多様性の拒絶は生物を滅ぼす。わたしたちはすべてが弱者であることを念頭に置くべきである。

　ブラジルで２０１６年夏に開催された南米初の五輪、リオデジャネイロ・オリンピックの開会式では、〝Celebrate Differences（多様性の称賛）〟という言葉が叫ばれた。多民族国家らしい開会式のテーマのひとつであった。ヨーロッパの移民問題は島国の日本にとって、なかなか現実味をもって考えられることのない話かもしれないが、これからのわたしたちの世界の「地域の美」のストーリーとしても示唆的だ。少子化対策、移民受入れ策、社会の多様性と地域・土着性の維持などの議論の中、「らしさ」の美しさはどう変わっていくだろう。

　ＮＨＫのＴＶで、アマゾンに今も暮らす、現代文明との接触が未だない地球上最後の部族イゾラドを映像で収めた貴重な特集が放送されたのを見たことがある。もはや数百人程度しか残っていないと見られる彼らは森の伐採業者などによって現代文明社会の存在を感じ、アマゾンの中を北へ南へと逃げながら、現在ではごくごく限られたエリアで生活していると見られている。番組の最後はおそらくイゾラドは近い将来いなくなってしまうだろうという語りで締めくくられた。弓矢による襲撃をおこなう凶暴な種族を意味するマシコピーロと呼ばれ恐れられている彼らは、文明社会に存在する「未知の」ウイルスに対する免疫がなく、単純な接触で病気になり死に至る弱者なのである。彼ら弱者を生かすことができないわれわれ人類は、本当にこれから地球で生き延びることができるのだろうか。

ウィリアム・モリスの『ユートピアだより』という小説の中に、22世紀のロンドンの住人が「人が歴史について大いに関心をもつのは、たいてい動乱と闘争、混乱の時代だそうです」と語る場面がある。ユートピアでは歴史は語られない。モリスは注意深く、歴史を知ることと闘争することとのつながりをユートピア人に忘却させている。ユートピアでは歴史は知らないから闘争しないし、闘争しないから歴史も不要となる。ユートピア人が歴史を知ることは趣味であって闘争のための教育ではないのだ。

第2部 重なりをさがして

8　建築で考えることと言葉を設計することとについて

言語は、感覚経験の領域に対する正確な意味と、豊かな多様性とを公式化するには不十分である。

モホリ＝ナジ『ザ・ニュー・ヴィジョン』

モダニズム建築と言葉

言語と建築との関係の歴史については、建築史家のエイドリアン・フォーティが、『言葉と建築』の第1部で詳細な検討をしている。その前提からして、実体と言葉との「重ならなさ」からスタートしている。

建築と言葉と化した言語の関係については、これまであまり多くは語られてこなかった。……理由の一端は、建築を独創的な考案による精神の労働と同一視し、他のあらゆる芸術実践と同じように、西洋思想に昔からあったひとつの仮定に影響されてきたのである。すなわち、感覚を介した経験は言語を介した経験と根本的に相容れず、何かを見るということはそれについて何か語られたという

TEXT

ARCHITECTURE

こととまるで関係を持たないという仮定である。（フォーティ［2005］）

美術教育に深く関わったモホリ＝ナジも『ザ・ニュー・ヴィジョン』で言語の不十分さを指摘していて、モダニズム初期の芸術活動全般において、言語が、伝達・媒体手段として地位が低かったことがわかる。20世紀建築家の巨匠ミース・ファン・デル・ローエにいたっては、「話していないで建てろ」と言い放ち、講演録以外の文章はほとんど残っていない。

しかしそれでも、語彙の体系を大きくつくり変えて、創作をするときの言語を重要なものにしたのは、モダニズムとその時代の思考が原因なのであった。モダニズムは、現在当たり前にもちいられる抽象的な言葉（空間、形式、構造など）の組み替えで建築的な思考が可能となる土俵をつくりあげた。モダニズムの基本的な思考は、物を自律させることであった。建築を他の芸術諸分野から自律させ、周辺環境から自律させ、歴史からも自律させた。当然の流れとして、建築の要素も自律的に捉えられるようになっていったし、それを指し示す言葉も自律的になっていった。そして、自律的になるとは、つながりを切ることに他ならないわけで、今、モダニズムを反省するときには、つながりを切った抽象的な言葉が反発の槍玉にあがり、つながるための言葉がもてはやされるわけだ。また、CIAMに代表されるモダニズムの都市計画理論は、わたしたちの生活空間とそこでの営みを分類し、切断した。それまで未分化だった数多くの営みは、余暇とか仕事とかいったいつのまにか生活を窮屈にする単語に分けられていった。もともとは仕事も余暇も、喜びも忙しさも、すべてが重なったところにわたしたちの日常はあったのに、いつしかわたしたちはその重なりを整理し忘却することで清潔に暮らし始めてしまった。

わたしたちは前章までに、物の見方について身近なところから検討してきた。要素と構成については、物自体と物の関係とについて（第3章）。切断と連関については、物の自律とつながりとについて（第4章）。対象と環境については、物とその周囲、そして物化するということについて（第5章）。そのうえで、物と物の重なりの思考の可能性を取り上げた（第6章）。そして、わたしたちの思考の立ち位置として、上からの思考と下からの思考という思考の向きを位置づけておいた（第7章）。

これから、建築家の創作活動にともなう言葉を眺めていこう。その準備として、「何に」名前がつけられてきたかを考える。次章からしばらく、実体から遊離して語られるようになった「空間」と「物」と「様式」について、整理してみる。そして、13章からは建築家がどのような名づけをおこなってきたかを眺めよう。ベルナール・チュミは「建築はドローイングなしには存在しないし、同じ意味でテクストなしには存在しない」と述べた。言葉によって生まれる空間は確かに存在する。

強い言葉と新しい言葉

わたしたちが言語によって何かを言いあらわそうとするときには、つたえたい事柄を強調して明示しようとするだろう。そうした強調された内容をあらわす言語を強い言語と呼ぶなら、その言語はたいてい特徴的なレトリックをともなって語られる。たとえば、つたえたい事柄を何かと比較することで強調させたり、ある共有された、あるいは一般化した概念に乗せることで説明したりといったレトリックである。また、強い言語の1つとしてわたしたちの目をひきつけるものに、発話者が自らつくった言葉がある。語られた直後、その言葉のあらわす意味がわからず、只々、その言葉の響きを追うばかりである。そして、だからこそ、そうしたつくられた言葉は視覚的に訴えかけてくる。脳裏で、また、網膜の裏でわたしたちはその言葉のシニフィアンを漂わせて、そこに発話者の意図をきざみこもうとする。こうした発話者との共通理解を手にしてゆく過程が、いっそうわたしたちをつくられた言葉の世界にいざなう。そうしたつくられた言語、新たな名づけも、今興味にのぼる。

もうひとつ、新しさについてここでメモをしておく。建築も創作の活動であるから、新しさが問題となることが多い。新しさはそれだけで強さにもなる。かつては「古い物」「元の物」が正しく良いことで本物であったから、新しさに価値が生まれたのは日本では江戸時代以降のことだという(西田[2022])。本書で後に見ていく空間、かたち、スケールといった言葉は、現代の建築設計において、既存の言葉である。その既存の意味に対照させて、自身の設計の意味を重ねるとき、何かとの差異、すなわち新しい意味の提示が建築家に求められることがある。建築家はかたちある実体をつくる。そして、その中でも新しさをつくろうとする建築家は言葉と格闘し意味をつくろうとする。次の言葉には建築家の苦悩が書き留められている。少し長くなるが引用しよう。

MEANING

TEXT

以前、ある写真家の言葉「来たるべき言葉のために」(中平卓馬、作品集の書名)という文章を好んでいた。未だなき概念(言葉)の獲得がものをつくる行為でもその中核をなす内容と考えてきたからだが、建築の行為も結局未だ取得できぬ意味内容を明確にすることによって新たな概念の収得が可能になろうと考えてきた。そしてその概念はその時新たな言葉となって現れると思ってきた。残念ながらわれわれの認識する概念は言葉と互換性をもつ。それどころか言葉そのものかもしれない。建築での概念ですらそのことから逃れることはできない。それなら建築は意味を発生させる装置なのだろうか。建築の主題は往々にして言葉として位置づけられてきた。言語概念の建築化として、あるいは逆に言葉によってその主題は発見されてきた。そしてまた、手法と呼ばれる建築の手段が言葉で説明されてきた。それは建築自体が意味の産物であることを表しているように思われるのだが、建築での〈空間〉はその顕著な内容であった。事実、建築が文化社会の内で明確な位置づけを確保しようとするなら、その点において評価され得たのではあるまいか。建築が現象させる内容は〈意味〉なのであろう。しかし一方、その点で耐えられぬ自分に気づく。それは建築がもってしまう意味なのか、あるいはその意味のあり方、現れ方のためか。（坂本一成［1976］「住宅における建築性――住宅設計私論2」）

新しい意味は、普通、既存の言葉が受け皿となって、そこに重ねられる。とすると、受け皿になる言葉の意味がどう変質するかが、新しい意味の重要さと同じくらい重要になってくる。受け皿になる言葉の意味の変質とは、要素論・構成論の次の展開として検討した、「名づけの拡張」でもある。この受け皿になる言葉の意味というのは、たいていぼんやりしている。そしてぼんやりしているからこそ新しい意味が重ねられるのでもある。「おいしい生活」という有名なコピーがある。糸井重里が一九八二年につくりだした西武百貨店のキャッチコピーである。ここでも生活という言葉はぼんやりしていて、そこにおいしいという言葉が重なって新しいイメージが湧き上がるように生まれている。わたしたちもぼんやりとした建築の言葉を追いかけよう。ぼんやりとした受け皿として、空間とかたちとスケールについて、建築家がどんな意味を重ねてきたかを概観したい。

9　物の虚実

その向うの、テーブルの右角に電気スタンドが立っている。一辺が十五センチの正方形の台座の上に、おなじ直径の円盤がのっていて、溝のついた円柱が、傾斜のきわめてゆるやかな円錐形のくすんだ色の笠をささえている。笠の上端の円周上を、一匹の蝿がゆっくりと、しかし連続的に移動している。それが天井に影を投げているのだが、形がくずれ、もとの蝿のどの要素も、羽も、胴体も、脚もわからなくなっている。全体が一個の糸状の線に変り、規則的な破線、といっても一辺の欠けた六角形みたいな、閉じてない破線、すなわち電球の白熱フィラメントのかたちになっている。この小さな、ひらいた多角形の角のひとつが、スタンドの投げる大きな光の輪の内側の縁に接している。そこをゆっくりと、しかし連続的に、円周にそってこの多角形が移動してゆく。それが垂直の壁面のところにくると、ぼってりした赤いカーテンの襞のなかに見えなくなる。

アラン・ロブ＝グリエ『迷路のなかで』

空間と物の建築史

物の見方について、わたしたちは考えてきた。前章で、言葉の重なりを見始めようと宣言した。これから、わたしたちは空間（第13章）、かたち（第14章）、スケール（第15章）について、言葉の重なりを見ていこうと思う。その前に、本章から4つの章で、その下準備をしたい。まずは物にたいして、とくに建築の周りにおいて、空間とはどういったものであったかを整理しよう。

建築の歴史においては、空間と物（実体）の二項対立が、とにかくさまざまに語られてきた。何しろわたしたちの目の前には、動物や静物、数多くの物々があるけれども、それと同時にその物たちのすきまは、膨大な気積の透明な空気で埋め尽くされているわけで、その図と地の関係をなす2つは、虚と実、間と物として、世界の根本的な対比であり続けた。

たとえば、フランスの美学者エティエンヌ・スリヨは、建築を、空間芸術でありボリュームをもつものとして位置づけているし（次頁左上図）、また、ドイツの心理者で美学者のマックス・デソワルは空間芸術を2次元的なものと3次元的なものに、そしてさらに3次元的なものを充実体と空虚部をもつものに分類していて、建築は3次元的で空虚部をもつもの、つまり充実部（充実体）と空虚部の双方をもつものであるとした（次頁右上図）。この実と虚にあたる建築のフィジカルな側面として、本書では物、そして物どうしの関係をこれまで検討してきて、その周辺を漂う言葉と

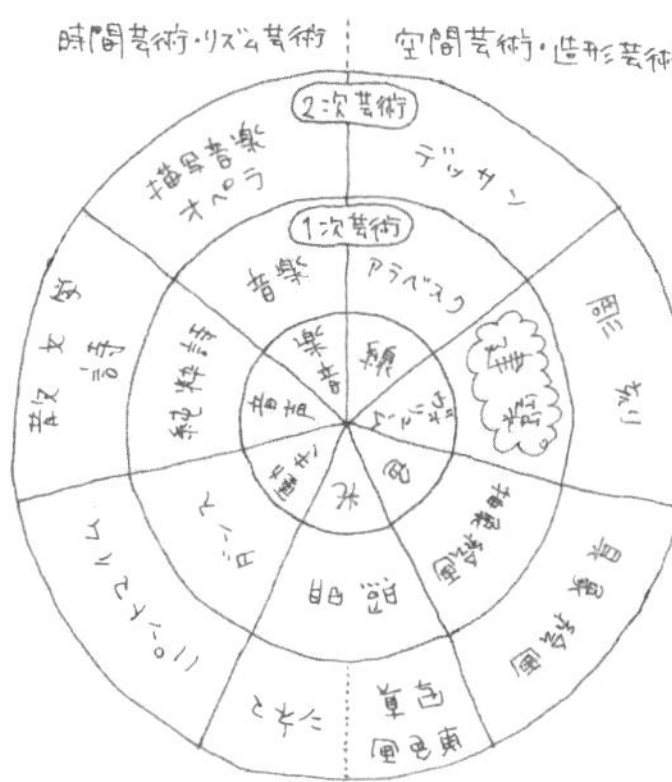

2次元的	3次元的	
	空虚部をもつ	充実体のみ
絵画 版画 （平面装飾）	建築	彫刻 （立体装飾） 記念碑、工芸

上：空間芸術・造形芸術のシステム（デソワル）
左：芸術のシステム（É・スリヨ）

して空間とかたち、そしてスケールをこれから取り上げようとしている。

空間と物の対比について、建築の歴史の中では、その双方につねに関心が注がれていたわけではない。建築は長らく物優位の時代があった。ギーディオンによれば、エジプトからギリシアに至る時代の建築は、広い空間の中に置かれた彫刻のようなもので（物優位、第1の空間概念）、内部空間に対する自覚は認められないのだという（ギーディ

関根伸夫《位相-大地》
空間と「もの」との相互依存的な関係に焦点を当てた「もの派」の代表的作品。1968年制作、2008年に再制作。

オン［1978］）。それがローマ時代中期に入り、ドームやヴォールトをもちい始めた頃から、内部空間への意欲が表現としてあらわれ（空間優位、第2の空間概念）、その後、中世・近世を通じて物と空間の組み合わせが発展した（第3の空間概念、ギーディオンはその過程に時空間という時代の共有概念を設定している）。また、日本建築においても同様の過程があったと建築史家の井上充夫は指摘している。

まず古代には、建築における造形上の関心は内部空間よりもむしろ外部構成の方に向けられていた。とくに原始時代の日本人は、空間的なものには全く無関心で、ひたすら実体的なものを追求した。この実体的なものに対する関心は、大陸文化輸入期に入ると、外部空間の中に建築物を彫刻的に構成するという方向に進んだ。しかし平安時代ごろになると、実体的なものに対する執着はやや弱まり、一方向からみた場合の幻のような絵画的構成を喜ぶようになる。ところが平安時代の末から中世にかけて、内部空間に対する意識が次第に目ざめてくる。……この傾向は中世を通じて発展し、近世にいたって最高潮に達する。

（井上［1969］）

そのうえで、

すなわち、「内部空間でも、外部空間でも、建築空間はつねに実体によって形成される」と。これは当たり前のことのようであるが、決して忘れてはならない原理である。建築ではこのように、空

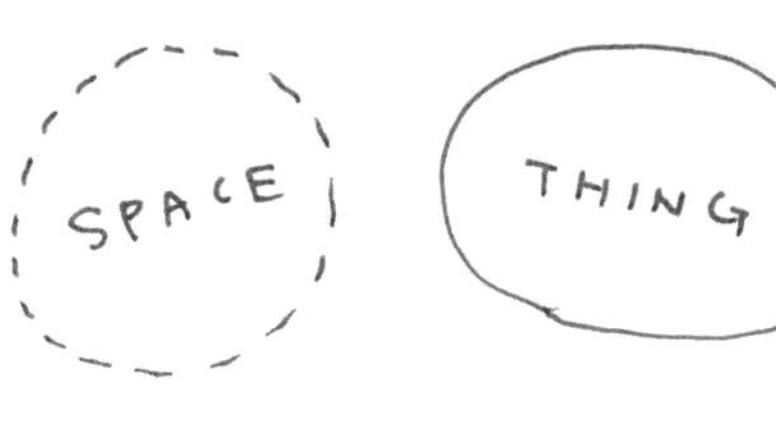

間と実体とが離れることのできない関係にある。（井上［1969］）

と述べ、建築における空間と実体の重要性を述べている。

このように、彫塑的物体としてのかたちへの興味の後に、空間概念が発展してきたわけだが、その後もさまざまな著述家によって、物と空間との優位性の議論がおこなわれた。たとえば物を建築の思考において優位に置いた芸術家として、前章でも取り上げたバウハウスのモホリ＝ナジがいる。主著『材料から建築へ』のタイトルが示すように、彼は建築において素材の重要性を語った。そして、空間は物と物の位置関係であると定義している。空間は関係であり、それは構成である。要素としての物への思考から、物と物との関係への思考について、わたしたちは、要素論から構成論への展開、そして言葉の重なりによる意味の拡張としてすでに検討した。

また、建築空間の美学的考察をおこなった上松佑二によれば、ハイデッガーに依拠する美術史家のクルト・バットは、「空間的作用は、つねに物体の表現によって、間接的に形成される」と空間概念の優位性に批判的な立場を取った（上松［1997］）。こうした立場に対して上松は、

「空間」とはここでもまた物体創造の結果として生じる「空虚」以外の何者でもない」と、物優位の立場における空間の特徴を述べたうえで、そこに欠けているのは創造美学の立場であるとしている[▼1]。つまり、彼らの論理には対置される「創る側」の命題が無視されており、そもそも批判されるための空間概念というものが確立していないことが問題だとし、空間の優位性を主張する。

しかしながら、本書ではこのかたちなき空間とかたちある実体のどちらが優位であるかという議論はおこなわない。虚と実という対概念があらわすように、それらは主従の反転可能性をつねにもちあわせている。建築家の坂牛卓は以下のように述べている。

> それらのどちらかが支配的であるという主従関係を設定することは困難であると同時に意味のあることでもない。むしろこの空間と物体という建築の構成要素は主従なく存在する二つの要素と考えるべきであろう。
>
> （坂牛［2008］）

いずれにせよ、建築における空間と物の二元論をめぐる、双方、あるいは一方が重要であるという言質は、歴史上多くの例をあげることができ、その重要性を裏づけるものと言えるだろう。

10　物の所有

数人の人がおなじ本を読んでいるとき、読まれているのは、ほんとうにおなじ本でしょうか？

ミヒャエル・エンデ『M・エンデが読んだ本』

物の形、物の価値

　ここまでにわたしたちはいろいろな物について語りながら、それを物のかたちという言葉にスライドさせた。それは対象としての物が視覚的な事柄であることを前提として、それは、積極的なかたちを必ずともなうという坂本の整理を下敷きにしたものであった。しかしそれには少し急ぎすぎているかもしれないので、もう少し、物のいくつかの特質についてみてみることにしよう。さもなくば物とはかたちのことなのだと宣言したかのような誤解を生んでしまうかもしれない。かたちという言葉はもう少し「ぼんやり」としたものと考えたい。あるときに限っては形式という言葉でもよいかもしれないと思っているけれど、かたちは、そこに時間の厚みが加わらなければ形式とはなりがたい。何度か繰り返されたかたち、たゆまぬ時間の中で反復されたかたちが初

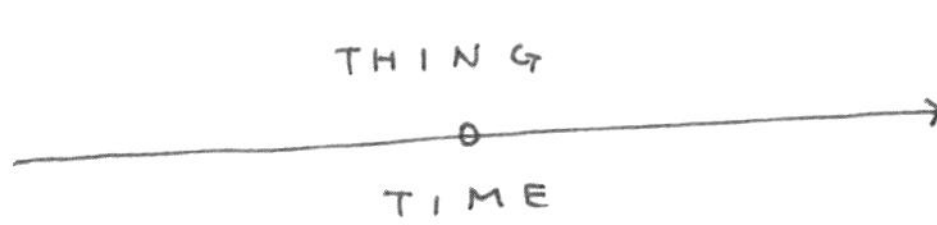

めて、形式と呼び始められうると、わたしは考える。本書ではかたちの問題だけに深く踏み込む紙面はないので、後に幾何図形についてのみ、建築家の思考を追ってみる。

ともかくこの章では、物への視線から、物の所有について、そして、わたしたちの共有と享受・開放・提供の感覚についてつなぎたい。物の所有なんていう物言いは、本来は人間の勝手でおこがましい言い方かもしれないけれど、所有という概念があることで、わたしたちは共有という状態を議論することができるようになったし、パブリックかプライベートかという場所の状態、そしてコモンズという状態を想像することが可能になったのだから、もう一度いろいろな事柄を所有対象として考えてみるのも無駄ではないだろう。

所有と価値

まず、物のエイジングについて考えよう。物が老いることについて。これは所有と深く関わる。所有していると必ず古くなる。そして古くなると新しいものと交換する。古くなると価値が減ずるという判断だ。けれど、物も人も、そしておそらく空間も歳を取る。わたしたちはその価値に気づいている。歳を取る物は愛おしい。

シルビオ・ゲゼルについて紹介したい。ゲゼルはドイツの経済学者であり「自由貨幣」と呼ばれる、価値が時間とともに減ってゆく貨幣の仕組みを提案したことで知られている。その方法は、一定の期間ごとに紙幣にスタンプを貼り価値をエイジングさせるという、とてもアナログなやり方なのだけれど、わたしは初めて知ったときとても驚いた。つまり都市も建築もプロダクトも、そして人間も、時間とともに老いてゆき最後には消滅するのに、貨幣だけがその価値を変わらずもち続けることにゲゼルは疑義を唱えたのである。そして、オーストリアのヴェルグルという都市で、１９３２年から１９３３年にかけて、実際にこの仕組みが地域通貨としてもちいられ、なおかつ地域経済の立て直しに成功したのである。

わたしがゲゼルを知ったのは、ユートピアについて調べているとき。アーティストの友人と都市と理想郷のはなしをしていると、ふとその名前が持ち上がったのだった。ユートピアにはお金がない。人々は喜びのために無償で働き、対価を求めない。それは資本主義の裏返しの設定であり、社会主義の１つの理想状態である。そしてそのどちらでもない貨幣を、かつて、それがもっとも当たり前の状態だとして提示し、「自由」と名づけた経済学者がいたことはとても興味深い。

ケインズは、「マルクスの思想よりもゲゼルの思想から学ぶことがより多くなってゆくに違いない」と述べる（廣田［２０１６］）。またミヒャエル・エンデの代表作である『モモ』はゲゼルの思想に大きく影響を受けたことが知られている。ゲゼルは、基本的には資本主義による社会のひずみを指摘した。けれど同時に、マルクス主義も批判する。マルクス主義は、資本家が剰余価値を搾取することに対し、プロレタリアの革命で共産主義を立ち上げることをめざすわけだが、ゲゼルは、革命ではなくてプロレタリアがもっと頑張ると資本家が儲からなくなるはずだという、少し変わった論理をうちたてる。これは社会主義者のプルードンの思想とも近い。たとえば、労働者としての建築家・建築施工者が、たくさん建築をつくれば、市場に建築があふれ、建築の価格が下がり、労働者は安く建築を購入できるというわけである。もちろんそううまくはいかない。けれど、物が余ることを良しとする思考は、わたしたちの社会に1つ希望を与える。何しろ今、わたしたちの社会は購入側の人物の絶対数が少なくなることによって、人工物が余り始めているのだから。いわゆる空き家問題では、トレジャーハンティングのごとく空き家物件が掘り起こされて改修がおこなわれているけれど、はたして本当に活用しないといけないのか、市場経済の仕組みに組み込んでビジネスにしていくことがはたしてわたしたちの地域の未来にとって優れた方法なのか。

私有と共有

住宅を設計することが多いものだから、空間が個人の物として存在するのを多く見ている。けれどそれでも、個人の物でありながら、少し広い向こう三軒両隣や、もう少しさらに広いご近所さんの物でもある空間の状態に関心がある。あるいはできうるならば、より長い時間で共有された地球の物を間借りして保有する感覚。そうすると、住宅のデザインも未来への贈与の対象となってゆく。都市においてもそれは同じで、逆に言えばみんなの場所でありながら、あるとき個人の場所として占有できている一瞬や、そして同時に自分がいる場所を超えてもっと広い都市や地域や世界にその場所がつながっているような感覚は、私有と共有の重なりと言えるのだろう。後に詳しく述べるように、3者間の重なりの感覚は、名づけの感覚でもある。自分と、家族の誰かと、街の誰かとの重なりに気づける感覚。名づけが生まれうる3つの物の重なりの空間に、きっと、心地よさを感じるのだと思う。このような空間に重なる所有の感覚は、ひとりの所有から複数人の所有、不特定多数の所有、そしてここにいない誰かと一緒に共有しているかのような感覚へと連鎖してつながってゆく。子どものときに遊んだ空き地は、のび太が寝転ぶ土管が横たわった空き地のような場所として、自分と友だちと、そして同じように郊外で育ったどこかの誰かと、その感覚を共有する。あるいは過去と未来の子どもとも共有する。この感覚は、超個人的な経験や記憶が「みんなの」物になっていくということであり、スタフォードも「特質問題」として取り上げている。わたしたちがどうして誰かと同じ物を見るのかという問題である。これは民族誌的な記憶と言ってもよいだろう。

所有と保有

ここで所有の概念について、とくに都市における所有概念を語るときに重要な差異を注記しておこう。それは「所有」に対する「保有」という状態についてである。所有と保有は異なる。たとえば土地を購入して住宅を建てるというとき、ほとんどの建主は住宅を所有すると考える。それは法律に守られた権利としての「所有（property）」である。けれど、ある集落の民家の1つに長い家系の時間の中でたまたまそこに住んでいるのだという感覚や、都市のスラムの一部を領有・不法占拠して住まう感覚は「保有（possession）」と言える。今、わたしたちが「住宅とは誰のものか」「住宅のデザインとは誰のためのものか」と問うとき、この2つの概念の差異とその背後に流れる時間に思いを巡らすことは意味のあることに思える。たとえばサッカーの試合でボールをキープしているとき、それは所有ではなく保有している状態である。チームがボールを支配している割合のことをボールポゼッションという。それは一時的な支配としての保有であり、もち続ける権利としての所有ではない。秘密基地をつくりそこで密かに遊ぶときも、彼らは子どもながらにその状態が所有でなく保有であることを理解している。この2つの私有化についてアンリ・ルフェーヴルは、都市の中での保有概念（ルフェーブルの言葉では「我有」）は所有概念より上位の権利であると説いた。都市を使う権利、都市に居る権利、さらには都市に住まう権利は、所有せずとも保有によって生じるということである。

有する物のつながり

地理学者のジェイ・アップルトンは、見ているけれど見られない安心感に触れ、「見晴らし－隠れ場理論」というものを提唱した。天敵がどこにいるかすぐに気づけるくらいに見晴らしがよく、なおかつ天敵から見えない隠れ家という一見矛盾するような場所こそが、動物の安住の場所であるというわけである［▼1］。わたしは、何がなんでも都市に対して住宅が視覚的に開かれなければいけないという幻想を抱くことができない。事実、多くの視覚的に閉じた建築が、都市の事象となめらかにつながっている様を経験してきたし、奥まった開放性というのは都市の1つの特徴であろうと思う。けれど、アップルトンの指摘したような状態を経由して、より社会と接続した状態をつくるべきだという建築家の衝動には賛同できる。これは社会生物学の創始者エドワード・ウィルソンが示したバイオフィリア仮説にも通じるだろう。バイオフィリア仮説とは、動物は先天的に生命や自然とつながることを欲するというものである。わたしたちは、先天的に、名づけうる関係性、つまり3者間の関係性を欲するのではないだろうか。こうした、近づき、共に生きようという協同の思考は、ロシアの生物学者・思想家のクロポトキンがめざした相互扶助の精神を思わせ、ダーウィンの生存競争の原理と対立するものだ。ちなみに、クロポトキンがめざした共同体は、国家による共産主義的な考え方ではなく、むしろ国家に縛られない無政府主義といえるものだったから、のちに触れるようなコーポラティブ的な思想だ。

アメリカの政治・経済学者エリノア・オストロムは、わたしたちが共有する資源（ＣＰＲｓ：Common pool resources）は、国や市場において管理されるべきでなく、つかう人たちのコミュニティによって管理されることでもっとも効果的にもちいられると説き、そのＣＰＲｓが自主管理において長期間持続するための８つの条件を整理した（オストロム［２０００］）。その中でオストロムは共同体の生成条件についてはふれていない。やはりこの場合も、ボトムアップの共同体というものは、国や市場というトップダウン的な管理が存在するときに、それに抵抗するように自然発生するものであるという認識なのであろう。

パブリックとプライベート

公と私の対比は、わたしが建築を学びだした90年代によく使われていたように思う。公共という言葉は、80年代を経て洗練されていった個・私的なものに対比させて、ポジティブにもちいられていた。プライベートな私有空間や商空間にたいして、パブリックな空間は、都市の中でみんなの空間といった感覚をもちあわせていた。それは里山の入会地のような地域住

民による資源の共同利用として生まれたコモンズの空間とは別のものである。協同の思想による共同体制は、それと対立する競争体制と距離を保ちつつ生きながらえてきたが、公共空間は突然トップダウン式にやってきて、ボトムアップのコモンズの空間を消し去るかのようである。よく言われるように、戦後の日本は、国家的所有から都道府県・各地域地区の所有、家族の所有、そして、個人の所有へと、物の興味は移り変わっていった。たとえば評論家の三浦展はこうした流れについて消費に着目し、少数のブルジョアが消費を楽しんだ第一の時代（1912-1941）、家族が消費を楽しみだす戦後復興期の第二の時代（1945-1974）、個人が趣味の消費をし始める第三の時代（1975-2004）、そして、カーシェアリングやシェアハウスなど、複数人でのシェア消費が始まる第四の時代（2005-）と整理している（三浦［2012］）。わたしの実感としてはシェア消費の感覚が始まったのはもう少し早く90年代後半には生じていたように思っているが、建築の分野についてもこの流れはおおむね共感できるのではないだろうか。

　禍々しい戦争で、国家的に所有する新しい土地の取得に失敗した日本は、人口増加・経済発展の時代の中で、土地が足りなくなることに危機感をもっていた。関東大震災と第二次世界大戦という2つのカタストロフの後のそうした土地の所有への危機感は、別の新しい土地をユートピアとしてつくりあげる情熱に向かった。丹下健三の《東京計画1960》から、メタボリストたちの海上都市計画、空中都市計画、人口土地計画、そしてバブル期の大手ゼネコンらによる超超高層建築計画はそうした国の土地所有を民衆すら望んだ結果の計画である。丹下の東京計画に先立ち、1958年に政治家の加納久朗による加納ビジョンに示された新首都ヤマトは、千葉県の山を核で爆破し、その土で東京湾を埋め立てるという壮絶なものだった。アキラのネオ東京やパトレイバーのバビロンプロジェクトなどのSFアニメーションよりも前に、また、丹下や磯崎が描いた建築家の批評的な夢物語の前に、いつの時代も政治家こそがロマンティストであり、政治家こそが東京湾埋め立ての夢を描いていたのである。そこでは国家主導のトップダウンによる国有公共空間の拡大がめざされている。

また、私有と共有の対比はそのまま世界の構図の歴史だったことにも触れておいたほうがよいだろうか。近代的な私有の歴史は思想家ジョン・ロックに始まる。彼は人が労働をすることで、労働が投入された土地の私有が可能になることを述べ、資本主義の所有観念の礎を築く。一方、共有については、ジャン＝ジャック・ルソーが『人間不平等起源論』によって、私有が人間を不平等にすると批判し、カール・マルクスの社会主義思想へと展開してゆく。けれどこの私有と共有の対比は、元をたどれば今も残るヨーロッパ社会とイスラム社会との物の見方の対比に始まる。すでに本叢書の既刊『モダニズムの臨界』で北山恒が指摘しているように、イスラム世界とヨーロッパ世界の対比は、宗教の歴史であるだけでなく、それと同時に経済の歴史、つまり物の所有に対する見方の対比的な歴史でもある。11～12世紀の地中海貿易以後、イスラム社会からヨーロッパ社会へと経済の中心は移る。イスラムが血縁関係を基本とした共同体組織の社会であるのに対し、ヨーロッパは「利害関係に基づく自治的な非血縁的組織」（北山［2017］）である。

北山もギャレット・ハーディンの「コモンズの悲劇」を取り上げて説明しているが、共同体組織の社会の問題点は「もったいない」がない、ということではなかろうか。それは責任感の希薄化としても説明可能かもしれないから、会社や研究室などの集団の運営の仕方とも通じるものがある。普段1人でもっていると使うのをためらうような物でも、複数名での共有物は逆に使わなければ損だというモチベーションが働きうる。その意味で、ゲゼルの「自由貨幣」は使わないともったいないという心理をつくものだった。ある物が、集団の物であるときに、自分の物ではないからいいや、という感覚になってしまうとその集団は衰退してゆく。みんなで物を取り扱おうとするとき、間主観性の構築は、つねになされ続けなければいけない。それには「総有」という概念を導入する必要がある。それは集団の構成員が変わったとしても、集団での共同所有が保持されるシステムである。

ここで総有の概念に深く踏み込むことはしないが、わたしたち「人類」は、名づけによって、この「集団での共同所有が保持されるシステム」を全世界的に永く続けてきた。それは個人の存続、種の存続よりもむしろ、名づけられた「家」を存続させようとするシステムであった。わたしたちは「継ぐ」という言葉をもちいて、家を、そして家名を存続させようとする。家の継続はときに血のつながりよりも重要である。家名の研究者である坂田聡は、「苗字は屋号と化した字(あざな)（通名）とともに、子々孫々に至るまでの超世代的な永続を何よりも希求する日本の家に固有の名前、すなわち家名であって、決して個人の特定を直接の目的とした「個人名」ではなかった」（坂田［2006］）と述べる。

パブリサイゼーション

「もったいない」は日本発の感覚として一時話題になったけれど、複数名で一緒に「もったいない」と言える社会を日本は続けてもちえているだろうか。最近、個人の住宅の一部を地域に開放したり、一つの用途の空間とされていた施設をより広い多目的な空間として地域に開放するような事例が、これまでの建築のビルディングタイプに収まらない事例としてみられるようになってきた。たとえば個人の書斎をまちかどの地域図書館的に開放する、映画が趣味の人が自分のシアタールームをときおり開放して地域のメディアライブラリー的な使用をうながす、コインランドリーが拡張されたスペースが地域の寄り合い所として機能するといった事例は、機能主義の枠に収まっていては「もったいない」との欲望の発露のように見える。そこでは新しい公と私の重なりが見出せる。これまでにない「パブリサイゼーション（公共化・公開化）」と言えそうである。住み開きやボランティアマインドというキーワードが聞かれるようになってきた。シェア文化の先に生まれつつある所有感覚の転換は、現代をオーバーラップシティとして捉えるときの1つの鍵となる。

共同体

日本の共同体は、室町時代に発達したと言われている。室町時代には、農業と貨幣の仕組みが進んだ。それによって、庶民のレベルで協同の意識が芽生え、「惣（そう）」が結合し大きくなっていく。「惣」とは、中世における自治の組織体のことで、入会（いりあい）や水利を自分たちで管理したり、村落の安全を自分たちで自衛した。そうした村は惣村と呼ばれていく。惣は大名に支配されながらも、場合によっては一揆を起こす半分自律した共同体だった。惣は日本のコーポラティブの始まりと言えよう。

日本のコーポラティブ住宅は1968年に東京都渋谷区で産声をあげた。コーポラティブ住宅は、通常の建売型共同住宅と異なり、建物ができる前から購入者が決まっている。購入者は組合をつくり、専有部はもちろん、共有部についても設計のクライアントとなる。最初の「コーポラティブハウス千駄ヶ谷」は4人の建築家の自邸である。その後も、郊外のマイホームが理想視される社会において、自分たちで都市に住むことを選び、「マイホーム主義を捨てよ、アワーホーム主義こそ都市の理想だ」と謳いあげた「ＯＨＰ運動（Our Housing Project運動）」や、「都住創（都市住宅を自分達の手で創る会）」などにつながってゆく。このような共同の仕組みは、ボトムアップで自然にできあがっていく点において、先ほどの惣にも似ているし、惣から発展して、日本の宗教と勉学の仕組みの中から発生した「講」と呼ばれる共同体にも似ている。大学の中の小さな1つの研究室や、学会の時期に小さな研究分野の研究者が各地から集まって議論し合う様などは、講の歴史をふと感じて、コモンズの重要性に気づく。他にも日本では家普請や茅葺きを地域共同でおこなうための仕組みとして、「合力（コーロク）」や「手子（テゴ）」、「普請組」「同行」「講組」「地下（じげ）」などがあったものの、今ではその名づけとともに解体されていっている。

3つの関係と名づけ

所有対象としての空間の名づけについて考えてみよう、と書き出しておきながら実は、空間は所有の対象となるほど名づけがされにくい。自分の所有になっていない物の方がネーミングされやすいというのは不思議に聞こえるかもしれない。これは実際にいくつかの生きられた空間の名づけを調査するとすぐに気づくことになる。農業・漁業・養蚕業・染織業・窯業など、伝統産業における手仕事の空間について、長い時間を生き抜いた独特の空間の名づけがないか聞いて回ったことがある。そのときたとえば、陶芸作家の作業場にある面白い名づけをわたしは期待してい

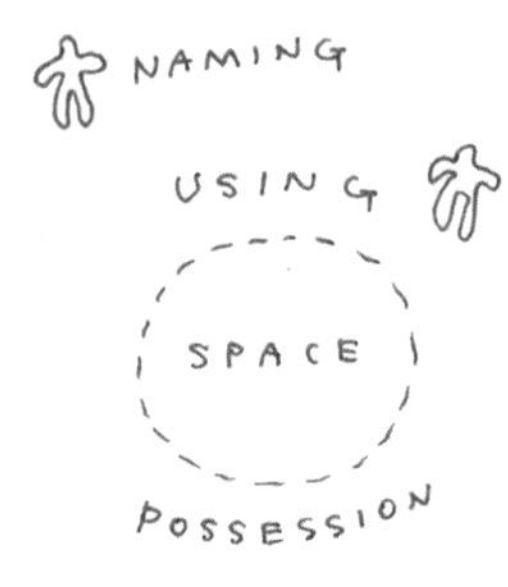

たけれど、ほとんど期待するような名づけはなかった。それもそのはずで、多くの作家さんたちはほぼひとりで作業場に篭り、黙々とろくろを回している。他の人と作業の場所についてつたえ合う必要がないのだから、呼び名としての名づけも必要がないのである。そして、ここからやはり予想されるように、作業工程の中で、私有地から離れた公共の場所を複数人で共有して利用するような伝統産業における空間の使用については名づけが定着していることが比較的多い。

しかし、自然環境に人の手が半分加わったような作業場所には名づけがあることが多い一方で、たとえば麻織物や竹細工の制作工程で、紫外線の力と雪の反射を利用しておこなわれる「雪晒し」という作業場所（干し場）にはたいてい名前がない（加藤［2018］）。それは雄大な自然をそのまま借りておこなわれるからであろうか。

わたしたちは自分だけの空間、つまり他者の介在しない空間について名づけの必要性をもたない。それは名づけが区別でもあるからである。他者と空間を共有するときに始めて、わたしたちは、意思の疎通のための、共通の呼び名としての名づけを必要とするのであ

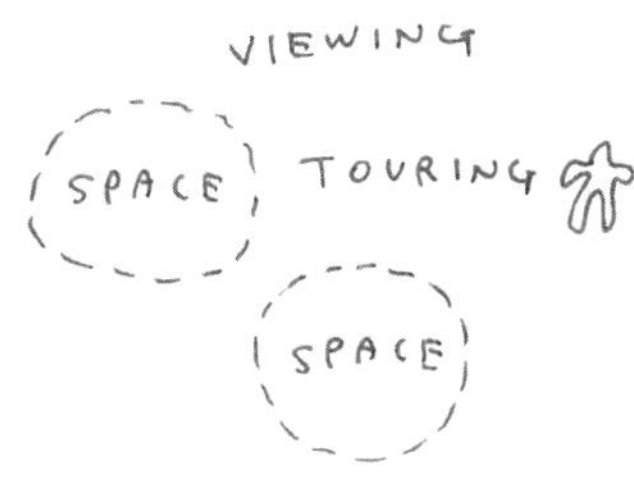

る。自分ひとりで使っているうちは、呼ぶ必要すらないのだ。また、親密な間柄で使っているのであれば、やはり名づけを必要としないことがある。そのときわたしたちは、名づけで呼ばずとも、あそことか、そっちとかいう合図だけでその空間を共有できるからである。

所有と使用

ところで今わたしは、空間の所有について話し始めて、途中から、「ひとりで空間を使うとき」と、空間の使用について話すようになった。ここで気づくように、名づけをあまり必要としないのは所有と使用が一致するときなのである。所有者が使用者と一致している。だからそこにはコードとしての名づけ、定義としての名づけを必要としないのだ。自分の物よりも人と共有する物に名前がつく。あだ名もきっとそうだろう。自分にニックネームをつける人はあまりいない。自分を人と共有したい芸人は、自分への名づけに大きな情熱を注ぐけれど、普通は、自分以外の人を、誰か第三者と共有したいときにあだ名をつけて呼ぶ。

だから名づけとは、おおよそつねに、3つの物や人や空間や自然の関係があるときに生まれるのである。

単位の名づけについても同様の傾向がある。たとえば美容院の空間は昔から興味深く観察している。美容師の美容院での仕事は建築家のアトリエでの仕事と、どこか似ているように感じる。ボスのところに修行にいくような師弟関係の雰囲気も似ているし、朝から晩まで技を追求するべく働いているところとか、街中のいたるところに観察対象があるところとか、いろいろと似ている。つくる対象（建築と髪）について、全体から部分へ、大きいところから細かいところへと思考する方法と、部分から全体をつくりあげていく方法とがありそうなのも類似点としてありそうだ。どちらも型と言えるタイプやスタイルがあるのも面白い。そんな美容室に空間の名づけがないか聞いてみたことがある。やはり彼らはほとんど家族と言ってもいいくらいに長い時間をコンパクトな同じ空間で過ごし、お客さんがいる中で、少ない言葉でスタッフ間で意思を疎通させているので、特別な呼び名などなくても阿吽の呼吸でお客さんを誘導し、必要なものを必要な場所へと若手スタッフが準備している。だからわたしが期待したような空間の名づけはそこになかった。けれども、その美容室の空間に少し関係の遠い人物が訪れることがあるというのをあるとき知った。それは別の美容室の美容師や、店をもたないフリーの美容師である。彼らは時間単位で散髪用の椅子と鏡を借りてお客さんの相手をしたり、カットの練習をしたりするのだそうだ。そしてそのとき、椅子と鏡のセットは「面」と数えられて、そのセットを貸し出すことを「面貸し」と

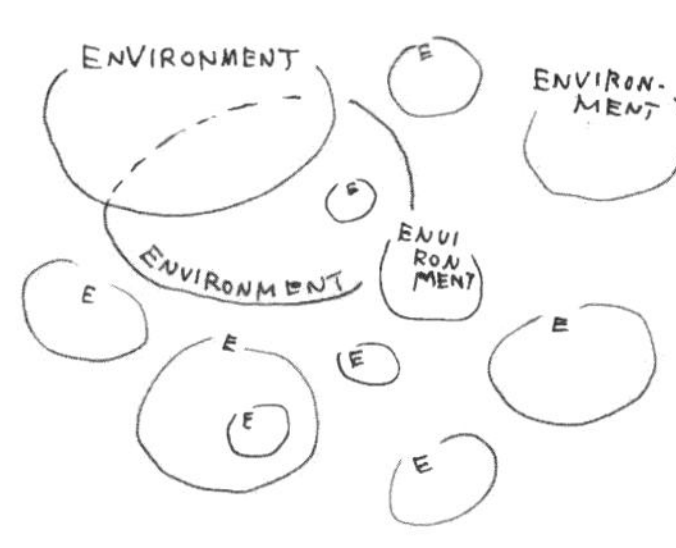

言う。所有の場所が使用者で満たされているところに、新たな非所有者・非使用者が混ざるときに、人は名づけを必要とするのである。

坂本一成はこの所有と使用についても緻密に整理している。まず、わたしたちは、環境の中に生きているけれど、「そこ」は、所有、あるいは使用の意識が生まれることで対象化される。「建物を人が使用するもの、所有するものと位置づけることは、それを意識して対象化する認識による」(坂本［2011］)のである。もちろん建物は無意識のうちに使われ、もたれているけれど、それが意識された時点で、環境化されていた建物は対象として認識されて、名づけの準備がスタートする。

モダニズム文学の小説家ヴァージニア・ウルフは、「自分ひとりの部屋」というフェミニズム批評を書いた。そこでは、女性が小説を書きたかったら、いくばくかのお金と、そして自分専用の部屋をもたねばならないという主張がなされた。ひとりの部屋は、他の誰にも邪魔されない部屋だから、名づけを必要としない。他の人に説明をする必要すらない部屋だ。ウルフは生涯ずっと精神的な病に苦しみながら、女性の心と男性の心という両性具有の精神をもつことで心を落ち着かせていたらしい。それでも最後は自ら命を絶つのだが、名づけのいらない自分ひとりの部屋は、彼女にとって本当に心が落ち着く場所だったかどうか、わたしは疑問に思う。ウルフの両性具有的精神の病、また、ビリー・ミリガンのような多重人格の病、そしてわたしたちに比較的身近な双極性障害などは、どれも、「自分」と「何か（たとえば自分が今いる場所）」と、そして「もう1つの何か」という3つの関係、つまり環境をつくれないときに、強引にもうひとつの対象を自らの中につくりだして関係を生み出そうとする（環境化しようとする）わたしたちの心の防衛のように思う。ウルフにとって本当に必要だった部屋は、所有され、使用され、そしてなおかつ、名づけられた部屋ではないだろうか。それはつまり、そこにもう1人、誰かが介入する可能性のある部屋である。

共有――「共所有」から「共保有」へ

所有対象としての空間について考えるとき、観光客という主体の立場は現代においてとても興味深い。思想家の東浩紀はそうした観光へのまなざしから、共同体の外部からやってくる他者について、ジョン・アーリとヨーナス・ラースンの『観光のまなざし』などを引きながら哲学的に検討している（東［2017］）。ある地において、所有者である村人に対し、所有対象をもたない旅人という主体がいる。そして、観光客はどこか別の地に所有対象を保有しておきながら、一時的に、偶然に、村人の地を訪れる存在である。名づけという観点からその可能性を読み解くならばおそらく、観光客のフラヌールの視点のような偶然のまなざしの登場によって空間は名づけを必要とし始めるということかと思う。この外からの視点は、対象と環境について第5章で検討した、風景を発見する視点とも重なる。風景を偶然発見し、いくつかの要素の関係に意味を重ねるのは、村人ではなく、つながりのない旅人でもなく、情報共有のつながりをもった観光客なのだ。そこでの風景の名づけは、観光情報誌で多くのイメージとともに共有される。同様に、先に取り上げたアニメの聖地巡礼者もわかりやすい観光客であることはもはや明らかだろう。彼らは後追いの観光客である。いったん1次的な観光客としてのクリエーターに聖地として風景が発見されて、アニメという観光情報媒体を介し、2次的な観光客としてアニメファンがその地を訪れるわけである。この一連の流れは建築関係者たちのまち歩きにも当てはまる。建築家の創作は、関係性の偶然の発見でもあるからだ。建築家は空間に意味を重ねて、あるいは未知の空間に気づいて、名づけをする。そこでは人と空間と言葉の重なりがある。その3つの重なりが関係性の偶然の発見であって、建築家の視点もまた最初の観光客の視点として関係を発見し、名づけをおこない、建築オタクたちのまち歩きをうながすのである。

今、物の所有への視線から、非所有者の視線について、そしてそれを観光客の偶然の視線として検討した。彼らは関係を発見する他者である。そしてその発見は3つの重なりの発見でもあり、それはそのまま名づけでもある。

「囲いこみ」という問題

物を所有し、囲い取り、そこに完結した安全をつくりだそうという姿勢について考える。わたしたちの身のまわりはさまざまな局面でそうした姿勢と環境にあふれている。完結した世界をつくろうとするのはモダニズムの姿勢でもあった。そして、もうすでに、その中で今後も生きていかないといけない局面もある。もちろんその中には、ある程度はポジティブに受け入れてもよさそうな物もある。

たとえば建築の事例で言うならば、わたしたちは冷暖房空調の発達と高気密な建築によって、閉じた完結した環境を手に入れた。そこには外部から家を通り抜ける風は一切存在しない。この閉じた環境志向について検討したい。自然環境一般で考えれば、いくつかの問題群を同時に検討できる。

わたしたちの自然環境はいくつかあるが、基本的には「太陽の恵み」を外から受け取ることで形成されている。太陽から光を受け取り、太陽の熱によって風も生じる。自然環境のエネルギーは太陽エネルギーからできあがっている。人類学者の中沢新一はその太陽の恵みを「贈与」として語り、原子力をその贈与を拒絶するものとして非難している（中沢［2013］）。原子力発電がなぜ非難されるのか。それは一方で、なぜ評価されるのかとともに確認しないといけない。「人体に悪影響があるから」というのは、「危険だから」ということであり、その反対意見は「十分に危険でなくなれば安全と言える」となって、危険だ安全だの不毛な諍いが生じる。

そもそも原子力を使うという思想が、閉じて成立するエネルギー環境をつくろうとしていることであるから非難されうるのだとわたしは思う。ユートピアも周囲から切断されていることが重要であった。その世界は海や空や宇宙や未来に浮かび、こちらから切断されたあちらにある。本来どこにもない場所であるユートピアを実際につくろうとするには、その環境に本来あってはいけないもの、まさに「太陽の身代わり」を投入することになる。中沢や他の多くの論者も歴史的事実として確認しているけれど、原子力の導入時は、「自分たちで管理できる閉じたエネルギー系」を輝かしい未来環境として賛美してしまったのだった。

あるいは、贈与が未来永劫続くかへの不安がこの閉じたユートピアの創造を駆り立てるのだろうか。この焦燥感は、モダニズムの成立、そして資本主義社会の成立と無関係ではあるまい。わたしたちの社会はかつて別の社会からの贈与があって世界がつくられていた。それは「待つ社会」だ。だから必然としてスローな社会だった。多くの環境がいつか来る贈与を待ち、関係づいて、同じ世界を構成している単位環境として認識されていた。これは本書の言葉で呼び直すなら、贈与によって関係をもつことができる環境を、自分たちの環境とおよそ同様の物、類似物として、模倣的に重ねて思考したということでもある。だからわたしたちの世界は必ずオーバーラップする複数の環境群でつくられる。

自然ならざる環境建築

なぜ閉じるとよくないのだろうか。それは本書の言葉をもちいれば、重ならないからである。重ならない空間は環境とならない。そしてそこには名づけも生じない。これは物理的に、視覚的に閉じるということとはあまり関係がない。物理的に閉じていても、孤独の状態にあっても、外の環境と関係を取る回路をもつこと、それが重なりに開かれた状態である。たとえば近親相姦（インセストタブー）は、わかりやすく、重なりに開かれておらず禁止されている。

この自然の囲い取り問題は、環境に配慮したサステナブル建築と自然豊かなインナーガーデニング建築とが視覚的に似ていることで、わたしたちの周りには混乱が生じている。おそらくわたしたちは、気づかないうちに閉じた環境世界に取り込まれているおそれがある。先の前者を環境共生建築と呼ぶならば、そのときの環境は建築の外にある。外の環境と共生しようという意味で環境という言葉が使われる。けれど、たとえば巨大なアトリウムにインナーガーデンを抱え込んだオフィスビルの思想は、建築のうちに自律的な環境を自分たちで管理して存在させてしまおうという試みで、そのときの環境は建築の内にある。ガラス温室をつくるモチベーションにも似ている。あるいはわたしたちが取り扱うことのできる「物」として環境が位置づけられたと言ってもよい。さらに言うならば、この環境は自律させられて他の環境と関わりをもたないことで世界となる。だから、環境を自律させようという試みは、世界を物として扱おうという思想だと思う。

ここまでわたしたちは本書で、物と物との関係を環境として取り出した。その関係は時と場所で無限に変わりうるから、無限の環境がある。そしてその環境群をわたしたちの世界として、とても簡単でラフな整理の仕方だけれど位置づけた。物はたいてい他の2つのものと関係をもつときに名づけが生まれる。3つの関係があるときに名づけは生まれるのだ。それは男と女と子という3者の比喩で語ることもできるかもしれない。だから、名づけのある環境はとても豊かに取り出せる。

図面における樹木の変遷

オフィスビルのインナーガーデンとすこし趣を異質にして、日本の建築家の設計する住宅は近年急速に室内に植物を取り込み始めている。これはもちろんオフィスビルにおける自律環境の囲い取りの誇示と近い部分もあるかもしれないけれど、わたしは少し異なる背景を感じているのでここで補足しておきたい。建築専門誌を調べてみると自然樹木を室内に取り込んだ住宅の事例は2010年代以降に急増している。これは観葉植物の設置を除いているから、鉢植えの植物で「装飾」された住宅も加えると急激な増加であろうと思う。これはオフィスビルの場合のような背景とは異なり、建築の記述方法の展開によるものである。つまり、戦後以降の建築家の図面表現の展開と室内への樹木の取り込みは密接に関連している。

・戦後から1960年代——具体的／添景情報多

戦後から高度成長期における住宅大量供給の過程で、必要最低限の用途を最小面積の床にいかに組み込むかが最小限住宅として試みられ、後に公団やハウスメーカーのnLDKシステムを生んだ。そうした時代の図面は、フローリング張りなどの床仕上げや調度品としての家具の配置が具体性をもって詳細に描き込まれ、窓枠のディテール表現も具体的である（高井［2008］）。さまざまなスケールで何をどこに配するかといったプラグマティックな対応と、高度成長期の物への肉迫した執着が感じられる。また、小津安二郎の映画のような日本人の視線の低さへのこだわり、床に座るという慣習、ユカ座とイス座の生活様式の混合や食寝分離も図面表現と無関係ではないだろう。

・1970〜1980年代——抽象的／添景情報少

機能の配列と住宅の形式への建築家の冒険は、未だ知らない空間的慣習に向けられる。世界各地の集落調査や新しい家族像が探求され、そこから建築の新しい形式が模索された。つまり使用者が図式化され、図式的な空間形式が開発され、図面表現も図式化され、幾何学的表現へと向かった。室内の家具は極力記入が避けられ、描かれる際も記号化される。記号論が流行し、素材のもつ意味が漂白されたドライな建築表現が抽象的図面表現と一致した。一方、建築家の内的な情念の空間表現は、図面というより図画作品として制作された。

・1990～2010年代――抽象的／添景情報多

図面は手描きからCADへと代わり、正確で均質な細さの線による抽象性が加速する。マット＝レイアウトな空間形式の追求や、美術分野でのスーパーフラットムーブメントがCADのコピーペーストツールと非常に相性が良かったと言える。AmazonやIKEAに代表される大量商品のストック大空間、Googleのデータセンターなど大量の情報をフラットにさばく時代に、住宅においては、室内にあふれる豊かで「カワイイモノ」たちの粒立ちにあらためて注目が集まる。その結果これまで図面に描かれなかったようなテーブルの上に置かれた本やコップやフライパンなどが建築の表現と等価に図面の中にあふれだす。

そして、このカワイイ物の重要な要素として自然樹木が注目される。パラパラと葉が舞う平面投象の姿はバリエーションにも富んでいて、図としてすぐれてカワイイかった。さらにもともと屋外の物であるのも都合が良かった。屋外の物としての自然樹木が室内に描かれ、屋内の物としてのテーブルウェアが室外の庭などに拡張して描かれてゆくことで、カワイイさと環境の広がりが同時に達成された。こうした経緯に環境への社会的意識の高まりが加わって、住宅の内部やテラスに自然樹木が2010年代以降の住宅作品に急激に登場した。そうした意味で、住宅の中の自然樹木は、オフィスビルの中の閉じられたアトリウムガーデンとはその背景が異なる。オフィスビルの樹木が他の環境と重なりをもつすべがないのにたいして、住宅の自然樹木はそれが意識的か否かはあるにせよ、今のところ、どこか他の環境に重なろうとしている。

重ならないということは時間を止めるということでもあるだろう。重ならないということは歴史をつくらないこと、また、歴史とつながらないことでもある。わたしたちの育んできた文化は、長い歴史に支えられている。さまざまな環境の重なりがある。そして文化環境の重なりには、贈与の仕組みと同様に、当然作法がある。その作法なくして閉じた消費の系で文化を重ねることは確かに引用というよりも盗用になるかもしれない。文化盗用（Caltural Appropriation）の問題は物の所有の問題である。

そして、囲い取ることは建築することの重要な事柄の1つである。囲い取ること、そして囲い取らないことが、争いにつながる様子を世界各国で起こっていることとして見つけだすとき、建築においての囲い取り方についても再考せざるをえない。歴史上の、そして今も世界で起こっている領有権の争いを思い起こすと、領域という言葉の厳しさと寂しさが押し寄せてくる。そうして建築の方法も揺れ動いてきたのだろうと思う。すべての物と同様にわたしたちも何か他の物と関係をもたねば存在しえない。関係をもつということは環境をつくるということである。囲い取らずに他者と関係をもって環境をつくることは数々の困難がつきまとう。わたしたちは建築をつくり思考する立場として、つねにその囲い取り方に意識的でありたい。

11　物の様式

私はそのまま進んで、勝手口の階段を五段までのぼると、とある窓のそばに、こんな掲示が貼られているのを見つけた。

「ピエール・ソゴル、登山教授。講義は木曜と日曜の七時から十一時まで。入りかた——窓から外へ出て、左手のバンドを進み、チムニーを登攀し、岩庇の上でひとやすみしてから、風化片岩の斜面をのぼり、ジャンダルムをいくつか迂回しながら、痩尾根を北から南へとたどって、東斜面の天窓からお入りください。」

階段はちゃんと六階までつづいているのだが、私はこの酔狂によろこんで応じた。「帯状の岩棚（バンド）」とは、壁をめぐっている細い縁であり、「垂直の裂け目（チムニー）」とは「中庭」と呼ぶには隣家の建物にいまにもふさがれてしまいそうな薄暗い狭間であり、「風化片岩」とは、古びたスレートの屋根であり、「前衛峰（ジャンダルム）」とは、帽子や兜をかぶっている煙突のことなのだった。

ルネ・ドーマル『類推の山』

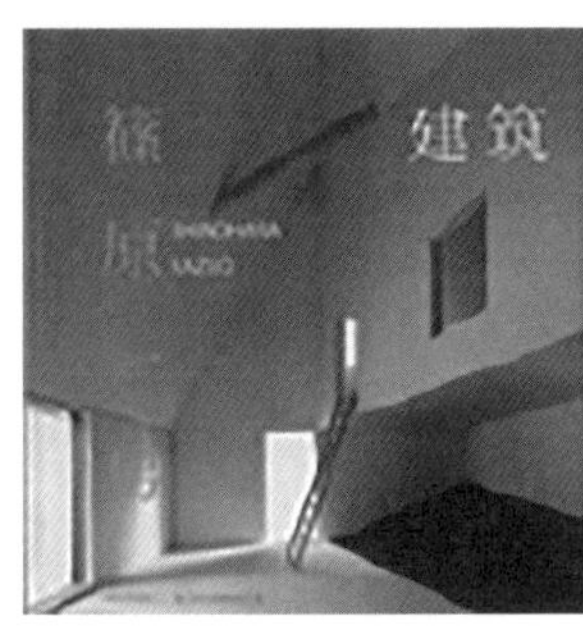

左：《蓼科山地の初等幾何》　右：《谷川さんの住宅》（写真：多木浩二）

2つの斜土

突然様相が変わるかもしれない。ここで一度様式について思いを巡らせておきたい。様式は、受け皿の中でももっともぼんやりとした何かしらに、思い思いの見方が重ねられてできたものであるからだ。わたしは歴史家でないから様式について直接語ることは憚られるので、ひとりの建築家の2つの作品について話す中で、様式について考えることを1章分ここに挟み込みたい。ひとりの建築家とは篠原一男である。なぜひとりの、そして現代の建築家を取り上げて様式という大きなテーマを語るかというと、この建築家は自分の作品群に、自分で様式の名づけをおこなったからである。作品をシリーズ化することはあっても、自分ひとりの作品を様式として自ら呼称した建築家をわたしは他に知らない。

篠原一男は生涯の建築活動において2度、土の斜面が室内に現れる住宅を発表している。1つは《谷川さんの住宅》で1974年に詩人・谷川俊太郎のために設計した長野県軽井沢の別荘地に建つ山荘、そしてもうひとつは篠原の未完の遺作《蓼科山地の初等幾何》である。

ここではこの2つの住宅作品について、土の斜面が室内に現れるという不可解な状況が2度つくりだされたという点においてのみつながりを見出し、しかしながらこの2つの住宅に見られる差異から篠原の一連の作品の展開の方法を論じ、様式への思考を探ることを試みたい。

土手と土間

わたしは子どもの頃によく家の近所の土手で遊んでいた。大勢の友だちと土手で転がりまわって遊ぶこともあれば、1人で土手脇に逞しく育つ竹やぶのタケノコを一日中探し歩いて眺めていることもあった。土手とは川岸や道路脇に土を高く積み上げて築かれた堤のことである。わたしが遊んでいた場所は小高い丘の一部であったので、正確には崖であったのだろうが、わたしたちはそこを集合場所として土手（dote）と呼んでいた。ダ行（d）がもつ独特のウェット感と量塊感も泥（doro）遊びの好きな子どもには魅力的だった。人工的な新興住宅地の中で無意識に土という素材の物量に自然を求めていたのだと思う。ともかくも、これはおそらくわたしに限ったことではなく、土はわたしたちにとって童心にかえる素材であって、また、人工物に囲まれた生活を送る日常の中で比較的アクセスしやすい自然素材であるように思う。

もちろん日本においては「土間（doma）」という文化があるから、床の素材（あるいは壁の素材）としての土はポピュラーである。篠原も土間を大きくもちいた住宅を2作品発表している《土間の家》《地の家》。しかしそれは固められた土である。それにたいして、ふかふかした土、ともすればそこから逞しく雑草が生えて来んとする黒土は、否応なくわたしたちに生命の源としての大地（daichi）を印象付ける。そしてその土からは、母なる大地としての優しさだけではなく、畏怖する存在としての自然界をも、われわれ人間の記憶として、否応なく想起させられる。かつて家は脅威からの囲いであった。自らの生活を恐ろしい外敵や雨風といった自然から守り抜くためのシェルターであったのである。神話や伝承、昔話に頻繁に登場する化け物が天災の比喩でもあったように、屋外の自然は人間にとって脅威でもあり、室内に取り込まれた土からはそこに本来招かれざる禍々しさをも必然的に感じるのである。それが斜面の土となるとさらに人間の文化と自然との強い対比をまずは思い起こさざるをえない。わたしたちは土地を平らにすることで自然の大地を人間の床として獲得してきた。斜面に立つとき、人間が獲得する前の手つかずの自然の様相、あの脅威の存在、大いなる自然をわたしたちは触覚的に感じ取る。

そうした傾斜した土を2度、篠原は住宅空間に取り込んだ。その2つの住宅間にはおよそ30年の隔たりがある。つねに1回性の作品を試みていた篠原が30年の間を置いて傾斜した土をふたたび室内に呼び込んだ目的ははたして何であったか。

《谷川さんの住宅》（1974）

《谷川さんの住宅》（以下、《谷川》）は、詩人・谷川俊太郎の山荘として軽井沢の山中の豊かな落葉松林に囲まれた地に建っている。谷川はこの住宅以前にも篠原に住宅の設計を依頼しており《谷川さんの家》、この山荘は彼が篠原に設計を依頼した2つ目の住宅作品である。《谷川》は、広間（夏）と広間（冬）、そして小さな作業室と2階の和室とで構成されている。広間（夏）が床のすべてにおいて外部の土の傾斜があらわれる空間であり、広間（冬）はそこに併設するキッチンを備えた居住の設えをもった空間である。この住宅を依頼するとき詩人の谷川は1枚の原稿用紙に〈冬の家又は開拓者の小屋（住宅）〉と〈夏の空間又は汎神論者の教会（住宅でなくていい）〉という2つの見出しの詩語のような言葉を篠原に送っている。2つの広間はそうした希望をかなえたものであった。

完成からおよそ30年を経た頃、《谷川》の佇む地を訪れる機会がありこの空間に身を置いたとき、わたしはいたたまれない居心地のおちつかなさを強烈に感じた。それは長い時間を経たことによるものではなく、むしろ建築ができあがったときからずっと30年変わらずこのおちつかなさを抱え続けている空間のように感じた。それは他の篠原の住宅で感じる身体を躍動させるような充足感とは別のものであった。これにおそらくは似た感覚を、《谷川》発表時の『新建築』誌における対談で磯崎新も述べている。

ぼくは篠原さんがどちらかというとよりコンセプチュアルになりつつある気がするんです。……コンセプチュアルが具体的になってきた。

外側の地形と同じ傾斜が内部にあるわけです。外に立っている時の自分と、覆われた中に立っている自分とは、意味が違うだけじゃなくて感覚そのものが変わるんですね。非常に不安定な気分を醸し出すものだということが、中にいるとわかるわけです。それをああいう形で示したことは、大変な事件だと思うんです。

（磯崎新［1975］「建築について」（篠原一男との対談））

梁間5間の9mに対し、高低差は開口部のブレース1ユニット分の約1・32m（1・2m＋横架材12cm分）であるので、斜面の勾配はおよそ1・5／10（約8・5度）である。この勾配は道路や自然の坂としては体験しているものだが、室内の佇む斜床としてはわずかに急である。おそらく人が腰を下ろしたくなる角度ではなかろうか。けれども土がそれを拒絶する。いや、わたしが土手で日々遊びまわっている子どもであったならためらいなく湿った土に腰を下ろしたかもしれないけれど、それができずに定位置を見つけられない感覚がもどかしく不安に感じたのだろうか。それを、垂直に建つ柱、45度の角度をもつ方杖、それに直角に広がる大きく白い45度勾配天井、およそ視線の高さに地面に沿って水平に続くガラスからの光などの幾何学的・物的なものの重なりが助長していた。しかしはたして、この重なりから篠原がつくろうとしたのは何だったのか。

先の対談で磯崎は篠原の空間の転換に対して具体という言葉をもちいて解読している。その言語の使用は非常に的確であったと言え、篠原はこの作品を起点とする一連の作品を説明する際に、幾度となく具体という言葉をもちいている。

私は裸形の事物という概念を媒介にして、具体に接近してきた。それは意味を消去するという、一種の抽象化作用を媒介にしている。野生の空間についての私の定義のなかの具体は、操作を媒介しない直截性を持っていなければいけない。抽象性或いは抽象化は私のもっとも基底の概念或いは方法であると考えているから、このような体質をもつ私が具体の事物と出会うことが可能かそれはまだわからない。

（篠原［1979］「今、そして機能」）

後述するように篠原は自身の作品群を、思想の展開に従い自ら様式として順列化して位置づけている。《谷川》は第3の様式の初期作品である。日本の伝統に傾倒し、分割／連結、正面性といった手法を引き出した第1の様式、キュービックな無機の殻が亀裂の空間と名づけられた垂直性の強い空間を抱えた第2の様式と、2つの様式を通じて一貫して抽象への志向を標榜した篠原は、第3の様式で初めて具体への志向を書き留めている。篠原が裸形の事物と呼んだ、文化的意味の剝ぎ取られた具体の事物の関係性による空間とそこに生ずるずれが主題として取り上げられた。土から思い起こされる豊穣な意味を最初にひと通り述べておきながらすぐさま覆すようであるが、篠原は自身がもちこんだ土の斜面に対してのウェットな意味を一切否定している。

傾斜した地表の床に私は深い意味を与えない。傾斜の数値、高低の落差だけがここでは事実である。敷地の穏やかな起伏の、ひとつの斜面がこの住宅の中に入っていき、そして反対側からふたたび外に出ていく。それだけのことなのだ。……

……柱も壁も筋違いもただそれだけの機能を表現している、そんな当たり前のことが実現できないだろうかと私は考えている。空間架構のこれらの要素、そしてその全体である空間自体に込められてきたさまざまな意味を、もし可能ならば思い切って消してしまいたいと。

（篠原［1975］「裸形の空間を横断するとき」）

このとき、篠原にとっての土の斜面はただそこにある敷地の起伏の「傾斜」以上の意味はない。他の要素と同様に1つの具体的事物なのである。

ところで、この土の斜面にはいくつかの物が置かれている。窓際に置かれた背のない単純なベンチと、何かを洗い、土に水を撒くためのシンクがちょうど対角の位置に固定されて置かれている。そしてもうひとつ、建築家の設計によって置かれた物にははしごがある。このはしごはいくつかの写真にも意識的に配されて写り込んでいるので知っている人も多いかもしれない。のぼるにつれて幅の狭くなるこのはしごには元ネタがある。これは画家・セザンヌのアトリエに置かれていたはしごを写真からトレースし設計されたものである。セザンヌはりんごなどの静物を描くとき、椅子に座って描いたりんごと、このはしごにのぼって上から見下ろして描いたりんごを同じキャンパス内に併置した。このあり得ない視点の同時存在によって、複数のりんごの集まりは不思議な奥行き感をもつことになる。

篠原が住宅内にもちこんだ土の斜面は、文化的意味を剝ぎ取られた単なる土の斜面として、その他の要素、初等幾何学的な角度をもつ住宅の覆い、そのものとしての意味しかもたない柱などと衝突し、ずれを生み出し、不思議な感覚を生み出している。それは都市の中で衝突し合う具体的事物たちとわたしたちの関係のようでもあり、セザンヌの不揃いなりんごのリアルとそれを見るわたしたちの関係にも似ている。

《蓼科山地の初等幾何》（2006）

《蓼科山地の初等幾何》（以下、《蓼科》）は篠原の遺作となった小さな山小屋である。当時、すでに篠原はアトリエをたたみスタッフをかかえておらず、執筆活動の傍ら、横浜の自宅でひとり日々スケッチを繰り返していた。そしてこの住宅の設計期間はスケッチに残っている日付だけでも悠に10年を超えている。

《蓼科》のためのスケッチは800枚強が残されている。スケッチというのは、建築家が頭の中のイメージを吐き出す相手であると同時に、そこから何かしらのイメージを手に入れるためのものの

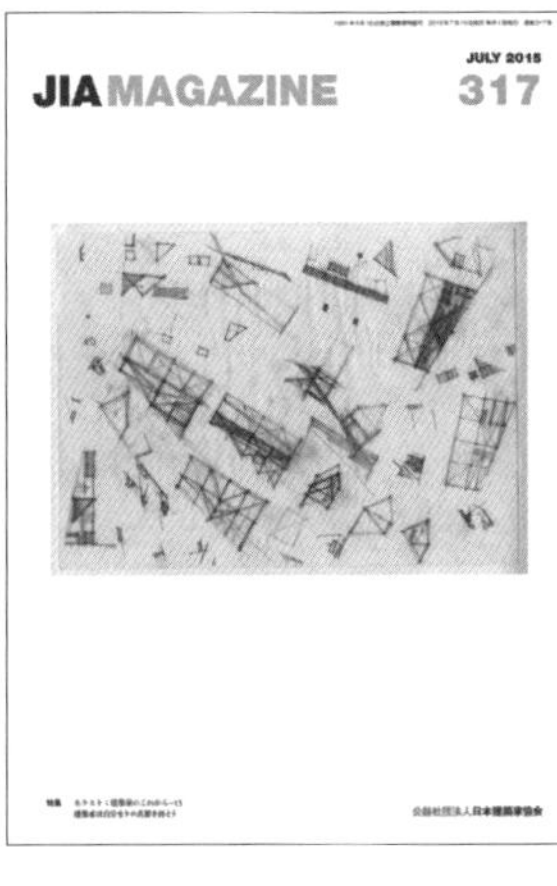

ともに、《蓼科山地の初等幾何》スケッチ

でもある。スケッチを描く運動と、その結果として紙の上に少しずつ載せられる筆記具材の足跡とから、自身で未だ気づけぬ線や形や空間を発見する作業は、スケッチが自らの手による分身として従属的でありながらどこか自我をもった他者的なものとしても存在しているという主客転倒の二重性をつねに感じる。はたして、思考より先に物としてのスケッチがあるのではなかろうかという感覚がそこにある。篠原のスケッチの筆触は何度も線を重ねながら、膨れ上がった線の束から「本来の自分の」線を求める作業と言えるかもしれない。わずかの無駄も許さなかった抽象的なインキング発表図面と、執拗に描き重ねられたスケッチとの対比から、そうした対話を想像する。《蓼科》以外の全作品が載せられた作品集である『篠原一男』（TOTO出版）の表紙は、この作品の初期スケッチであり、それは紙に穴が開くのではないかと思うほどの大量の本数の線でただ「1本の線」を繰り返し描き探すものである。

離散的な幾何

しかし、こうした篠原特有のスケッチとは異なり、考えるよりも先に次から次へと脳裏に浮かんだ幾何を紙に描き落とすような、もうひとつのタイプのスケッチも存在する。そしてとくに《蓼科》においてはそうした離散的なスケッチの枚数が大量に存在することが篠原の逝去後明らかとなった。

このスケッチの離散性は、《ハウス・イン・ヨコハマ》などの晩年の作品に見られる篠原の幾何形態の取り扱いの離散性と無縁ではないだろう。その性質は住宅、非住宅を問わず展開された。

このような独立し、断片的な視覚の、即物的な接合が、この住宅（筆者注：《ハウス・イン・ヨコハマ》）のための中心主題となっている。この住宅の前のふたつの作品《日本浮世絵博物館》では2次元の、《東玉川コンプレックス》では3次元の離散的な形、あるいは量の接合を中心の主題としている。この住宅はふたつの主題を含んで表現されている。……ひとつひとつの形と量が、機械の部品のように計算されていて、しかし、それが接合された時に生起する状態空間のひとつの特性をランダム・ノイズと私は定義した。その特性の検討に私は関心を持つ。

（篠原［1986］《ハウス・イン・ヨコハマ》）

私はハード・エッジのプライマリー幾何形の集まりが、強く、しかし軽快に、光の中で揺らめく表情が好きだ。そして、踊るような表情のなかから、明るく輝く力が現れるのを私は期待している。

（篠原［1996］）

〈カオス〉あるいは〈ランダム・ノイズ〉など、私が主として都市論のために使ってきた用語は、けっして、オモチャ箱をひっくり返したような、事物間の関係成立を全て放棄した造形とは全く関係はない。

（篠原［1989］「ある商業都市機械」）

篠原が第4の様式において幾何要素の構成を通して追い求めた離散性は、《ハウス・イン・ヨコハマ》で頂点に達したとされ、その後の作品における造形的展開は十分に評価されることがなかったと言える。《ハウス・イン・ヨコハマ》や《東京工業大学百年記念館》ではメインの幾何形態に複数のサブボリュームが絶妙なバランスで配されていたのに対し、《ハウス・イン・ヨコハマ》以降の住宅作品（《テンメイ・ハウス》《ハネギ・コンプレックス》など）においては複数の幾何要素がお互いに主張しせめぎ合い、また重なり合いながら接合している。確かにその接合は不安定さを残したままのかたちのゲームのように見える。だがわたしはその幾何たちの接合を見ると、それらが新しい幾何学に変貌することを求めて準備しているように感じていた。

《蓼科》が建つ敷地の勾配は図面上においてはおよそ4・2／10の勾配である。これは角度として23度にもなる。手をつかなければ油断すると滑り落ちてしまう感覚を覚える角度だ。土地を手に入れた当時の法規によって設計可能となった土地であった。篠原はまだ大学の助手であった時代にこの土地を手に入れ、以後、およそ半世紀にわたって設計の機を待っていた。

長年にわたるスケッチの中で、この急勾配の中に複数の幾何形態が浮遊しぶつかり合う検討が大量になされている。それは第4の様式で篠原が試みた離散性の表現の延長に間違いない。しかし最終形の《蓼科》からは、そうした心躍る音楽のような離散性の表現よりも、複数の幾何が新しい幾何学に変貌し静かに佇んでいるような印象を受ける。それは《ヨコハマ》以降、強い形を激しく衝突させていた幾何群が、《蓼科》においてすべてのエネルギーを飲み込んで静かに新しい形に生まれ変わったようである。そして土の斜面は変貌した形に参加している幾何要素であることに間違いはない。

30年の隔たり

ここまで述べてきたことを比較すればわかるように、土の斜面の露出という1点において並べたけれど、この2つの住宅においては異なる点が多くある。

まず《谷川》は1974年につくられた実施作だが、《蓼科》はそのおよそ30年後に案がまとまっていたものの最終的には未完となったアンビルト作品である。また土の斜面は《谷川》では実際に人が歩く広間として存在するけれど、《蓼科》では広間の一部に露出し上部には2階部が浮いており土に立ち入ることは想定されていない。また、その角度もおよそ3倍もの差がある。《谷川》は詩人の別荘であるが、《蓼科》は自身の家族のためのいわば自邸である。《谷川》は第3の様式の最初期の作品で、《蓼科》は第4の様式の後の遺作で篠原本人により様式は位置づけられていない。《谷川》は土の広間（夏）部分だけでも9m×12mの広さ（108㎡）をもつが、《蓼科》は篠原の作品の中でもっとも小さく、その平面は2・5間×4間の10坪（約33㎡）しかない。室内空間に架構が露出していることは共通しているが、《谷川》では柱が空間に現れているのに対して、《蓼科》では柱は現れない。

けれど、おそらく篠原は土の斜面を露出させることに関して、2つの作品の関係性を強く意識していたと思われる。篠原は、人と物と時間の距離感のようなものに極端にシビアな人だった。だから、わたしはあれやこれやと質問をすることを決してしなかった。そのおかげかどうか、篠原は自身の半世紀にわたる設計活動についてよく語ってくれた。《蓼科》の設計が、《白の家》（第1の様式）と《ハウス・イン・ヨコハマ》（第4の様式）を往復し、最終的に「《白の家》の流れに乗った」とも語った。

ここで、様式という言葉について整理しておきたい。すでに述べているように篠原は自身の作品を様式として整理している。それは様式として位置づけることを前提として創作をしているということである。様式とはもともと、文学における表現形式のことであったが、現代では、種類や型とさほど変わらない意味でもちいられている。建築や芸術作品に対して様式という言葉を使うときは、ある時代の類型を参照可能なまとまりとするときにもちいられる。わたしたちは「ゴシック建築のような」と言えばそのいわんとする特徴を理解し、特定の作品をあげずとも比喩づけられたものの特徴を想像する。だから様式とはふたたび抽出可能な性質に着目してまとめられたタイプなのである。そうした意味で現代における様式とは、古きに見出される典（型）であり、すなわち古典であり、枠づけられたある歴史観である。様式は、過去の人々である故人がつくりだしたものに見出される型であった。そしてゴットフリート・ゼンパーの『ＳＴＹＬＥ』の読解を基に近現代建築史論を書いた川向正人によれば様式は本来「根ざすもの」であるという。

> 様式は、風土、地域、土地の生活や文化から生まれ、しかも様式は本来、それらに根ざすものである。理想とする過去様式も、そのように誕生して、生き続けたものだった。（川向［２０１７］）

そうした意味で様式を捉えるとき、篠原一個人の様式などありえるだろうか。ここで、様式そのものの特徴とは別の、様式を見つめる視点側からの特徴として、川向の参照するハインリヒ・

ヒュプッシュらの様式の取り扱い方は参考になる。19世紀の建築家のヒュプッシュは様式とは「内省（Reflexion）」によって批判され、次なる様式が選びだされるものでもあるという。

ペヴスナーの指摘によれば、ヒュプッシュは歴史様式の観察・研究を通して、その時代に流行している様式を批判し、それに代わるべき様式を過去の様式から選び出した。（川向［2017］）

篠原の様式間には、必ずこの「内省（Reflexion）」による自己の様式の批判、すなわち「反空間」への運動が存在する。篠原は1970年代半ばの作品において初めて様式という言葉をもちいて作品群を位置づけ始めた。それはすなわち、「内省」が2度目を迎え、「内省」間に関係を位置づけることができる段階になったときであった。篠原の作品群は「内省」が繰り返された連なりという点において、故人に与えられる様式とは別種の個人の様式として整理されえた。

個人の様式

先に述べたように篠原は第1の様式（日本の伝統、分割／連結、正面性、無駄な空間などが主題）、第2の様式（キュービックな無機の殻、亀裂の空間などが主題）、第3の様式（裸形、野生、ずれ、都市、具体などが主題）、第4の様式（ランダム・ノイズ、モダン・ネクストなどが主題）と、自身の作品群を4つの様式に順列化しており、様式という言葉で自身の作品をカテゴライズし始めたのは第3の様式にあたる作品をつくり始めた1970年代半ばからである。しかし篠原はそれより10年以上前、第1の様式にあたる作品に取り組んでいる時期に以下のような言葉を述べている。

……ひとりのデザイナーは自己の様式を発見し、そして鋭くきたえることによって類型化への傾斜から脱出し、そして同時に、その様式がもつ強いエネルギーによって、外側から押出してくる後向きの古い様式とたたかうべきだという主張なのです。……わたくしたちのつくらなければならない様式とは、単なるデザインの手法の集計ではありません。その数々の手法の裏側をつらぬくひとつの精神を形にすることです。

（篠原［1962］「様式がつくられるとき」）

この時点においてすでに篠原は自身の作品の展開に様式的特徴をもたせることを意図し始めている。そして《谷川さんの住宅》発表時においては、やはり様式という言葉をもちいてその前の作品群の特徴であるキューブの空間について「様式の転換のための空間」「つぎの私の様式の型枠」「スプリングボード」と述べたうえでその反空間を「裸形の空間」「冷たい乾いた無機的な空間」と位置づけ、さらにその反転への期待を述べている。

キューブは私の様式の転換のための空間であったが、同時に、つぎの私の様式の型枠でもあった。

こうして確認されてきた私の空間の総体そのものを、今、スプリングボードとしてそれ自身の反空間をみつけられないだろうか。〈裸形の空間〉はその合図のひとつである。熱い意味の空間から、冷たい、乾いた無機的な空間へ、そして今、この総体からそれ自体の反転を見つけられないかと考える。

（篠原［1975］）

そして、《谷川》と同時期の設計である《上原通りの住宅》発表時において、以下のように述べ、ナンバリングされた様式という言葉を自身の作品群に規定する。

　P・ピカソのような表現の様式の変貌を、今、私は少し身近かな問題と感じはじめている。……美しく、確かな様式を完成すると、それを破壊するような、新しい様式をつくって、つぎつぎと変貌してきた。私はその機構が少しわかるようになってきた。……様式をつくることは、それを否定するものの存在を含み、そしてなお、それとの力の拮抗を続けることを意味する。……

　……ひとつの新しい作品をつくることは、前方の未知の空間のなかへ身を移し、それを自分のものとして獲得するのが直接の目的だが、しかし、それと同時に、すでにつくられ、過ぎ去っていった私の空間へ向かって、それらを孤立させたり無化させないために、新しく到達した地点から新しい養分をたとえわずかでも送り返す作業であると私は考えてきた。

（篠原［1977］「第3の様式」）

このように、篠原の作品の位置づけへの執着は凄まじいものがある。すでに指摘されているように（奥山［2008］）、篠原の様式はそれぞれが関係をもち、後期の様式で試みられたコンセプトや形象は、それ以前の様式における作品や言説のうちに事件の前振りのように伏線として張られている。あるいはそうしたことは、どの建築家の作品系列の中にも見出せると言えるだろう。しかし篠原のそれは、時代を先取りした言葉や、後に非常に力強い形象として現れてくるたぐいのものの萌芽であるため、時代が追いつくまで温め隠していたのではないかと勘繰ってしまう。たとえば篠原が日本の伝統に着目し抽象性を追い求めた第1の様式の時代の作品に、「亀裂の空間」が日本の民家からの抽出として現れ始めているし、同様に最初期の言説の中に第4の様式において追い求めることになる「都市のカオス」についての言葉が見られる。こうした用語の連関は篠原が様式をつねに意識し主題を組み立てていたことを物語っている。そしてそうした目で眺めると、《蓼科》は、第4の様式からの反空間と考えることがもはや自然に思えてくるし、当然そこには《谷川》との距離も事前に測られているように思われる。

このとき、2つの住宅、あるいは第3と第4の2つの様式では、共通して「事物の関係」に焦点が当てられている点は重要である。これは、篠原が元数学者であることによってなおさらその意味を増す。数と数の間にある関係が存在するときそこに関数が成立する。第3の様式における裸形の事物・具体の事物の衝突とずれ、第4の様式における幾何の離散的配置と結合には、それぞれに特有の関数を容易に見出すことができる。しかしそれら関数どうしの関係となると一見すると切断に近い転換があるように見える。だが篠原がこのメタ関数について反空間という言葉を使っていることから明らかなように、同じ視点があってこその写像なのである。そして篠原が「最終的に《白の家》の流れに乗った」というとき、《蓼科》における幾何の混成と生成は2つの関数（第3の様式と第4の様式）を経て、次なる事物の関係をめざした結果、第1の様式がもっていた特徴の1つと対応したという理解ができる。

冷たい斜土と熱い斜土

《谷川》の土が自然そのままの土がただそのまま意味を剝ぎ取られてその場に置かれ、住宅とずれを生じているものであるのに対し、《蓼科》の土はいったん篠原のかたちとなった土が他の住宅をつくるさまざまな幾何とともに組み立てられ、新しい空間形象に昇華している。一見すると《谷川》の土の方がよりウェットで《蓼科》の土がよりドライと思われるかもしれないが実際はその逆である。《谷川》の土は意味の剝ぎ取られた冷たい斜土である。一方《蓼科》の土はより幾何形象化されているもののその本質は熱い意味をもちながらそのまま幾何に閉じ込められ、住宅空間に重ねられたものと捉えるべきではなかろうか［▼1］。それは背景の意味こそ異なるものの、抽象化された《白の家》の空間に置かれた磨き丸太のような存在である。《白の家》の柱について述べた磯崎新の左記の文章において、柱を土の斜面、日本の過去の住宅の文脈を自然の文脈と置き換えると《蓼科》とその反空間の解説のように聞こえてくる。

ぼくなりに解釈すると、そのもやもやしたものは日本の住宅の中でその構成要素が持っていた意味、たとえば、柱1本をとりだしても、床柱・大黒柱のように、それが、背後の意味をシンボライズしていた。あるいは木の肌や白壁の持っていた独特の感触もある。日本の過去の住宅の文脈の中に組み込まれた建築の構成要素がさまざまにあった。それをおそらく無意識に使うと、過去の要素を、たくさん引きずり込んでしまう。それを非常にうまく使えば、たとえば〈白の家〉の丸柱のようなぐあいに、伝統的なものをいったん切った状態をつくりながら、もういっぺん持ち込むという二重の操作ができる。それが非常に成功している。これはむしろメタファー(暗喩)を成立させるデザインです。それに対しておそらくいま篠原さんが意図しているのは、そういうメタファーまで全部消そう、要するに全部裸にしてその中でもうひとつ別な観念を選びだそうとする。そこらへんが意図されているのではないですか。(磯崎［1975］「建築について」(篠原一男との対談))

篠原が「再び白の家に戻った」と語った意味は、より広く、形象の抽象化と構成に関する事柄と捉えるのがおそらくは自然であろう。実際のところはわかりかねるけれども、ここで演習として、つまり「白の家に戻った」のは土の意味の取り扱いについてであると仮定し捉えてみると、篠原の作品群に様式の循環を見出すことができる。

《蓼科》の土の斜面は《谷川》で現れた裸形の事物としての具体ではなく、自然が抽象化された幾何である。《谷川》では、ある角度で傾斜していた土の斜面の「たまたまの角度」が掬いだされ、ずれを生む具体として存在したけれど、《蓼科》では、掬いだされた土がいったん幾何要素として抽象化された後にあらためて空間に参加している。ちょうど《白の家》の丸柱のように。

谷川さんの住宅の土の斜面について谷川俊太郎が語ったことに対しての篠原の言葉を読むと、どこかでもう一度土の意味を反転する準備をする文章のように思えてくる。篠原は、文学者か、はたまたミステリー作家のように、4つの様式を反転しながら巡る中に1つの文脈をつくりだした。

住宅でなくてイエだと思うという答が彼からかえってきた。私の住宅を雑誌に発表するためのタイトルが〈何々の家〉から〈何々の住宅〉に変わってきている、だから反対になってしまったようだと私は答えたが……しかし、私は私の文脈を確かめるための必要な〈事実〉を手に入れたと感じた。

（篠原［1975］「裸形の空間を横断するとき」）

12 物の集まり

名前の指示は唯一の対象を同定する幾つかの標識、すなわち、指示対象によって満足され話し手によってその指示対象について真だと知られているかあるいは信じられている幾つかの独特な性質によって決定される、ということは一般に成り立たないのである。まず、話し手によって信じられている性質は、ただ一つの対象を指定する必要はない。次に、たとえただ一つの対象を指定する場合ですら、それらの性質は話し手の使用する現実の指示対象についてだけ一意的に真である必要はなく、何か別のものについて真であったり、あるいは何物について真でなくともかまわない。

ソール・クリプキ『名指しと必然性』

コラージュ、ブリコラージュ、アドホッキズム

物を見るとき、集まり方についての見方があるということはすでに考えた。では集め方にも見方があるだろう。物を集めるとはどういうことだろうか。本章では、「コラージュ」について触

COLLECTING

れる。なかでも「ブリコラージュ」と「アドホッキズム」について見てみよう。

コラージュとはフロッタージュやデカルコマニーと並ぶ、シュルレアリスムの技法の1つである。近しい技法としてパピエ・コレやアッサンブラージュがある。それは人間の意識的な、恣意的なものづくりではなく、無意識からのあらわれとされる。そこでできあがるものは偶然に近い形象である。紙の下にある凹凸を写し取るフロッタージュも、液体が紙に広がるかたちを定着するデカルコマニーやドリッピング、マーブリングも、また、意識を超えたときの記述をめざす自動筆記も、すべて同様の方向性をもつ。もちろんそうはいってもそこに個性はある。マックス・エルンストのコラージュ集『百頭女』を見ればその独特の画風ですぐさまエルンストの作だとわかるし、以前わたしたちがおこなった「アーバン・フロッタージュ・ワークショップ」では、真壁智治のフロッタージュは強烈な個性をもっていた。けれど、そうした個性があるのはわたしたちの記述が身体と対応していることを思い返せば当然のことである。恣意的でないことと、アノニマスでないことは、矛盾しない。

ブリコラージュは、わたしの知る建築界隈での日常的な語の使用としては、コラージュとほとんど同じ意味でもちいられている。それでもおよそ問題ないと思う。というよりも、後に述べるように、同じと思っておいた方が語の使い分けがしやすい。けれど、レヴィ＝ストロースによればブリコラージュとは、ありあわせ、寄せ集めで、素人仕事で物を制作すること、である。ブリコラージュとは日曜大工のことなのである。実際にフランスで、日本でいうホームセンターに行くと「ブリコラージュ（bricolage）」というサインがあふれている。そして、この素人仕事をする人のことをブリコルールという。ブリコルールはレヴィ＝ストロースによって、エンジニア（体系づけられた科学的方法で製作をおこなう人）と対比的にもちいられている。このエンジニアとブリコルールの対比はそのまま第7章で見た上と下の対比と対応させることができそうである。

さて、なぜコラージュとブリコラージュを区別すると混乱が生じるかというと、ブリコラージュの定義はアドホッキズム（アドホシズム）の定義にとても近いからである。アドホックな制作とはチャールズ・ジェンクスによれば、ある要素の代わりに本来関連のないものが代用されたような混合体を制作する作業だ。たとえば机の脚が1本壊れたときに、身の回りにある物、たとえばちょうどよい高さに積み重ねた本なんかを、支える代わりに使ったとしよう。そういう作業はアドホックである。だから、ブリコラージュとアドホッキズムは共に素人作業という意味では似ているけれど、ブリコラージュは事前に物を集めてつくるのに対して、アドホッキズムの集め方は場当たり的で即興的だ。ブリコラージュとアドホッキズムは根っこは同じで態度が違うと考えたほうがよい。アドホッキストは思い切りがよい。何しろ今目の前で物が足りなくて困っているわけだから、緊急なのだ。ロビンソン・クルーソーは創意工夫の才にあふれたアドホッキストである。ブリコラージュをする人は試行錯誤し優柔不断である。試しながらつくる様は器用人ブリコルールのふるまいだ。ただどちらも面倒くさがりである。だからブリコラージュをする人の対極は几帳面なエンジニアで正しいだろう。わたしたちはエンジニア、シュルレアリスト、ブリコルール、そしてアドホッキストたちとどのように付き合うべきか。建築が単一の部材でできていない以上、集まり方にはつねに考えをもたねばならない。日本の建築家で、アドホッキスト作家とわたしが思う作家のひとりに六角鬼丈がいる。以前、六角が20代で設計をした自邸にお邪魔して、訪問記を書かせていただいたことがある。

母なる空間——六角鬼丈自邸《クレバスの家》訪問記（初出：『新建築住宅特集』2014年3月）

・秘匿なクレバス

六角自邸・《クレバス》は、中央線沿いの閑静な住宅地のただでさえ奥まった旗竿敷地の中で、手前に建つ母屋の、さらに奥にひっそりと佇んでいる。道路からはその姿をほとんど見ることができず、樹木に守られるように置かれた住宅の中に《クレバス》は胚胎しているかのようである。この《クレバス》はどこかそうした「秘匿さ」をもちあわせていた。不思議なもので、「秘匿な」という言葉をあたまに付けただけで、このクレバスという言葉から実にざわざわと落ち着かない、それでいてどこか心安らぐ感情をもよおしてしまう。わたしは、この空間に身を置いた時この住宅は2つの眺め方をしておかないとならないのだと思った。ひとつは60年代の終わりにできているというこの空間の意味的な部分で、六角氏の知的創造としてのクレバスである。そしてもうひとつはこの空間の感覚的な部分で、六角氏の情念の空間としてのクレバスだ。そしてそれら双方に共通していたのは、先の秘匿な感覚だった。

・建築の解体——知的創造としてのクレバス

この住宅が竣工したのは１９６７年で、60年代といえば建築界では都市論が盛んに議論され、丹下健三の「東京計画１９６０」をはじめ多くの都市プロジェクトが生まれた時代である。磯崎アトリエに籍を置きながら若干26、7才の六角氏が自身と妻のための居住空間として設計したのがこの住宅である。師の思想を横目に見ながら、おそらく六角氏もそれまでの建築を否定したところで建築を成立させようとしていたに違いない。

それまで信じられてきた形式から外れた建築をつくり上げる。一見してできあがったその空間について、はたして「できた」といっていいのか。信じられるのは自身の知性と感性のみとなる。そうした方法には大きな勇気が必要であっただろう。彼はこの自邸の後、およそ

COMMINGLING

建築と無関係な諸々の事物を建築空間に混入することで建築を完成させてきた。風水の方位盤（石黒邸、別称・八卦ハウス、1970年竣工）、文字（金邸、1973年竣工）、根付き丸太（塚田邸、別称・樹根混住器、1980年竣工）、幾何学（石河邸、別称・空環周住器、1983年竣工）、岩（塚田邸2、1984年竣工）……こうして並べてみるとそれらが分野も水準も実にばらばらであることがわかる。偶然に選ばれたようにも見えるこれら個々の事物は、綿密に住宅との距離を取っている。予期せぬ異物どうしの衝突は魅力的だ。六角自邸の中の鋭く切り裂かれた亀裂の空間《クレバス》をこうした一連の異物の起点として捉えることがまずはできるだろう。

きっかけは六角氏自身がいうように、《クレバス》の敷地を挟み込む既存母屋の角度と、対面の敷地境界線の角度がわずかにずれていた事によって生まれた歪みだったのかもしれない。しかしその歪みに設計者が見たのは、未だ建築界に胚胎していなかった異物だったのではないか。そう眺めてみた時にこの鋭い亀裂の空間が秘匿なものとして、突然わたしの前に立ち現れた。すべての異物はここから産み落とされたようにすら感じた。

・解体から胚胎へ——アドホッキズムの空間

チャールズ・ジェンクスは、ある要素の代わりに本来関連のないものが代用されたような混合体に着目し、そうした混合されたものや混合する行為をアドホッキストと呼んだ。六角氏は日本のアドホッキスト作家第1号であったかもしれない。《クレバス》から5年後となる1972年のジェンクスの著書『アドホッキズム』からは、つまるところ地球上のすべては混合物で、そもそもまったく新しいものなどないというマニフェストが感じられる。

現在わたしたちが建築をつくる時によりどころとすることは何だろうか。建築にはほとんど完成したといってしまった方がよい概念や形式がいくつかある。たとえば慣習としてわたしたちが利用しているnLDKという生活空間の数え方や家型という勾配を付き合わせた屋根の形式、それらをもちいつつずらして使用するか、新しい形式を発見するかは大きい違いである。後者が革命をめざすのに対し、前者は知的な批判精神をよりどころとする。

ところで、この《クレバス》の異様なまでの形態を支えているのは、実にオーソドックスな住宅計画であることは特筆に値する。つまりその異物以外の部分があっけらかんと普通なのである。このことは、切れ味の鋭いこのクレバスの空間をいったんわたしたちに慣習化された吹き抜けという言葉で見つめ直してみるとよくわかる。1階部分の動線とは区別して吹き抜けに階段を配し、階段上の2階から下階を見下ろすこの住宅のプランニングは、トポロジカルな配列としてはいたって優等生的に優れたコンパクトモダンリビングである。そしてそのことによっていっそうわたしたちの前に異物が浮かび上がってくるのだ。この住宅では非常に知的に、ずらしと混合という操作がなされて、機能主義的な空間や大量生産住宅が否定されている。

一般に六角氏の建築では、異物が「挿入」されたと表現され評価されることが多いように思うが、わたしが感じたのは異物がただ混入するというよりは、その異物が以前からそこにあったかのように存在している感覚だった。六角氏はもっとも正統に師の磯崎氏の流れを汲む建築家であると思うが、まさに文字どおり「父を殺し母を犯」し、さらに孕ませたアドホック建築を世に送り出した。

・人間の自邸——母なる空間

実は最初は少し怖かった。強面の六角氏（実際はとても優しかったけれど）だけでなく、ジキルハイドなんて言葉を繰り出すその文章も。けれど、クレバスの空間に入ったとたんにわたしがもっていたそうした失礼な印象は払拭されていた。建築空間というものは不思議なもので建築家の人となりが大なり小なりあらわれる。だから建築空間に身を置くときに五感で順番に空間を感じてみようと考えたりする。さすがに味覚は難しいけれど、視覚・触覚・聴覚と味わって、そして設計者の思いに身を馳せる。それは嗅覚だろうか。この空間に入ったときにもとてもよく匂った。それは強面のそれではなく、心安らぐ優しい匂いだった。

この空間は強烈なパースペクティブをもち、さらに上下移動をともなうから、身体感覚に訴える。六角氏もその体験を書き留めているし、実際に空間のスケールも相まってなかなか体験したことのない「落ち着かなさ」を感じた。非常に動的な空間である。しかしそれよりもむしろわたしは、階段を下りて1階のアトリエの床に座り込んだ時に、これほど鋭い鋭角をもった空間に身を置きながらもどこか包まれた感覚を覚えたのが印象的であった。それは近くにありながらも触れられない何かしらで守られ、包まれているような感覚である。かつて住まいはそうした空間であったのではないか、わたしたちはここにいたのではないかという気さえだんだんとしてくる。母体のようなと詩的な比喩をもちいていいものかわからないが、これは確かに六角氏の自邸であるのだけれど、いつしか人間が失いかけていた住処に求める感覚が備えられた、人間のための自邸ともいえるものを六角氏が夢想しつくり出したのではないか。きっとここでは人間に空間を取り戻すことが試みられたのではないだろうか。そしてそれが母なる空間として、知的にも感覚的にもここに産み落とされたのではないか。そんな創造を嗅ぐ体験だった。

今こうした強烈な空間で建築を成立させる試みは息をひそめている。ただ、それが人間が希求する空間であるのならば、ある時突然噴出し、このクレバスの空間の意味が再確認されるのではないだろうか。

ここまでが、六角のデビュー作をめぐって、物の「集まり」にわたしが感じた事柄である。ひとまとまりの集まりが建築となるときに、わたしたちは何か気づきを覚えるように思う。このひとまとまりというのが難しく、たいていはまとまりがなくなったり、3まとまり、4まとまりと増えてしまったりしてしまう。ちょうどよいひとまとまりは最小単位の環境になっているように思う。環境とは本書で3つ以上の物の関係と捉えた。この「集まり」の単位にふさわしい言葉を、認知心理学者のジョージ・ミラーが開発している。それは「チャンク（chunk）」という名づけで、かたまりと訳されることもある。ミラーは記憶について研究し、7チャンク程度のかたまりが短期の記憶の限界であることを発見している。このチャンクの認識と同様のことについてスタフォードは生物学的な謎の1つとして「束ね問題」と呼び、取り上げる。それはさまざまに取り込まれた刺激がどうやって1つの感覚、1つの経験としてわたし自身の中で認識されるのかというものである（もう1つの謎は第10章で取り上げた「特質問題」）。名作と呼ばれて、感動を覚える建築を、物の集まりという視点で見つめ直すと、物が多くて複雑と言えそうなときであっても、チャンクが少ないように思う。

13 空間の名づけ——建築家のことば①

建築の目的は、空間の創造であり、それ故に空間と共に始めるべきである。

ヘンドリク・ペトルス・ベルラーヘ『建築の原理と展開』

……空間。これが、建築の基本をなすものであり、空間をもっていないいかなる形態も、建築ではあり得ないことは、誰しも納得するだろう。

パウル・フランクル『建築史の基礎概念』

「設計」という分断

空間は、わたしたちが考える現代の建築設計において、重要な概念の1つである。人によっては、「1つであった」、と感じるかもしれない。それはなぜだろう。

空間という言葉が、建築についての話の中でもちいられるとき、往々にしてその内容が、空間という語を建築という語に置き換えても成立して、建築の全般を抽象的に示す概念となりえている。建築設計における空間が、数学や物理学のような分野でいう空間と大きく異なるのは、建築

家という創作の主体が存在することであり、それに起因して、建築家の思考のうえで価値が付与されたまとまりとして空間が認識されることにある。これは、現代の建築設計における空間が、建築家のコンセプトを投影する受け皿として参照・利用する概念領域のもっとも重要なものの1つとなっている（少なくとも、なっていた）ことによる。そしてそれこそが、「1つであった」と思わせてしまう原因でもあり、「空間」よりも「場所」への親しみを標榜してしまう現代の状況の背景にあることなのだと思う。何しろ、その建築家というつくる人がいなくとも、わたしたちの目の前にはわたしたちの空間があるではないか、それならば建築家から切り離して場所と呼ぼうではないか、と、どうどうめぐりのそうした感想が一般的な空間認識だと思う。

だからそもそもの問題の始まりは、建築とその利用者という関係と別に、建築と建築家という関係が存在することだった。

アルベルティが「つくる／つかう」の前に、「設計する」を登場させてから、わたしたちは「設計する／つくる」「設計する／つかう」の分断に、ずっと苦しめられているような気がする。苦しみながら、空間よりも場所へ、場所から空間へと、いったりきたりしている。

だから、本章では「空間」と「場所」を重ねることをめざそう。

新しいテクノロジーがもたらすもの／もたらさないもの

ところで、この「設計する／つくる／つかう」の分断、つまり「描き手（建築家）／造り手（施工）／住み手（施主）」の分断は、これから大きく変わっていくことだろう。アルベルティによって、つくる前に建築を記述することが開発され、「描き手／造り手」の分断がされたのち、長い年月が経った。その分断はやはり新しい記述であるデジタルツールによって塗り替えられるかもしれない。その1つはコンピューターによるグラフィックスである。いまやすべての図面はCADで描かれるが、それはどんどんと精緻になり、最初から3DによるCADとCGで設計を進められるようになってきている。確認申請もBIM化に向けて進んでいる。

おそらく多くの年配の建築設計者にとってはCGなどのデジタル描画は便利だとわかっていても、手が出しにくいものだろう。そして中には、やはり昔ながらの手描きこそ、人間の身体に近い設計方法だと、語気を荒げる方もいるかもしれない。けれどこの物言いについては、わたしは大きな矛盾を感じてもいる。

おそらくそうした「語気の荒げ」の背景には、CGによる建築制作は、描く作業に身体との直接のつながりがないという不満があるのだと思う。要するに人間味がないという不満である。た

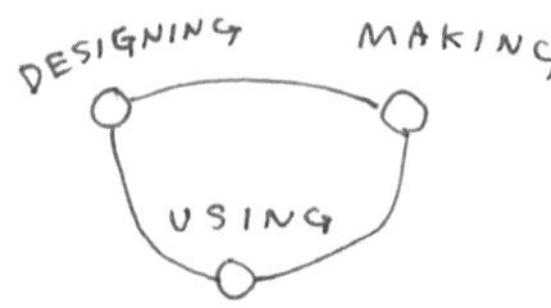

しかに手描きのスケッチは自身の身体とのつながりから自分の分身としての絵が生成され、文字どおりそこに身体性を感じる。しかしこれにはいくつかの点から反論ができる。まず、よく言われることとして、若者はコンピューターによる描画が自分の手を動かすようにできるから身体性があるというもの。これは、コンピューターの進化についていくのが厳しい年代の人間には耳が痛いが、1つの反論としてやはり成立する。そして、より深刻だとわたしが思う矛盾は、これまでの平面図、立面図、断面図といった一般的な図面描画こそが、わたしたちの身体性から遊離していて、BIMや3DCGに見られる描画のほうがわたしたちの身体性に近い可能性もあるという事実である。わたしたち建築分野の人間は3Dの物体を2Dに投影する技法を訓練し、そこに空間を見てきた。だから投象図の中に図面表現を開発し、そこに1つの文化をつくってきた。それによって、平面図、立面図、断面図といった図面描画がすでに身体化されている。けれど、それは一般には身体性からかけ離れたものを身体化してきたのであって、3Dの物体を見たままに3D空間に描画するBIMを非身体的と言ってしまう批判はお門違いに見える。

と、投象図よりも透視図の方が身体的と言える可能性を述べたうえで、

実は180度反対の感覚も同時にわたしはもっている。それはわたしが長らく図学という講座を担当し、投象を基本とした描画に触れてきたからかもしれない。その考えとは、わたしたちの認識は、先に述べた検討を踏まえたうえでもやはり、投象を翻訳して立体化しているのではないかという直感である。これはとくに最近のイメージの氾濫する生活において強く思うようになったことである。とくにGoogle Mapのような衛星写真を地図としてもちいて自分の位置をその中に重ねる感覚は、空間、そして環境を平面的に把握しうる現代人の能力だと思う。写真家の大山顕も指摘するように、わたしたちはこの日常をきわめて平面的に、2次元に把握して、そこにいる自分たちを捉えている（大山［2020］）。

ところで大手組織設計ではすでにある程度BIMによる設計が進んでいるが、そうしたツールはいずれ建築家が担っていた「描き手」の地位を奪うことも、考え方としては可能になる。建築家と施工者が双方向で図面を描いていくBIMは、次の展開としてオブジェクティルというツールへと研究が進んでいる。いくつかのパラメータを入力すれば自動で建築の図面を描いていくオブジェクティルにおいては、アルベルティ以前の建築設計の仕組み、つまり、施主が要望を直接施工者につたえて建築ができあがる、という関係性の復活を成り立たせる。さらにここに3Dプリンタの進化が建築施工の地位を奪ってしまうと「描き手（建築家）／造り手（施工）／住み手（施主）」の関係は「描き手（AIオブジェクティル）／造り手（3Dプリンタ）／住み手（施主）」となり、そこにはもはや分断がなくなる。この状態を古来の施主自らによるセルフビルドと区別することができるだろうか。

現代の建築家は、少しずつ造り手、さらには住み手を描き手である自分に重ねる活動にシフトしつつあるように感じる。地域に密着し、地域に住み、自らの住みこなしを、自らのつくりによって提案しようとする。そうした活動の背後にあるのは、こうした人工知能に対する焦燥感によるのかもしれない。

けれど、ここまで煽った後であっても、わたしは建築家という立場、そして同様に施工者という立場は、なくなることはありえないと思っている。それは願いというよりは、ほとんど予言のような確信でもある。それくらいに、空間の開発は、きっと、未来においても建築家と施工者とそして施主の3者の関係が成し遂げていくだろう。なぜなら3者がいることは、新しい名づけの必要条件だったたからだ。

そして同時に、建築家が、忘れられてしまった（かのように錯覚してしまう）施工技術や建築材料、それらは往々にして歴史や地域文化との関わりが重要視される、を掘り起こして自らの手でＤＩＹ実践するその方法を高らかに謳うことは、伝承としては意味のある行為ではあってもわたしたちの未来にありえたる空間の開発とは関係がない。そもそも職人が造ることと設計者や住まい手が自ら造ることに、大した差はない。設計者が自ら施工する行為は、職人がその方法を未だもちえていないときのみに、その効果を発する。

空間概念の歴史

名づけの検討に移ろう。設計対象であり、また同時に批評対象となりえる建築の空間にたいして、建築家は自身の建築デザイン論を展開する場合に、空間という語を形容する何らかの特徴を付加した造語をつかってきた。たとえばルイス・カーンが自らの建築設計論を展開する際にもちいた「サーヴド・スペース／サーヴァント・スペース」や「アンネームド・スペース」[▼1][▼2]、あるいはミースの代名詞とされる「ユニバーサル・スペース」[▼3]、さらにはル・コルビュジエがもちいた「えも言われぬ空間」[▼4]などは、空間という建築設計において基本となる概念を利用して、さらに自らの言葉を重ねて提出することで、空間とは何かという根源的な問いかけではなく、建物のかたちや人間の活動など、建築意匠に関わる意図を明確に表現することを試みてきた。近年でもたとえばレム・コールハースは、宇宙ゴミ（スペースジャンク）を類推させる「ジャンク・スペース」という言葉で現代都市に生み出された残骸としての空間を定義している[▼5]。

このような、空間という語を含む造語は、曖昧性・不明瞭性・多義性といった特徴をもつ空間という語をもちいて、建築家のさまざまなコンセプトを投影し言語化したキーワードとしての意味を担ってきた。また、近年では、「「空間」に名前をつけることで「空間」の個性を発見、共有し、建築の可能性を発見しよう」といった、言語化することの重要性も議論されている。そこで、先に述べた内容と重複する部分があるかと思うが、少し空間という概念の歴史を見ていきたい。

まず、空間という概念の重要性にまつわるいくつかの記述を顧みる。

空間という語について、その積極的使用を肯定するか否定するかを別にすれば、現在の建築設計において重要な概念であることを誰も否定はしないだろう。ニコラウス・ペヴスナーは、『ヨーロッパ建築序説』の序文で次のように述べている。

> 建築を絵画や彫刻から区別するものは、その空間的性質である。この点について、ただこの点についてだけは、他の芸術家は建築家と競争することができない。したがって建築の歴史は、まず何よりも空間を形づくる人間の歴史であって、建築史家はつねに空間の問題を前景にとりあげねばならない。（ペヴスナー［1957］）

上松によれば、時間芸術と空間芸術の区別がおこなわれるようになったのは、ゴットホルト・エフライム・レッシングの『ラオコーン』（1766）以来のことである。

レッシングは「相互に併存している対象」を「物体」と呼び、「相互に前後しているもの」を「行為」と呼び、前者の「物体」が絵画本来の対象であり、後者の「行為」が詩本来の対象であるとした。空間的「併存」の芸術としての絵画（造形芸術）と、時間的「前後」の芸術としての詩（文学）との区別は、こうしてレッシングに始まっている。そして空間と時間をあらゆる現象の先天的（ママ）直観形式であるとしたイマヌエル・カントの『純粋理性批判』（１７８１）以来、この区別はより一般的なものとなっている。（上松［１９９７］）

だが、コルネリス・ファン・デ・フェンや、フォーティらの指摘によれば、空間という語が建築の設計でもちいられたのは比較的近年のことであり、正確には１８９０年代初期と言われている。「１８９０年代以前に、用語としての「空間」は、単に建築上の語彙としては」存在していなかった。ファン・デ・フェンは、「建築理念としての空間理念は、最初、19世紀末もしくはもっと正確には１８９０年代の初めの美学理論に現われた。この特別な事実は近代建築の目に見える出現、とくにアール・ヌーヴォー運動と一致する」（フェン［１９８１］）と述べ、さらにこの新しい空間理念の自覚がアール・ヌーヴォーの時代に起こったのを偶然ではなく、「近代建築の最初の運動、つまりアール・ヌーヴォーとともに出現した最初の空間理念は、空間理念が近代建築にとって固有のものであることを論証する」と結論づけている。

ペヴスナーは、１８９０年代の絵画の特徴について次のように述べる。

自然の表面的外観の模倣と対立する自然の精神、およびさらにずっと広い意味での自然、すなわち人間の独立性と対立する宇宙の力としての自然、これが1890年頃のヨーロッパ絵画における新運動のモットーの1つであった。

（ペヴスナー［1957］）

逆説的に聞こえるかもしれないけれど、たとえば、ロートレックのポスターや、ゴーギャンやスーラの絵画に見られるような、徐々に奥行き感が廃止され、面性をもつ作画対象の対比や複合へと進んでいった1890年代のヨーロッパ絵画の、人間を超越した力としての自然への表現の感覚こそが、のちにアール・ヌーヴォーを経て、建築に空間という概念を定着させたと言えるようにわたしは思う。それはスクリーンに収まっていた絵画の対象が、抽象的な気積をもつものとして捉えだされたのだと言える。抽象的な気積をもつ状態とはすなわち、複数の物が1つのところに重なって同時存在している状態であって、それはそのままのちに述べるように透明性の定義でもある。

そうして、建築に導入される空間という語の最初期の例としては、ゴットフリート・ゼンパーが『STYLE』において、「壁は、そのように囲われた空間を明示的に具現化し、視覚化する建築要素である」と述べているのを見ることができる。フォーティが指摘するように、空間を囲うことが建築の根本的な属性であると提案した点において、モダニズムに空間という概念を導入した途端はゼンパーにあると言えそうである。以後、たとえばアドルフ・ロースが、「建築家の一般的な職務は暖かく生活しやすい空間を提供することだ」と述べるように、多くの20世紀の建築家が空間、そして囲うことという概念をもちいて建築を語り始める。その語り口は、ロースの言葉に見られるように「用途・生活・目的を包みこむもの」としての空間が主であり、合理主義、機能主義に見事にとけ込んでゆく。建築批評家のジェフリー・キプニスは、その後の空間という語の展開について、20世紀の建築家たちは空間という考え方を「無批判に」採用し重要視したと整理している。

日本における空間概念

日本においてはどうであったのだろう。建築史家の藤岡洋保らによれば、日本での建築関連の言説における空間という語は、明治・大正時代に「「物と物との間」、「すきま」、「あるまとまりをもった広がり」という意味にもちいられ」てはいたものの、建築文献に頻繁に登場するようになったのは1950年代頃からであり、「もっとも巧みに活用した」のは丹下健三と丹下研究室であった[▼6]。また、建築評論家の浜口隆一は「構築するもの」としての西洋建築に対し、「空間をつつむもの」として日本建築の性格を位置づけた。そして、日本建築界において空間というものを曖昧性をもったものとして位置づけつつ、最初期に建築論に厳密に組み込んだのは森田慶一であると言える。森田は『建築論』で、「建築一般について空間が言われる場合、この空間はしばしば多義を含んでいる」と述べている。また、「いろいろな空間について」と題した論文で、空間一般についての共通の理解のためと前置きをしつつ、「普通われわれが空間と言っているものを、その存在の様態に従って分類すると」次のように分類できると述べている。

①先験的空間（space a priori）
②幾何学的空間（geometrical space）
③物理的空間（physical space）
④事物的空間（reic space）
⑤現象的空間（phenomenal space）
⑥超越的空間（transcendental space）

ここでも建築空間は、これらの諸空間を横断し諸様相をもったものとして記されている。このように空間という語は、徐々に概念規定がされながらも、こと建築空間に関しては曖昧性を保ちつつもちいられてきた。しかしながらあらゆる建築家が空間という語を盲目的に信用したわけではなかった。近代主義建築においてもっとも展開した、空間を基盤とした論理構築の牙城は、反対勢力としての「場所」を基盤とした論理構築によって一時は崩れかけた。

空間と場所

一般に言われるように、１９６０年代には「場所」という概念が空間にとって代ろうとした。ハイデッガーの影響もあったとされるが、建築を語る際に場所という語が建築専門誌に多く登場した。そもそもの発端は、世界的に広がったモダニズムの圧倒的浸透力にたいしての反発として批判的リージョナリズムが台頭し、それにともなって場所という概念があらわれたことによる。建築分野でもっとも影響を与えた書はバーナード・ルドフスキーの『建築家なしの建築』（１９６４）であると思われる。そこでは、「建築家の空間」とは別の、力強く、豊かな建築が大量に集められ、読む者はそれまでの自分たちが見つめ続けてきた「空間」に無力さを感じたかもしれない。その出版の少し前の１９６１年に、アルド・ファン・アイクはアムステルダムの孤児院について次のように書いている。

> 私は、空間と時間が何を意味しようとも、場所と機会がより多くを意味するという結論に至った。というのも人のイメージの中で空間は場所であり、人のイメージの中で時間は機会だからである。決定論的な思考による精神分裂

気味のメカニズムによって時間と空間は引き裂かれ、凍りついた抽象のままである。……よって、家は場所の集まりであり――都市もまた場所の集まりである。

（Eyck［1961］、和訳フォーティ［2005］）

こうした時代の気分と、ルドフスキーの集めた、「空間でない」建築の力強いビジュアルは、空間から場所へ、国際性から地域性へと、意識を向かわせただろう。五十嵐太郎は次のように述べる。

誤解を恐れず言えば、20世紀前半の建築が世界に遍在するインターナショナリズムを志向したのに対し、20世紀後半にはその批判的勢力として地域性を強調するリージョナリズムが注目されたと言える。

（五十嵐［1999］）

この気分の流れは、後にロバート・ヴェンチューリのアメリカン・ヴァナキュラーへの視線、レオン・クリエらによる歴史的まち並みを重視したコンテクスチュアリズム、鈴木博之によるゲニウス・ロキへと続く、均質な「空間」から個性ある「場所」へのシフトであった。

けれど、この場所という語もいったんは短命に終わる。その理由はさまざまだろうけれど、空間を対立概念として存在させねば場所という概念が成立しなかったこと、そして、おそらく、空間と違って場所は建築という概念と同一視されえなかったことが理由としてあげられるだろうか。場所は名づけの受け皿としては機能しなかった。

もう一度時間を戻って、空間という語を見つめてみよう。たとえば原広司は、以下のように述べている。

建築を設計したり、建築について論評する場合、空間という言葉が頻繁に現れる。この場合、空間という言葉は、おおむね建物がつくりだす全体的な状況を指し示している。

（原［1982］）

空間という語が、建築と同一視されることがあるのはなぜだろう。1つには、空間という語がもつ曖昧性、そして多義性によると思われる。空間と建築との同一視は、アール・ヌーヴォー期においてすでに見られたことが、コルネリス・ファン・デ・フェンによって指摘されている。

1890年代の初期における空間と建築との同一視は、疑いなく「大きな芸術」として建築を促進させせた。というのは、空間は定義によって芸術的表現のすべての方法の中で最も非物質的だからである。この結論は、一方で建築に対する美術史家の前例のない関心によって支持され、他方では建築の分野に対する絵画と彫刻の注目すべき変化によって支持されている。

（フェン［1981］）

そうして、建築を「総合芸術作品」へと導く触媒としての空間の利用は、ファン・ドゥースブルフとリシツキー、さらにグロピウスとモホリ＝ナジのバウハウスで最高潮に達する。それをフェンは次のように結論づけている。

空間理念は、建築が芸術の全作品の確立の主要な役割であった、20世紀初期における信念に貢献した。

（フェン［1981］）

このように、空間という語は曖昧性、多義性（ボンヤリさ）を抱え込んだがゆえに建築における主要な概念として位置づいた。それはちょうど、曖昧さを含んだ定義であったインターナショナルスタイルという概念が、その曖昧さがゆえに近代主義建築の多くを包みこみ1つのスタイルを示す言葉として長きにわたり君臨したのと似ているかもしれない。

「空間」に込められた建築家の思想

では、建築家はどのように空間という言葉に自らの思想を重ねてきたか。「空間」と「場所」の重なりをめざす前に、ここで建築家の言葉をいくつか例をあげながら見ていこう。そのときには空間という言葉の曖昧性／明快性、つまり受け皿としての「ボンヤリ」と「ハッキリ」を軸と

して検討する。

わたくしはこの空間を「非開放的な空間」と名づけて、この簡単なことばのなかに、民家のたどった歴史と、形づくられた空間の性格を一括して抽象しようと試みた。それを「閉鎖的な空間」と呼ばないのは、西欧的な閉鎖的空間と混同させないためである。より鮮明に、貴族住宅のもつ開放的な空間を基準とし、それに対立した庶民の住まいの空間を抽象したいと考えたのである。

（線引き筆者。以下同）（篠原［1958］）

たとえば右の文は、篠原一男が自分の思考する開放性／閉鎖性に関する空間の特性について語った文章の一部である。その中で「非開放的空間」という造語によって、ある特性を説明している部分である。また、その内容を詳解するために「民家」「庶民の住まいの空間」と、具体的な事例があげられている。そして、「西欧的な閉鎖的空間」「貴族住宅のもつ開放的空間」を比較の対象として取り上げてもいる。「この空間を」と語りだしたときには、曖昧でぼんやりしていた「空間」という語が、建築家によって少しずつ正確に、はっきりと、その特性が組み上げられていく。意気込

み と 凄みが感じられる。

ひきつづき、建築家が空間に重ねる性質を見てゆこう。自らの空間をはっきりとさせてゆく過程は、多くの経験の積み重ねの詳述であることもあれば、ときに発見的な言葉で急激に獲得されることもある。たとえば空間に現れ、そこから感じ取る心象、つまり現象的な性質は、空間が帯びる性質の中でももっとも建築家の創作を刺激するものの1つだ。ときには詩人のように、建築家も空間に言葉を重ねている。

> 自然と人間との泥まみれの葛藤は、この非開放的な空間に、底光りのする力強さを……人間と住まいとの生きた交流こそ、民家のもつ建築的意味である。（篠原一男［1958］）

> 光操作、空間化を経て、光そのものの部分、強烈に外部を触覚化する空間単位を、水泡空間と呼ぶこととする。（鈴木恂［1968］）

> 「流動的な空間」を……実現しようと……「場所」を選んで行為を起こす。それを喚起できるような「場所」の違いを建築内に生み出したかった。（伊東豊雄［2001］）

人間の知覚によって捉えられる側面、人々の活動や機能、空間体験を前提として、具体的・特徴的なイメージをあふれる情感とともに述べている。

もちろん人間の知覚にかんすることは、空間の配列や位置関係といった、関係による性質と関わってくる。だから、建築の構成的特徴と体験とが行き来しながら述べられることも多い。そうした言葉の重なりは、小刻みな音楽のリズムのようで心地よい。

生活を引き立たせるための背景として、余白がある。余白とは、余計なものではなく、美を構成する上において、最も大切なものと考えられる。この美を構成する余白の空間を、「余空間」と呼びたい。（出江寛［1972］）

この回遊式めぐりの空間は、地形の高低、陸地の入りくみの上にセットされたラビリンス的通路を媒介として成立している……めぐりの空間は、空間的な隣接部分との接続技法と、全体的形態の変化を容認する時間的接続技法によって醸成された法悦の体験の上に成立していたといえよう。（高口恭行［1976］）

「余白」の空間は「余り」であることに概念的特徴があり……母体（ブロック）や個別要素（セル）の配置に強く依存する。（伊丹潤［1975］）

空間はまずリビングスペースとワークスペースに大別され……空間がはっきりと切れていることを示すため、2者の間にディスジャンクショナルスペース（分離空間）を導入し……。

（菊地大麓［1976］）

〈亀裂の空間〉と名付けた、天井が高く幅が極度に狭められている空間をめぐって移動する視点に対して予期されない光景が現れる。

（篠原一男［1972］）

空間の経験

また、空間は、何をする場所か、何のための空間か、がよく問われる。社会の発展の過程で、無駄なものをつくることが良しとされなかった時代の名残だろうか。近代主義を経て今もなお、わたしたちはずっと、機能という何ものかの呪縛に囚われて生きている。近代に建築の自律がめざされたのと合わせて、本来未分化だったわたしたちの活動、営み、暮らしが、きっちりと区分されて、機能として自律させられて、空間との対応を求められた。20世紀後半に入ってファンクションと別にプログラムというもうひとつの機能が議論されたときにも、本質的には分割された機能が組み合わされることが試みられたにすぎなかった。

だから、固定化した機能・用途から逃れる空間は、長いこと建築家の目標であり続けてきた。建築家は、さまざまに機能・活動・目的と空間との重なり方を述べてきた。

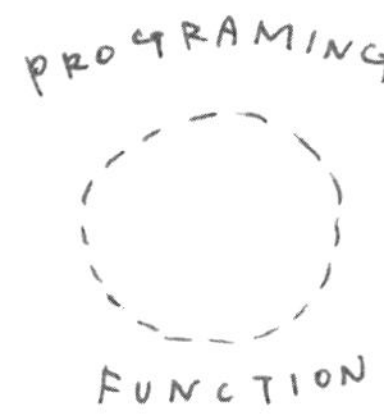

名前のある空間を基礎とした空間は、本来名前がなくてもよく、その空間の使われ方は、使う人によって、そのときどきによって変化してもよい……今後の建築空間は、人間自体への信頼を基礎にして、再び「ながら」の空間、無目的空間をつくり出そうとしている。（池辺陽［1979］）

多様なイヴェントを成立させうるような空間モデルを想定するとすれば、それは単に空間と言うべきでなく、各種の機構をもちシステム化した〈装置化空間〉とでも呼べるものである。（磯崎新［1970］）

「黒」のスペース＝使われ方と空間が一対一対応する場所……「白」のスペース＝使われ方によって、その呼び方が変わっていく場所。（小嶋一浩［2003］）

空間という語に重ねられる内容は、空間の体験者である人間目線でなくともよいはずだ。大学での設計製図課題では、学生が自分の案について説明し、それを教員とともに議論するエスキースチェックという場が設けられる。そのときによくおこなわれる話し方として（というよりも説明のほとんどはそうなのだけれど）、それぞれの空間で、その空間の使用者がどのような体験をするか、どのように感じるか、という人間目線での話し方がある。「ここでは開かれた窓によって開放的な気持ちになる」とか、「人が移動する空間と滞留する空間」とか、「壁で囲まれた落ち着く空間」とかいった人の感覚が語られる。

けれどときどき、設計者くらいはもっと建物の味方になって、建物目線で空間を語れないものかと思う。「ここでこの柱は壁から離れてのびのびとする」とか、「この床はトップライトから光を受けて素材の特性を発揮する」とかいった具合に。

意味の空間

わたしたちは十分に自由な言葉の重なりを前提として準備した。それはたとえば、建築とその環境とに対する思考であったり、設計手法に関する事柄であることもある。たとえば次のいくつかの例は、建築の空間がどのような意味あるいはかたちをもち、社会の中で存在しうるかについての言葉たちと言えるだろう。

〈乾いた空間〉は〈なんでもない空間〉だ。なんでもないということはごくありふれた普通のという意味でも、また何もないという意味でもない。それは無色で、無性格で非情な何も語らぬ空間であろう。（坂本一成［1974］）

「自律する秩序」と「孕んだ空間」の合成……大きくは、「凸型」と「孕んだ曲線」という、相矛盾する2種類の形態的要請が設定されたことになる。この両者が複合される緊張が形態的全体像を支えるのである。（越後島研一［1991］）

植物的な生長は……定められたヒエラルキーに従って、添加的に行われる。動物的な生長は……ビールスの自己増殖に似ている。基本的な空間の形態には、ポロス的な空間（膜的空間）とアルキノイドな空間（線的空間）があるということを述べたことがあるが、植物的成長の形態は、アルキノイド空間であり、動物的成長はポロス空間だともいえる。（黒川紀章［1967］）

ほとんど無関係と思われる言葉が、突然重ねられている。手術台とミシンと蝙蝠傘の重なりみたいに。空間とそれに付随する意味、形態的特徴を介して人間の意識や精神性に及ぼす事柄などが述べられ、空間をつくる建築家の苦悩や期待が込められている。こうした言葉は、1970、80年代の建築家がだしていることが多い。当時、独自の内的な精神性を設計活動に投影していく潮流の中で、情念を空間に投影していたのだろうとうかがえる。

言葉の触感に耳をすますならば、その無関係に見える重ねられた言葉が表徴的な意味を帯びて、「物の声」として考えうる場合と、より実体の特徴であるかたち、プロポーション、規模、尺度といった「物の姿」として考えうる場合とに分けられるかもしれない。

何の意味も投げかけない中性の架構……裸形の空間とそれを呼ぶこととなる。「柱も壁も筋交いもただそれだけの機能を表現している」。（篠原一男［1975］）

生活空間を基盤としながら、ついに〈詩的空間〉の高みに至るということを目標にしたい……イメージを遥か遠くまで運ぶものであって欲しい。（安藤忠雄［1988］）

私にとって建築美とは、「マイナス空間」への深化が表出している美ということになる……要するに、人間の意識の内実の世界を追求していった先の領域の空間化とでもいうのか。（新田正樹［1992］）

差異の空間……サイズ、プロポーション……消去されたディテール……やっと感知できるような差異のある空間の連鎖、それが実はギャラリー体験の全部といっていい。（磯崎新［1987］）

ハード・エッジの空間……私はハード・エッジのプライマリー幾何形の集まりが、強く、しかし軽

快に、光の中で揺らめく表情が好きだ。（篠原一男［1998］）

建築そのものではなくて、敷地や周辺環境など、さらには建築が存在するこの社会という環境に注目する建築家もいる。

触媒的空間の演出……この不思議な空間は、住まいと街の空間を立体的に結びつけるというドラマティックな役目をもつ独自な空間といわねばならない。（藤本昌也［1964］）

フィルタースペースは、家族と町とのコミュニケーションを取り持つ機能を担っている。……町の自然を濾過し……町と良い関係であり続ける。（井内清志［1997］）

単にみちだけでなくみちの両側にある建物も含んできりとられた都市空間の一部分をみち空間と称してよいと思う。（槇文彦［1973］）

建物と歩行者と都市空間の、柔軟でかつ生き生きとした関係を創出しようと試みた。このような「柔軟なファサード空間」をもつ建物が……。（中井仁美［1992］）

たとえばこれらの例では、建築と都市との、実体としての関係に着目している。また、

雲煙などで省略された不連続なエレメントの配列を、相対的な関係空間と呼ぶことができるだろう……そういう印象の総和が、すなわち都市空間のリアルなイメージである。（磯崎新［1963］）

都市関数の無数の集まりの系、都市関数空間の構造が、未来都市の構造を決定するであろう。（篠原一男［1967］）

表文化とは公的な、そして体制的文化であり、裏文化とは私的な、そして非体制的な人間関係、社会関係の産物である。……生活意識や行為の表と裏に対応する空間として〝表空間〟と〝裏空間〟の存在を考えるとすれば、日本の都市の特徴は、この二つの空間の織りなすアラベスク的なパターンという点であり……。（神谷宏治［1973］）

街を歩き……関係や扱いを組み替え、普段と少し異なる現象をつくり出す……開かれた共同性がある空間ということで、マイクロ・パブリック・スペースと呼んでいる。（塚本由晴［2005］）

などのように、都市空間そのものの非実体的な特徴や、社会の状況をあらわす言葉をつくりだす

例も見られる。

さらに、建築家ならではの視点として、建築設計の手法についての思考が空間に重ねられた事例を見てみよう。

〈閉じた空間〉としてこの領域をまず確保しようと……この切り取った領域は初源的シェルター的な意味であり、これから住機能を与えようとする過程的原型の空間であり、素地的空間とでも呼べようか。（村上徹［1981］）

スペース……の内部を……処理するのでなく……スペース自身を直接処理する……「主題としての補助空間」と呼んだもので、住宅の構成の関係を直接示す。（坂本一成［1971］）

一家が展開しようとしている生活をなんとか空間的にとらえようと試みているうちに、対空間という形式に至った。（斉藤義［1980］）

たとえば右の例は、建築設計における原型的な空間や、諸条件への対応などについて述べている。また次の文では設計プロセスの段階について言葉にされている。

対比する空間……個と群、内と外、開放と閉鎖……空間はまさにこのような対比の相関関係の中に形成されている……住宅を設計しながら、いくつかの対比的な空間あるいは概念の中にただよった。

（武基雄［1965］）

それぞれの言葉の意味と背景、その射程の広がりを読解し始めるには、本書の構成では間に合わないのでそれは機をあらためよう。空間の輪郭と言えそうなところに、敏感な言葉が数多くあふれ重ねられていることに気づくだけでも今は十分だろう。

名づけとアナロジー

建築家が空間を受け皿として造語を語るとき、わかりやすいアナロジーを使うことがある。

意図のない空間（space of no Intention）の最も身近な例、それは自然であろう。

（藤本壮介［2004］）

この文章では、恣意性の排除をめざして、意図のない空間という語が語られている。そのとき、イメージを喚起する対象として「自然」がもちだされている。先に見た篠原一男の文章でも、「農家の土間」「竪穴住居」「民家」といった日本の伝統的住居が例示されていた。そうしたアナロジーによって、建築家のつくった言葉に、意味が次々と重ねられていく。だんだんと意味が重ねられて、言葉が色づいていく様は、諷喩という比喩の形式が思い浮かぶ。次から次へと吹き重ねられる風のようなアナロジーの言葉たちが、建築家がつくった言葉を撫でていく。そして、アナロジーによってぼんやりとしていた言葉・空間がはっきりとしていく。

「竪穴住居」のように、具体的な建築的空間を明示することでぼんやりしているものをハッキリさせる明示は、90年代以降近年まで比較的多く見られる。その1つに他の建築家の造語の参照がある。

> ユニバーサル・スペースは自らの性質を自律的に語り得る空間概念である。しかし、「余白」の空間は「余り」であることに概念的特徴があり、その性質は他律的で、母体（ブロック）や個別要素（セル）の配置に強く依存する。（長坂大［1999］）

参照される他の建築家の造語としては、モダニズムの空間が多い。モダニズムの言葉をもちいながら、建築家はモダニズムを乗り越えようとする。

このようなアナロジーは「教会」や「倉庫」のように、空間をともなう建築的な対象であることもあれば、「カオス」や「生物」のように、空間をともなわない建築の外の対象であることもある。このことは空間と場所の重なりを考えようとするわたしたちにとって、非常に重要な事実である。ここでは次の事実だけを拾い上げておく。それは空間の連続性とか、室どうしの関係とか、何らかの関係性を述べようとするときにはこのようなアナロジーはあまりもちいられないという事実である。

たとえば建築と周辺環境との関係について述べるとき、あるいは設計段階において検討される建築の事柄どうしの関係について述べるとき。関係について述べるとは、物そのものについて述べるのでなく、複数の物の間にある関係に着目するということ。わたしたちは、そうした物の見方について、すでに眺めて、それを要素論と構成論と呼んだ。アナロジーは、ある名に重ねるもうひとつの名づけでもある。だから関係の名に新しい名づけを重ねることだって当然可能だ。けれど、きっとそれは物の名に新しい名づけを重ねることに比べてより高次だ。そのうえ、物の関係はたいてい物的にみなされてこなかった。

わたしたちは本書で、物どうしの関係に空間を発見している。そして、その2つ以上の物と、その関係としての空間との集まりを環境と呼んでいる。物に関係が生まれさえすれば、いくらでも環境は生まれる。そして環境はつねに世界の一部である。さらに名づけとは、物が3つ以上あるとき、ある物が自分以外の2つ以上の物と関係をもつときに生まれると考えた。だから2つの物の関係としての空間が物的であれば、最小の環境（2つの物とその関係としての空間との集まり）も名づけをもちうる。わたしたちが何かに名づけるとき、その何かは物にならざるをえないはずである。その何かが、物であっても物どうしの関係であっても、名づけられるときにはそこに、何かと何かの関係があるから。その名づけが言葉による名づけであれば、何かと何かの関係は物と言葉の関係となる。

関係にたいして比喩を例示する事例が少ないのは関係に名づけるのが難しいというよりも、関係を物として見る訓練をわたしたちがこれまでしてきていないからだと思っている。今後、わたしたちの物の見方、そして物どうしの関係の見方が、今以上に物的になればきっと名づけの感覚は変わっていく。言葉などを重ねていくという名づけの作業をするためにはきっと、関係を物として見ることが必要で、それによって世界にはまだまだ名づけられる関係が、名づけられる空間が、名づけられる環境が爆発的に増えていくことだろう。その世界は、今想像できないくらいに豊穣だ。

空間み

空間の、ボンヤリさと、ハッキリ化を、建築家の文章を見ながら眺めてきた。ハッキリ化は、空間にたいしての他の物の重なりである。

突然になるが、今、「**空間み**」という言葉を考えよう。

「やばみ」という現代言葉がある。「やばみ」は「やばい」という形容詞の名詞化である。もちろん「やばさ」とは少し異なる。「み」が形容詞の語尾について名詞になる事例は一定数あるから、それを思い浮かべると「やばみ」のなんたるかがわかってくるかもしれない。たとえば「厚さ」は「厚い」の名詞化だが、「厚み」とは少し違う。「厚さ」と同時に「薄さ」という名詞が「薄い」にはあるが「薄み」という名詞はあまり使わない。「厚さ」は厚い度合いで、「薄さ」は薄い度合いだけれど、「厚み」は「厚みが薄い」とも言いうる。「み」はそれが内にもつポテンシャルであって、なかみの「身」でもあろう。

そして同時に、おそらくは、気味の「味」でもある。だから「やばみ」には「やば気味」というニュアンスや「やばい感」「やばいっぽさ」というニュアンスも含まれよう。学生に聞いてみると「パリピみ」なんて言葉もあるようだから、「空間み」くらいは比較的すんなりと受け入れられよう（この文章執筆時からしばらくして、2018年の新語にも「わかりみ」や「やばみざわ」という語がノミネートされた）。

言語学研究の分野では、この接尾辞「さ」と「み」について数多くの考察が提出されている（清水［1978］、遠藤［1985］、高橋［2002］、中野［2005］、藤井［2008］）。広辞苑によれば「さ」は「程度・状態、方向」を示し、「み」は「所・場所、程度・状態」を示すとある。清水は「さ」が程度で「み」が状態を表すというふうには単純に分類できないと指摘している。そしてさらに、建築分野になじみのある谷崎潤一郎の『陰翳礼讃』の次の2文を取り上げる。

掃除の行き届いた厠へ案内される毎に、つくづく日本建築の有難みを感じる。

一と粒一と粒真珠のようにかがやいているものを見るとき、日本人なら誰しも米の飯の有難さを感じるであろう。

（谷崎［1975］）

この2文では有難みと有難さがそれぞれ使われている。清水はここで、「さ」は「強く外に押し出す表現」であり、「み」は「内に込められたものの表現」であるとする。さらに藤井は同じ文章を参照し、「有難み」は書き手の個人的な経験に基づいた主観的評価」であり、「有難さ」は「客観的一般的評価」が確認できるとする。「み」は内的なのである。

わたしたちは、空間とは関係だ、とすでに確認した。だから、3次元空間でなくとも、2次元平面である壁面にも空間は生じうる。ではそれは何の関係だろうか。関係と言うからにはその単位がいる。その単位は物と呼ぶのでもいいのだけれど、ここでそれを「**ところ**」と呼んでみよう。場所の所だ。そうすると、空間は、ところとところの関係と把握し直すことができる。そのほうがわたしたちの一般的な空間への感覚に近しいだろう。住宅の空間は、食事をするところ、テレビを見るところ、寝るところ、明日の出来事に思いを巡らすところ、などなどの、ところの関係ということができる。

そして、場所も同じように、何かと関係をもっている「ところ」としてよさそうである。場所はところ以外の物、非ところと関係をもつ。たとえば場所は、そこで培われた自然の歴史とか、人の活動とか、そういった、ところ以外のものと関わる。思い出の場所とは、思い出と関係をも

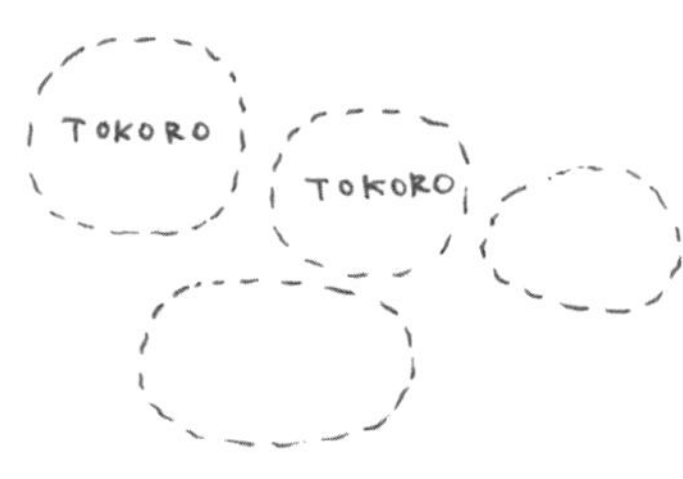

つところ。

そして、そうしたところと何かの関係を見つめる作業、空間についてであればところとところの関係を見つめる作業、場所についてであればところと非ところの関係を見つめる作業を**スペーシング**と呼んで、同じように見ていこう。

すると、空間と場所は単に関係の単位要素が違うだけであることに気づく。その度合いは、「空間み」と呼んだものである。「ところ」が単位要素として多ければ、その関係は空間みが大きい。空間と場所は、単に、あるところを見たときに、関係をもつ相手に何が多いかという「空間み」の程度に他ならない。これまで各章でのんびり眺めてきたように、もちろん空間も非ところと関係をもつ。たくさんの非ところと関係をもつ「ところ」は、空間と呼ぶよりも場所と呼ぶ方がしっくりくる、ということになる。空間感という建築クラスタ特有の言葉も今、この「空間み」の程度として眺めればあらためて空間の名づけの問題として整理できよう。

空間には容易に場所が重なる。場所にも空間は重なる。いともたやすく。空間と場所は相容れないものではない。スペーシングという作業は空間感を測ることであって、それは「空間み」の度合いを探る作業でもある。それはどれだけ建築を建築として考えてあげるかということでもある。このスペーシングは、わたしたちが生きている重なりの日常において、スタフォードが取り上げたイメージングという作業でもあり、この本でずっとおこなっている数多くの言葉の類似を取り上げるフレージングという作業にも通じる見つめ方である。次章では、かたちについて、その次の章ではスケールについて、わたしたちは同様に重なりをつくりだそう。

14 かたちの名づけ――建築家のことば②

建築とは形態である。そして、建築家とはこの形態の裏側に封印された意識の表出をめざすものでなければならない。

相田武文『建築形態論』

〈20世紀〉の建築家は自律的建築を目的としているので、どの建築物もその実物より他のかたちをしてはならないと信じた。彼らはファサードの芸術は背後にあるものをカモフラージュしたり、あるいは無視するものであると信じ、憤慨し拒絶した。

ルートヴィヒ・ヒルベルザイマー『現代建築の源流と動向』

われわれはいつでも、かたちにそれ自身とは別の意味を探し求め、かたちの概念を何らかの対象の表象、すなわち像(イマージュ)の概念と混同しがちである。そしてかたちの概念は、とりわけ記号の概念と混同されやすい。だが記号は〔何かを〕意味するが、他方、かたちは自らを意味する。

アンリ・フォシヨン『かたちの生命』

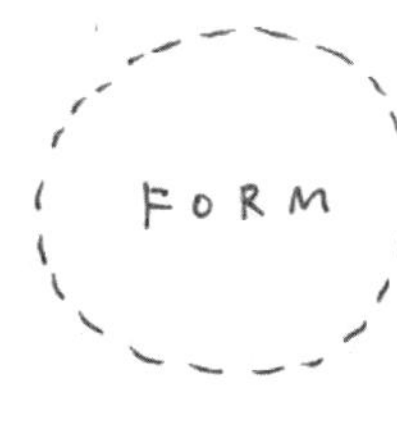

「かたち」という難問

自然環境なり、都市環境なりの中に建築をつくるとき、新しくそこに置かれる建築の「かたち」がどのようなものであるべきなのか、ということはおそらく延々となされてきた議論に違いない。あるときそれは、その建築の用途にふさわしいかたちへの希求であったろうし、またあるときは、環境がもっているかたちとの類似性あるいは逆に自律性から語られただろう。

それがいかなる理由づけであろうとも、もっとも困難なことは思考を示す言葉と形態を示す言葉との間にある深い深い溝である。たとえば自然から独立して、自律的にふるまう建築のかたちこそがふさわしいという思考があったとしても、ある文脈で自律的なかたちが、必ず「自然から」自律的であるかはわからない。あるときは単純な形態こそが自律的であるとされ、あるときは自然物の模倣形態が自律的であるとされる。いろいろな条件をクリアしたかたちであっても往々にして「恣意的なかたち」というレッテルが貼られてしまうことがあるのも同じような仕組みだ。恣意的かアノニマスか、対象化されているか環境化されているか、強いか弱いか。

そのどちらかでなく、本書で、それらを重ねようとするとき、かたちの、何を、見つめるべきだろうか。

本章ではかたちという概念が指し示す領域において、ある強度をもつ言語として、「幾何図形」を検討する。x−y−z直交座標空間における数学の幾何学に限定すると、図形とは、点・線・多角形・円・円錐曲線・球・多面体などを指し、平面図形と空間図形（立体図形）とに分けられるのが一般的である。つまり、すべての図形は幾何学的であり、幾何学的図形という呼び方は使われない。また、「図形」という語が捉える範囲についての定義も数学の分野では見受けられない。いったん、建築家の言説の中にあらわれる図形のうち、「円形（円弧、楕円含む）」「多角形（三角形、四角形など）」「球体（球面、楕円球含む）」「錐体（円錐、三角錐など）」「柱体（円柱、三角柱等）」「多面体（直方体、四面体等）」のいずれかに含まれる言語を「幾何図形」と呼ぶこととしよう。

歴史を思い返してみれば、「正方形」「円」「三角錐」などの初等幾何学にもちいられるわかりやすい幾何図形は、建築家が建築物を思考し、そしてつくるときに、意識的に使われてきた。たとえば、マニエリスムの建築家アンドレア・パラーディオは、厳格な幾何学による形態構成を追求したし、また、新古典主義の建築家エティエンヌ・ルイ・ブーレーやクロード・ニコラ・ルドゥーは、球体の建築形態や正方形の平面、半円ヴォールトなどの明快な幾何図形をもちいた。現代建築に多くの影響を与えた近代主義の建築家、ル・コルビュジエは、立方体、円錐、球、円筒または角錐などは初原的な形で、光はは っきりと浮かび上がらせる。その像は明確で摑みやすい。曖昧さがない。それゆえに〈美しい形であり、もっとも美しい形〉である。

（ル・コルビュジエ［1967］）

と言い、建築の形態として明快な幾何図形を賛美した。また、さまざまな幾何図形を建築のモチーフとしたルイス・カーンは、

問題がどうあろうと、いつも正方形から始める。

（Kahn［1987］）

と言っている［▼1］。

日本においては、たとえば篠原一男は活動初期の住宅作品において、正方形などの単純なかたちとそこに加えられる単純な分割で住宅の平面を構成し、また、後期に発表された論説において、

私はハード・エッジのプライマリー幾何形の集まりが、強く、しかし軽快に、光のなかで揺らめく表情が好きだ。そして、踊るような表情のなかから、明るく輝く力が現れるのを私は期待している。

（篠原［1996］）

と述べた。また、磯崎新は一九七〇年代に建築のかたちを社会的制度から自律させるため、立方体や円筒などの幾何図形の操作を主題とし、「手法論」を展開した［▼2］。ところで、先に触れたように、幾何図形には2次元の図形と3次元の図形がある。そして、そのどちらの図形も建築家はもちいる。建築家は3次元の実体としての建築空間と、2次元としての抽象化された図面上の建築空間を行ったり来たりするからである。

円は非常に強い図形なのである。その強さと抽象性には惹かれるものがある。しかし円が持つ完結性や絶対性は受け入れがたい。そこで、円を用いながらも相対的で非中心的で、さまざまな条件に対応できる柔軟性のある平面計画ができないものかと考えた。
……それらの求めに対し、大小さまざまな円が接しながら平面的に広がる建築は、充分に応えてくれるだろうという考えに達した。（ヨコミゾマコト［2005］「非均質性・非全体性・非中心性」《富広美術館》）

たとえばこの例では、円という幾何図形によって、建築のプランニングにまつわる思考内容について設計論を展開している。また、その際に強さや抽象性といった幾何図形のもつ性質を述べている。
そして、実際の空間は円筒形であるが、言説上では「円」という平面図形で述べられている。つまり、実際の空間は当然3次元空間であるわけだけど、それを認識するうえでは、抽象化して、

2次元の図形で捉えることができるわけである。おそらく、かたちの強さや、恣意性を考えるうえで、このことはとても重要なのだと思う。平面的に考えるということは、建築においては図式的に、神の視点で建築を捉えるということである。建築家は、普段、建築を考えるときに図面を使う。それは3次元のものを2次元に投影・投象したものである。この投影・投象するという作業は、現代のさまざまな場面で当たり前のようにおこなわれるが、今一度それを疑ってはみられないだろうか。このあたりが本書のゴールに向けた1つのきっかけになりそうである。

人間のかたち——幾何図形をめぐる建築家のことば①

少し、建築家の幾何図形の使い方をのぞいてみよう。

求心性のある楕円形広場を挿入することによって、開放性のある空間を生み出そうとした。

（伊東豊雄［1995］）

正三角形、正方形のサンクンコート……全体の構成を秩序付けるのは、サンクンコートの光庭が切り取る幾何学図形であり……。

（安藤忠雄［2004］）

同形のずれた矩形とそれを結ぶ半円から……この単純な幾何立体は、不整形な敷地との間に余白を生み……。（安藤忠雄［1978］）

家具化された五角形の厨房によってその周囲の空間をテリトリー分割して……空間領域によってそれぞれの場を形成しようと……。（横河建［2001］）

単位の平面が円であるのは、子供たちの動きに対してスムーズであるのと同時に……子供たちをやさしくインボルブするような空間を意図している。（土岐新［1980］）

円錐、四角錐などの自立した形態……立体が重なったり、離れたりし、多様な空間が展開する……橋の下や広場にいるような外部性を感じさせ……。（栗生明［1990］）

——正方形、三角形、円形——が長方形に食い込むかたちに差し込まれる……幾何学構成の平面は、先の空間編成の考え方と……。（小林克弘［1993］）

擬円錐形一部を、建物全体の3層分にわたり連続させた形……そうしたモノを中央に置いての余白の新しい規定直し……。（遠藤政樹［2005］）

グリッド上に碁石のようにランダムにおかれた四角や三角のコアが空間を規定する。

（藤本壮介［2003］）

人間の自由な動きをより顕在化させるために、天空のような広がりを内包するものとして無指向性の空間をもつ球儀を選びました。

（長谷川逸子［1991］）

これらは、多かれ少なかれ、どこかでわたしたち人間の、つまり、建築をつかう側の体験的な事柄を想定した発言が含まれている。前章で触れたように、人間目線で見つめられた建築の説明である。幾何図形をもちいて、建築空間における知覚的現象や人間の活動、および空間の配列や構成などにより生じる性質について述べられている。また、建築空間に生じる事柄、そして人々がどう感じるかを述べるもの。幾何図形による空間のつながり方、人々の動きを述べるもの。こうしたわたしたちの体験は、本来、幾何図形とは関係がない。もちろん、人間も生物である以上、細胞の分裂・成長の仕組みに、数学的な理があって、その先に幾何図形との関わりがある、ということはできるかもしれない。けれど体験とは、そんな仕組みに縛られるものではなく、より自由なものだろう。

建築のかたち――幾何図形をめぐる建築家のことば②

このような比較的つかい手に親しみやすい幾何図形の例示に比べて、次のような幾何図形の用い方はどうだろうか。

その〈円筒〉はまず何よりも古代の円柱のメタファーだった。

（磯崎新［1975］）

部分的に平面形に円形の幾何学を用いた……これらは厚生施設に対応している。「丸い形は厚生施設である」というローカルな記号的関係が成立することを期待している。

（大野秀敏［1998］）

大きめな直角二等辺三角形の立面が展開し……こうした様相を前にしてこの分化を進めることによってさらに床に壁に天井に付帯する意味を発散させていくという方向を頭に描いていた。

（長谷川逸子［1977］）

……今までとは違ったコンテクストのモノ、コト、イミを再編する……三角、円、方形といった、大枠のマンダラの中に古今東西の天文台建築のパーツが再編集されているのである。

（毛綱毅曠［1993］）

平面形態における正方形、円の一部、そして自由曲線という3つの異種の幾何学形態が複合している。……このふたつの住宅が、住宅らしくない表情を持っているのは、主としてこの異系の幾何学形態の唐突な組み合わせによる……。（早川邦彦［1979］）

楕円型の広場は、ローマのカンピドリオとまったく同じサイズである……そのイコンを逆手にとって操作をはじめる。（磯崎新［1983］）

家の中心には球体が置かれ……球体は、安定を保ちながらもいまにもころげ落ちるかのような不安定な事象をも暗示……。（相田武文［1985］）

六角形の単純な組み合わせは……このように単純な形象が人間にどう応えるかという問題の追求にあった……。（池辺陽［1966］）

中央に一辺7・8mの正6面体の部分をもっている。……外部に対する磁場の諸因、いいかえれば「意味の渦」の中心となる……。（瀬尾文彰［1971］）

ゆるい円弧の屋根は、体育館としてもっともありふれた形……当時、半円形の実例は余り例もなく、まして現在のように流行もしていなかった。

（阪田誠造［1977］）

おそらく人によってかなり異なる感想をもつのではないだろうか。一般的な建築学生であればこれらの説明を、恣意的であると感じるのではないだろうか。これらの例からは、人間のふるまいよりも、建築自身そのもののふるまいを幾何図形を通して見つめる様子が感じられる。幾何図形をもちいて建築の物的な特徴や建築空間の意味・記号的側面について述べるものである。しかし、なぜそうした幾何図形と建築のつながりに恣意性を感じることがあるのだろうか。それはおそらく、「理にかなっていない」「納得のいく説明を飛ばした自己中心的な選択」「ただその形を使いたかっただけに感じる」といったところの、非合理的だという感想なのではないか。けれど、その合理というところこそ、わたしたちは疑ったほうがよい。なぜ、人間のふるまいを通した説明であると恣意性を感じにくく、建築のふるまいを通した説明であると恣意性を感じるのか。あるいは、同じ建築のふるまいにたいしてでも、その背後にある歴史や文化や気候との「つながり」が説明されると、恣意性を感じないということに危険を感じないだろうか。

ここで、恣意のあるかたちと恣意のないアノニマスなかたちという対比に対して、自律と他律、合理と非合理についても若干整理しておこう。わたしたちが、仮に、恣意性を排除した建築を求める立場にいるとするなら、それは、一応は、モダニズムの延長の考え方である。モダニズムは（おそらくカント的な）自律の概念に支えられて、さまざまな物からの切断と自律をめざした。それは建築のモダニズムにおいても同様である。普通の自律的な判断だけではなくて、カントはあらゆる欲求による選択からも逃れないと自律的ではないとしたから、その判断の基準として合理的であるかどうかが重要だった。

レストランでメニューを決めようとするときに、「焼き魚定食にしなさい」という母親の言うなりに決めるのではもちろん他律的である。一般に自律的であるためには、自分で「ハンバーグが良い」と、決めればよいと考えるが、それではカント的には自律的とは言えない。なぜならそれだけでは自分の欲望に寄り添っているからで、本当に自律的になるためには、非合理な恣意性を排除して、合理的にメニューが選ばれなければならない。たとえば今自分に必要な栄養素に基づいた「豆腐サラダ」は、（信頼されうる理性によって決められている点で）「ハンバーグ」よりは自律的であるということになる。

けれど、最初に「一応」と述べて、ここまでハンバーグの話を見て気づくように、恣意性の排除が自律性につながるというのは実は少しおかしい。というか混乱がある。恣意性を排除しようとするとき、わたしたちは一般に他律的であろうとしている。それは、わたしではなく、他者の論理で決められることで恣意を排除するということだ。建築の他律性は、対象と環境とについての話で少し検討したようなコンテクスチュアリズムの話とつながる。これで、次の対比が生まれる。

他律性　コンテクスト重視　地域性　土着性　アノニマス　恣意性の排除
自律性　インターナショナルスタイル　合理　モダニズム　恣意性の排除

どちらにも恣意性の排除という項目が出てきてしまう。この種の混乱は、非常に単純なことでありながら、建築設計の話をするときに、なぜか未だ整理されていないように感じる。最初に「一応」と述べたときの恣意性の排除は、わたしの欲望のかたち（「ハンバーグ」）の排除だ。それは「豆腐ハンバーグ」のモダニズムをめざしている。けれど、もうひとつ、場当たり的なわたしのかたちを排除して、母の「焼き魚定食」と「冷奴」を選ぶ道もある。

対象と環境への視線について検討したときにはあまり触れられなかったけれど、この自律と他律の対比は、建築において、わたしと他者、対象と環境、そしてモダニズムとコンテクスト主義との対比と関係している。そもそもコンテクストへの視線はモダニズムへの批判として登場する。最初期には戦後にコーリン・ロウが3つの論文（「理想的ヴィラの数学」「マニエリスムと近代建築」「透明性——虚と実〕によって、モダニズムが歴史と切断されていることを批判する。続いてロバート・ヴェンチューリが、彼の修士論文によって、モダニズムが周辺環境と切断されていることを批判する。この2人によって批判された2つの切断、歴史と周辺環境への着目がコンテクスト主義のベースにある。また、ほぼ同時期にイタリアではエルネスト・ロジャースとアルド・ロッシらによって「アンビエント」という言葉でやはりモダニズム批判がなされる。「アンビエント」は「コンテクスト」と近い意味であるけれど、そこで参照される周辺環境は、つねに歴史的な意味とその時間的連続性を含み込んでいたと言える。その後、コーネル学派、アメリカ都市計画、ゲニウス・ロキ概念、ホワイト・グレイ論争、スチュアート・コーエンの物理的・文化的コンテクスト、クリストファー・アレグザンダー、また、ポスト・モダンにおけるアルージョン〔引用〕やチャールズ・ジェンクスのアドホッキズムなど、コンテクストへの議論のその後の展開を追うことは、わたしと周りの環境を考えるうえで非常に重要になってくる。環境への視線が新たな局面を迎えている今の時代においてはなおさらなのだけれど、なかなかそうした議論にならずにいつも定量的な数字の環境話が繰り返されているのはなぜなのだろうと思う。残念ながら、ここでコンテクストの話を続けていく余裕はないけれど、わたしたちは環境を語るとき、じっくりとコンテクストへの議論に向き合う時間をつくらねばならない。

環境のかたち——幾何図形をめぐる建築家のことば③

続くいくつかの建築説明文では、幾何図形がもちいられるときに、建築の周辺環境についての言葉が差し込まれている。

都市環境のなかにより適合する建築形式は、強度を有する未完結な形態の群造形ではないか……コンクリートの量塊が円筒や三角柱や立方体の部分に分節され……。（竹山聖［1992］）

方向性がない非常に均質な森の中において、それを持続し、同時にそれに連続できるものということで正円の外形を選択し……。（妹島和世［1994］）

正12面体および正20面体の外形および内形形状を与えたが、これも幾何学を偏愛する伝統をもつ地域には受容されるのではないかと判断されたからである……幾何学形態の繰り返しによってエンドレスな表層造形は、この地域の建物にはなくてはならないもの……正三角形パターンをオーバーレイ……。（渡辺真理［2004］）

正方形の基壇に円筒形が載っかる単純な幾何学形態……不透明なコンテクストをいったん拒絶しつ

つ分節することを考えた。（坂井宝一郎［1984］）

平面が八角形で断面は円弧からなる幾何学的な立体……この厳格な幾何学の立体と、周辺の雄大な自然を対峙させることにより、互いが両方を際立たせ……。（谷口吉生［1989］）

立方体や半円筒といったなじみのうすい幾何学形態のみが用いられている……幾何学的な純粋形態を操作的に使用して、独自のシンボリズムを成立させる。（磯崎新［1978］）

純粋直方体という枠組みの選択については……環境を形成している近代建築の様式的な基準に1個の建築が接続しようとする欲求であり……。（富永譲［1978］）

〈閉じた空間〉として個の領域をまず確保し……直方体の上に稜線を四角錐形を付加したボリュームをこの住宅の素地空間構造とし……。（村上徹［1981］）

〈自然〉と〈建築〉の構成的な対峙をさらに際立たせるため……3つの幾何学的なマッスが相互にずれ合いながら配置された……平面的には長方形、正方形、直角三角形からなる、3つの機能的文節を暗示した抽象的なマッスが……。（赤坂喜顕［1989］）

2層毎に柱間をくくることによって、ほぼ正方形に近い8mのグリッドが作り出すスケール感がそのモニュメンタリティの基調をなしている。

（槇文彦［1982］）

幾何図形をもちいて建築の敷地環境、あるいはそれより広範囲の周辺環境、都市環境について述べる。幾何図形をもちいることで、建築を周辺環境に同調・一致させる。都市環境や自然環境の特性を読み取ることから、幾何図形をもちいて建築を環境に対応させる。こうした環境と幾何図形の「つながり」によって恣意性が排除されたと感じるとしたらそれはなぜだろう。あるいはそれは本当だろうか。最後にもうひとつ、建築家の言葉の種類を見てみよう。

手法のかたち――幾何図形をめぐる建築家のことば④

できるかぎり図形による自動的な定め方をし、雑多に想起される造形上の意図的な部分を排除することによって、ものとものとの関係を成立させたい……3種の神器、剣、玉、鏡、と背景の壁というモチーフを幾何学図形に演繹させる。つまり、これらのものを線、球、円、垂直平面という単純な図形にできる限り還元させ、これらの相互の関係を図形として成立させる……。

（相田武文［1976］）

正方形に基づく基本図形が根底に存在しているからこそ、さまざまな幾何学形態が分散的に配置されたとしても、でたらめな構成あるいは恣意的な構成を避けることができる……。

（小林克弘［1991］）

円は僕の中で円筒となり、イメージの広がりとともに湾曲し巨大化する。それは平面計画との整合化ではなく、純粋に造形そのものへの挑戦であり……。

（六角鬼丈［1980］）

格子構造の空間構成は、このような古典的空間のヒエラルキーに対する反論でもある。

（黒川紀章［1978］）

競技場の平面は第一に東西南北の方位を明示できる形が必要である。そのためわれわれは、正八角形の平面形を採用し……。

（山田守［1964］）

「平行壁面のないホールにしてほしい」との条件があった。……六角形平面形として検討を始めたが、小なりとも平行面が生じるために正五角形ホールを提案した。

（井上武司［2005］）

建築として固有の存在を保とうとするならば、どこかの時点で機能をはぎとらなければ……正方形の平面、シンメトリカルな構成……。（相田武文［1972］）

物質から、一切の機能的な意味や、日常的な虚飾な意味を消し去ったところで、そこに何が見えてくるかをこの格子目地に……。（藤井博巳［1973］）

形態決定の、建築的要素のみによるオートノミーに図形の抽象性を借りて、異論を……水平のシリンダーが1：4の角度で切り取られ……。（小宮山昭［1986］）

これらの事例は幾何図形をもちいて、建築の設計手法を説明する文章を集めたものである。これらの中には、幾何図形をもちいることが恣意性の排除につながると述べるものもある。設計者の手の痕跡を消すことにより、形態決定の恣意性を排除するということだ。建築家にとって、幾何図形が「自分の外」のものだということである。けれど、ひょっとするとそれは建築家の言い訳のように聞こえるかもしれない。そう聞こえる人にとっては、幾何図形は建築家の商売道具として見えているだろう。そのとき幾何図形は「あなたの外」であり、「建築家の内」にあるという認識による。あるいは、自身の論理によって幾何図形をもちいていることを自ら標榜する場合もある。それは恣意的であることの開き直りのように感じるかもしれない。

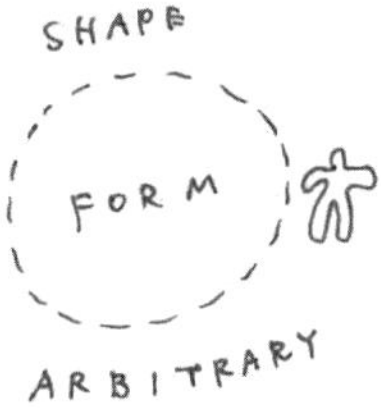

幾何は恣意性を排除するか

つまり、整理するとこういうことになる。ここまで幾何図形についての建築家の言葉を4種類見た。わたしの勝手な推測ではあるが、おおよそ次のように恣意性を感じたのではなかろうか。

① 恣意的でない
② 恣意的
③ 恣意的でない
④ 恣意的（恣意的でないと説明されているけど）

ちなみに、ここで述べている内容は、おおよそ、それぞれ次のようなことについてであった。

① 建築でのわたしたちの体験について、幾何図形をもちいて説明
② 建築そのものの在り方について、幾何図形をもちいて説明
③ 建築の環境について、幾何図形をもちいて説明

④ 建築設計の手法について、幾何図形をもちいて説明

つまりそれらは、「わたしたち」と「建築家」とを分けて、そのどちらの側から語られているかという基準で見てみると、次のように整理できそうだ。

① 「わたしたち」の内の話（体験）に「建築家」が歩み寄って説明している。
② 「建築家」の内の話（建築の在り方）、「わたしたち」の外側
③ 「建築家」の外側の話（建築の外の環境）
④ 「建築家」の内の話（設計の手法）を「建築家」の外側の話のように（恣意的でないように）説明している。

結果的には最初の予想が正しいとすれば、

① 「わたしたち」の内の話は恣意的でない
② 「建築家」の内の話は恣意的
③ 「建築家」の外側の話は恣意的でない
④ 「建築家」の内の話は恣意的

と感じているのではないかということになる。
ここで、設計論にあらわれる幾何図形が「正方形」や「円」のような平面図形として述べられているか、もしくは「立方体」や「球」のような立体図形として述べられているかを検討してみよう［▼3］。

立方体や半円筒といったなじみのうすい幾何学的形態のみが用いられている……これらの形態言語は、日本においては歴史的に発達しなかったものである。平面的に正方形や円は数多く使用されても、それを立体化して発想することはほとんどなかった。

（磯崎新［1978］「フォルマリズムの方法について」）

戦後から現代までの日本建築家の言葉を実際に眺めてみると、時代ごとの傾向はあるものの、多くの建築家が平面図形をもちいて建築を語っている。対象物をある視線で投象した平面的な図形、あるいは断面の形状として建築を認識してきた。日本で立体的な幾何図形が意識的にもちいられたのは、70年代において、磯崎新が手法論を提唱したことがきっかけの1つと言えるだろう。もちろん磯崎の号令を待たずとも、何人かの建築家は立体的な幾何の遊戯性を建築の論理に組み込み始めていた。けれどその後80年代から2000年代までは、言説上でふたたび平面図形が多くもちいられる以前の日本の状態に戻る。

平面図形は立体図形と比べて、図式的な思考方法と言える。80年代以降、徐々に建築の機能を平面図式によって明快に整理していく設計が増えて、その図式の透明性は妹島和世によってひとつの極を迎える。ほぼ時を同じくして90年代には、美術のシーンにおいて村上隆が「スーパーフラット」という概念で日本の現代美術を位置づけた。

一方で立体図形は建物を俯瞰的に捉える認識のときに使われる[▼4]。70年代に立体図形が言語として、また、建築の要素として多く使われたのは、当時の建築家が自己の内面的な主題を、建築の形態の取り扱いに反映させ、建築的な機能と無関係な形態を意識的にもちいだした傾向が影響している。そのような設計においては、建築が思考のうえで俯瞰的に認識されていた。

幾何図形を使うことで、建築設計の恣意性を排除するという考え方は、幾何図形の単純性や純粋性による。プリミティブなかたちである幾何図形は、建築家がつくりだしたかたちではなく、自然界の数理によるものであり、だからこそ単純であり、そこに恣意性はない、という考え方である。とくに「正方形」や「(正)円」は、それらがもつ等方向性、等辺性(等距離性)などの幾何学的性状から、幾何図形の中でももっとも単純なかたちである[▼5]。そのため戦後の建築家の言説をあたると、「正方形」や「円」のどちらかの語をもちいて自身の建築を説明した事例は、それ以外の数多くの種類の幾何図形をもちいた説明の数を上回る。幾何図形の中でも、さらに単純である図形ほど、わたしの外の、「非恣意性」のかたちとして取り上げられやすいというところか。

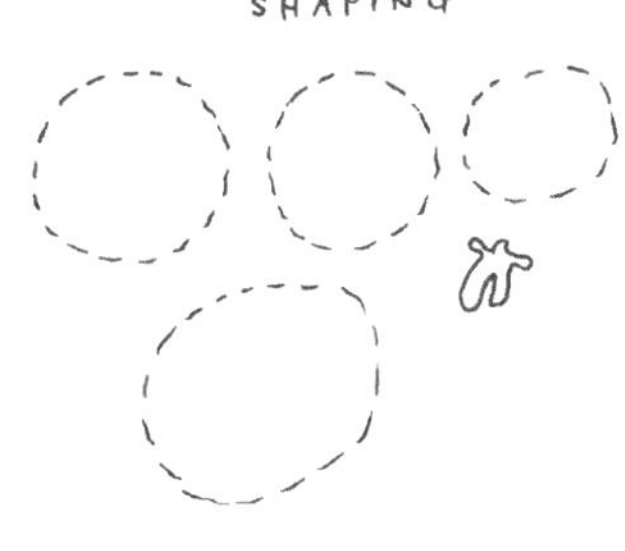

けれど、もちろんすぐに気づくように、単純なかたちだから恣意性が排除されるかというと、必ずしもそうとは限らない。複雑な形状の敷地に正方形平面のプランを採用すれば、敷地形状に対しては、強く、恣意的であると言えるだろう。「強さ」とは、相手がいる場合の相対的なものである。複雑な形状にたいして寄り添うのを弱いかたちとするならば、そこに置かれた正方形平面は、「相対的強さ」をもつ。だから、あるかたちが「絶対的強さ」あるいは「絶対的恣意性」をもつということはない。あくまで別の相手との関係において恣意的かどうかは位置づけることができる。

かたちを恐れない

ここで、この章の最初の目的に戻る。わたしたちはかたちの利用に怯えている。決定根拠の不安定さに怯えている。そのために、「これでいいかたち」と「身勝手なかたち」との断絶の崖の下から、どちら側に登るべきかを決めあぐねている。けれど、ここまで見てきて気づき始められる通り、「これでいい」とか「身勝手な」という部分が、そもそも「別の相手」との関係によるのであれば、その断絶はあくまでかたちのもつ可能性の度合いでしかないと考えればいい。これはちょうど前の章で検討した、空間と場所の断絶から両者の重なりへの意識の変換と同様である。そこでは「空間み」をアクションとして、その言葉の違いが、ある「ところ」がどれくらい他の物と関わりをもつかでしかないことに意識をシフトした。かたちの「これでいいかたち」と「身勝手なかたち」も同様である。そのかたちがどれくらい、何と、関わりをもつかでしかない。「かたち（SHAPE）」がどのように関わりをもつかを見つめる作業を、空間（SPACE）のときにもちいたスペーシングという語と同様に**シェイピング**と呼んでみる。シェイピングとはかたちに対する建築家のスタディの手法である。シェイピングを経て、ある「かたち」が他の「かたち」との関係で多く位置づくとき、その「かたち」は恣意的と呼ばれやすいだろう。「かたち」以外の物、つまり非かたちとの関係で位置づくことが多いとき、その「かたち」は皆に納得してもらえるかもしれない。

このどちらにも転ぶというかたちの可能性の重なりは、恣意的かどうかという判断以外についても当てはまる。たとえば「反復」というかたちの集合に関する1つの形式について見てみよう［▼6］。わたしたちはかたちの反復に対して、すぐ思いつくだけでも反対の感覚を容易にもちうる。マスゲームや複数人の新体操競技のように、同じかたちの動作がぴったりと繰り返される様を見れば美しいと感激する一方、細かい虫が多数蠕く姿に吐き気を簡単に覚える。蓮コラのようなかたちにいたっては恐怖症としてすら扱われる。また、同じ形式の民家が繰り返される集落の家並みに美しさとぬくもりを感じる一方で、同じ形式の建売住宅が反復する新興住宅地の家並みには嫌悪するような言葉をかけることもある。反復という同じかたちの特徴であるにもかかわらず、これほどにわたしたちの「判断」が異なるのは、かたちと関係をもつ、かたちの外や内にある物次第なのである。

かたちをつくることを恐れる必要はない。かたちが恣意的か恣意的でないか、個性かアノニマス性か、それもまたシェイピングという作業についての思索を経れば、ただ関係づく物によって時事刻々と変わる、かたちの環境における名づけでしかないことがわかる。

15　尺度の名づけ――建築家のことば③

尺度の側に立って比例を批判することは、建築的思考のうちに滲透している類比を批判することであり、つまりは差異性の抹殺に対する非難である。ここで、比例と尺度という2つの観念が一般常識に共通の意味としてしかもこの両者が共通にもっているあの意味を思い起こさせる表現を用いれば、こうした差異性こそ、国際様式が大きな比例の規模にわたりかつ大きな度合にわたって消し去ろうと努めていたものにほかならない

フィリップ・ブドン『建築空間――尺度について』

「対象」のスケール、「関係」のスケール

建築大辞典によればスケールは、「1縮尺。2目盛り、尺度。3物指。4規模、大きさ。（以下略）」、尺度は、「1計量や評価の基準すなわち計量単位。2図に描かれた大きさの実物の大きさに対する割合。（以下略）」、サイズは、「1形の大きさを示す寸法の総称。2JISでは構成材の形を示すために必要な寸法（dimension）の組み」、プロポーションは、「ひとまとまりの空間や単

一の物体を構成する部分と部分、または部分と全体の大きさの比例関係、均斉。造形的な緊張感すなわち視的緊張感、シュパヌンクを生み出す構成のうえでの造形要素そのものの秩序関係……」、とある（「シュパヌンク」とはカンディンスキーがもちいた語で、2つ以上の形態の間に生まれる視的緊張感のこと）。

まずは、スケールにサイズとプロポーションとがあることを受け入れたい。そのうえでここで、本書での言葉をもちいて、サイズとはある要素のスケール、プロポーションとは要素間の関係のスケール、と考えてみたいと思う。本書ではここまで、ときにいくぶん粗雑であるのを承知で、言葉の意味を類似によってスライドさせてきた。その作業と同様に、サイズにたいして、「対象の」という言葉を、プロポーションにたいして、「関係の」という言葉を重ねて、対象のスケール、関係のスケールなどと呼んでもよい。

都市計画家の戸沼幸市は、ヒューマンスケールを、人間を基準とした測定や評価の体系と定義している（戸沼［1978］）。つまりスケールは、人間の知覚や感覚によって認識のされ方が変わるのだといい、物理的なサイズのみを意味しないことが述べられている。人間を基準とした測定や評価の体系としたヒューマンスケールの定義と尺度の意味合いは、建築大辞典のそれと非常に近い。つまりそこでは、「わたし」がいて、その周りのスケールとして、「対象の」スケールと、「関係の」スケールとがある。

宮脇檀は、美学的なもの、物理的機能、心理的機能などのすべてにオーバーラップするのがスケール（寸法）であり、スケールという作業は、ある物と他の物とを比較する作業であると述べている（宮脇［1970］）。本書では、作業をともなう言葉、動詞化される概念をingをつけて呼んでいるから、空間（SPACE）、かたち（SHAPE）のときと同じように、スケール（SCALE）に対しても**スケーリング**という言葉を追加しよう。スケーリングにおいては、原則は複数の対象を比べることになるから、そこでの問題は関係のスケールであることが多い。けれども定義上、対象のスケールへの思考でもありえる。そのとき比較されるのは対象の、慣習としてのスケールとなる。

チャールズ・ムーアは、「スケールとは相対的なサイズ、つまり何か他のものと比較したときのあるもののサイズなのである」としている（ムーア［1978］）。ムーアはジェラルド・アレンとの共著『ディメンション』の副題を「空間・形・スケールについての考察」とし、それらを建築の根本的な3つのものとした。そしてそれぞれを各論とする3つの章を論文の前半部に収めている。

建築における空間とは空虚な空間の一つの特殊なカテゴリーであって、現象的には建築家が空虚な空間の一部に形とスケールを与えることによってつくり出されるものである。

（「空間」、書き出し）

形はいろいろな物とその意味についての関心を呼びおこす。建築家は意図すると否かにかかわらず建築に形を与え、そして建築を眺めたり、あるいはその中に住む人々は充分に意識しているか否かにかかわらずこれらに反応を示す。こうした反応に潜むディメンションはいささか測定しがたい。

（「形」、書き出し）

形が個々の物の意味を扱っているように、スケールは個々の物理的なサイズを扱っており、従って他の物に対する総体的な重要性と意味を扱うということにもなる……どの建物のどの部分も一定のサイズを持っている。故に、いろいろなサイズをある秩序に従って並べたり、場合によっては特別のサイズを選んで効果を演出するというようなスケールの問題は、すべての建築家が等しく格別の関心を示す対象であり、多くの議論が取り交わされていることでもある。（「スケール」、書き出し、一部省略）

ムーアの定義は少しわかりにくいかもしれないが、次のように、先ほど本書で位置づけた語を挿入してみるとわたしたちがこれまで整理してきたこととおおよそ同じことを言っていることがわかる。つまり、「スケールとは相対的な〈対象のスケール〉、つまり何か他の物と比較したときのある物の〈対象のスケール〉なのである」となる。

「おおきさ」の度合いとしてのスケール

さて、「スケール」とはそもそも何かということにわたしたちはまだ明快に触れていない。わたしたちはスケールには、対象のスケールと、関係のスケールがあるとした。それらはスケーリングにおいて、対象と慣習との関係として、また、対象どおしの関係として、それぞれ見つめられる。では、そもそもスケールとは何か。本書では単純にそれを「おおきさ」の度合いとしたい。スケールとはおおきさの程度である。そして対象のおおきさと、関係のおおきさとがある。あるいはもし、では長さはどこにいったのかと、自身の中で消化しづらい人は、空間の名づけの章にならって、「スケールみ」という言葉を導入してもよい。「スケール」は「おおきさ」あるいは「スケールみ」の度合いとしてわたしたちは把握する。

プロポーションとスケールを対の関係として位置づけたものとして、本章の冒頭で取りあげたフィリップ・ブドンによる定義がある。ブドンはその著書においてプロポーションを「同一の空間の中で1つの部分とその他の部分とが有する比の関係」、スケールを「一つの空間の一部とそれとは異なる別の空間の一部との比の関係」と定義している（ブドン［1978］）。ブドンのスケールに関する言葉の定義はもっとも厳密である。しかしよく観察するとわかるのだけれど、本書の言葉で整理するなら、後者の「スケール」は本書で言うところの、対象のスケーリングを指している。順を追って見てみよう。プロポーションについて、ある「同一の空間」には複数の対象がつくりだす関係がある。だからブドンの言う「ひとつの部分とその他の部分と……の関係」を取り出すことができる。それをブドンはプロポーションと呼び、本書においても同様の呼び方をしている。

次にブドンの言うスケールは、本書の用い方と少し異なる。ブドンは複数の対象がつくりだす関係としての空間（字面で追いやすいように以下「関係空間」という言葉を使おう）を複数設定している。ある関係空間と、もうひとつ別の関係空間を取り出して、それぞれの中の対象を、違う関係空間の中の対象と比べる作業という壮大な視点を導入している。太陽系の中の地球を、別の宇宙のある銀河系の中の惑星と「おおきさ」を比較するという作業である。ブドンはその比の関係をスケールと呼んでいるけれど、本書ではその場合には2つの対象を取り出した時点で新しい関係空間が生まれていると考えることにする。むしろ、別のところの対象を取り出して比べるという、通常の建築空間を制作する過程ではなかなか気づきにくい、その作業そのものの重要性に名づけを与えて、スケーリングと呼び、意識化しよう。

ところで、最近、ダックスフントと暮らし始めた。飼い始めていろいろ調べて知ったのだけれど、ダックスフントには9種類いるらしい。まず、そのおおきさで3種類。スタンダード、ミニチュア、カニンヘンと、おおきさによる分類がある。わたしが飼い始めたのはカニンヘンでもっとも小さく、ついでミニチュア、スタンダードの順に大きくなる。境目が曖昧な気がしてならないものの、とにかく3種類に分類される。そして毛の長さと質で3種類。スムース、ワイヤード、ロング、となる。スムースはもっとも短い毛並みで、ロングはそれに対して耳の部分などの毛が長く、ワイヤードは毛が太く縮れている。すると、我が家の犬は、カニンヘン・ダックス・ロングヘアードとなる。ペットの分類にも、スケーリングがなされていて、そのつどの名づけに、いくつかの外の世界が参照されて比較され、類似が発見されていることに気づく。たとえばスタンダードとミニチュアは、ダックスフントの世界における比較であるけれど、カニンヘンは犬とウサギの比較である（カニンヘンはドイツ語でウサギの意）。犬と兎がスケーリングされる。ブドンの言うス

ケールが取り出される。それは「おおきさ」だけを取り出す作業による重なりの発見である。この重なりによる名づけに、また、毛の種類の名づけが重ねられていく。そうした作業の積み重ねが、対象と関係に多様性を与えていく。建築の設計もとても近いと思う。

モデュールというスケール

建築のスケールについての重要な試みとして、「モデュール概念」がある。建築空間を見出すときに、洞窟的空間であるならば必要のない概念であったのだろうが、構築的側面あるいは構法的側面を建築がもったとき、そして建築を体系的に捉える欲求があらわれたときに、このモデュールという思考が生まれる。

建築においてもっとも有名なモデュールはル・コルビュジエのモデュロール（Modulor）だろう。モデュロールはmodule（寸法）とSection d'or（黄金分割）を合わせたル・コルビュジエの造語であり、成人男子の理想の身長とされる182・9㎝から住宅の基本寸法2・26mを導いている。黄金比はモデュロールをはじめとして、後に述べるような日本のさまざまなモデュールの試みに登場する。その比は1：1・618である。

日本の建築分野で、モデュールの研究と実践が盛んになされたのは一九五〇年代中頃である。その当初の目標は、ル・コルビュジエの思想と同様に、建築のスケールにおいて、プロポーションとしての視覚的側面とサイズとしての機能的側面・工業生産的側面の3つの条件の統合をめざすものであった。ル・コルビュジエのモデュロールを基礎に、工業生産的な側面を満たすよう改良したものとしては、丹下健三の「丹下モデュール」や池田武邦の「MOR」、内田祥哉の「Dφ」、浦辺鎮太郎・松村慶三の「KM（倉敷モデュール）」などがある。これらのモデュロールと同様に、プロポーションとしての役割が大きい。

それらに対し、伝統的寸法に対応する機能的側面や規格サイズに対応する工業生産的な側面を満たすことを優先させたものとして、池辺陽の「GMモデュール」があげられる。池辺は所属した坂倉準三の事務所でもちいていた3mモデュールを出発点とし、5×2^nで表される倍数モデュールを考案した。これは伝統的な寸法に近い値を満たし、さらに等差的性質を等比的数列に組み合わせているため工業生産に必要な反復性をもちあわせていた。また、池辺の弟子の難波和彦は一連の箱の家シリーズにおいて、建築の平面計画のモデュール寸法を構造の種類ごとに部屋の広さと構造スパンとの調整から決定し、それとは別に、高さ方向は階段の蹴上寸法180㎜をモデュール寸法とし、他はその倍数によって決めるといったように、恣意的なプロポーションを排することを徹底している。

これら以外にも、フィボナッチ数列を基礎とした大成建設の「OKモデュール」や、フィボナッチ数列とGMモデュールを基礎とした駒田知彦の「奇数倍モデュールIM」などのモデュールが考案された。近年では、難波和彦の箱の家シリーズにおける規格化や、山本理顕のエコムスハウスにおけるラチスパネルなどに、建築家によるモデュールの開発例が見られるが、複数の作品に展開されることは稀と言える。しかしながら逆に、カタログ化した建築部材や建築構成要素を建築家が選択するという現在の建築設計の状況は、決められたいくつかのモデュールの中で建築家が設計していると言える現状がある。近年ではレーザーカッター、さらに3軸CNCの普及により、建築の構築性が新たな局面を迎えようとしている。そのときにはまた、モデュールの概念の再考が必要かもしれない。

「スケール」の建築史

スケールという語をその定義からここまで追いかけて、その関連としてモデュールについて整理した。ここで、スケールの歴史的位置づけを振り返っておこう。

スケールは、前の2つの章で見た、空間とかたちとの2つを秩序づけるものと捉えられる。古代において、建築の決定的な事柄は、そのサイズとプロポーションであった。たとえばギリシア建築において重要視されたのは、部材のオーダーであり、そしてプロポーションであった。ウィトルウィウスは『建築十書』において、シュムメトリア（symmetria）という概念を設定し、建築の造形美をつくる6つの原理のうちの1つとしている。シュムメトリアとは、建築の一部分を計測単位であるモドゥルス（modulus）として選び、その他のすべての部分をモドゥルスで計測可能な量として成立させることによってえられる、一種の抽象的な均衡に基づくものである。この比例関係は原則として建物のおおきさによらず、様式ごとに一定であり普遍のものであった。

このような考え方は、ルネサンス期の建築家に比例論として再認識された。アルベルティやパラーディオは、その比の数値を音楽や幾何学などに求めている。ルネサンス以降、このような比例原理のうちに建物が設計され、建物の性格に合わせた唯一の形態の比例を求めたマルク＝アントワーヌ・ロジェや、建物を単純な幾何学形態の集合と構成要素間の比例から成立させようとしたルドゥーに至るまで、建築の歴史はプロポーションの操作が中心であり、スケールについて明確に定義したものはなかった。

19世紀に至って、ヴィオレ＝ル＝デュクが『フランス中世建築事典』の中で、スケールとプロポーションという2つの項を設け、スケールをプロポーションから区別して定義する。このスケールとプロポーションを異なる概念として位置づける考え方は、先に触れた20世紀のブドンやムーアの定義に連続してゆく。

空間とかたちとスケール

空間とかたちの二元論に秩序の話をもちこんだのは美術史家のハンス・ゼーデルマイヤである。ゼーデルマイヤは「建築とは諸芸術を秩序化する力」であるとし、空間とかたちが二元論として

語られることの定着を批判した。モダニズム期における、この秩序という概念についてフォーティは、

モダニズムの建築サークルの内部では、1920年代から60年代にかけて「秩序」は強力な概念だった。というのもたしかに多くの実践家にとってこの概念は、彼らの活動を正当化し社会的な領域に介入する権利をあたえるものだったからだ。……「秩序」に包摂される意味の幅は当惑するほどに大きい。（フォーティ［2005］）

と述べ、ル・コルビュジエとミースの以下の言葉を引用している。

建築を創造するとは秩序（オーダー）を与えることである。何に秩序を与えるのか？ 機能と物体（オブジェ）である。（ル・コルビュジエ［1984］）

物質から目的に即して作品を創造するという長い道のりにはたった一つの目標があるだけだ。神に見捨てられた現代の混乱から秩序を創造することである。しかしわれわれが欲しているのはそれぞれの事物にふさわしい場所を与える秩序であり、われわれはそれぞれの事物にその本性にふさわしいものを与えたいと願っているのだ。（ミース［1938］）

また上松佑二によれば、ユリア・フォークト＝ゲクニルは『建築の基礎概念と包囲空間の体験』（1951）の中で、ゼーデルマイヤを除くアロイス・リーグル、アウグスト・シュマルゾー、ヴェルフリンらの美術史家が空間を形象的、幾何学的にのみ把握していることを批判し、空間論に規模をもちこんだ。フォークト＝ゲクニルは「広さ」（ビザンチン的、軽い、拡散）、「狭さ」（ロマネスク的、量塊、圧迫）、「方向付け」（ゴシック的、無限）という3つの典型的な囲みの空間体験を分析した（上松［1997］）。

こうした、規模や秩序といったスケールにまつわる言葉は、建築がわたしたち、つまりつかう側を前提とする限りは、当たり前のように考慮される。空間とかたちがあっても、その内部が10㎜の高さであれば、人間にとっては建築ではない。少なくとも「つかう」建築ではない。さまざまな時代の空間意識を検討した高階秀爾が言うように、建築においては、単なる尺度の差がときに決定的な次元の差をもたらす（高階［1967］）。こうしたことについてブルーノ・ゼーヴィは「建築とは、虚空の尺度の総体、人間が動き、暮らす内部空間の総体である」「たとえば半分に切りつめられたギリシアの神殿などはおもちゃになってしまうし、二倍にすれば、ネオ・ヘレニズムの鼻もちならぬ代物にしかならない」と建築における尺度の重要性を述べている（ゼーヴィ［1966］）。フランク・ゲーリーは、建築と美術の違いを質問されたインタビューで、「簡単なことです。建築には窓があり、美術には窓がない」と語ったという（隈［1994］）。なるほど窓がある以上、空間とかたちがあり、そしてその窓を見るわたしたちに適したスケールが存在し、そこには建築があると言えそうである。

さまざまな世界とのスケーリング

ところで、日本人が論じた最初期の総体的な建築論の著者である森田慶一は、『建築論』の中で、建築の芸術性の問題として、次の3つの命題を掲げている（森田［1978］）。

①建築は空間芸術である
②建築は形式芸術である
③建築はヴォリュームを感覚質として成立する芸術である

この③はまさにスケーリングのことであって、「おおきさ」の度合いを感じるということだ。スケーリングを人間の世界、建築の世界、都市の世界、そして、社会・国家の世界と、縦断的に展開した丹下健三の文章を見てみよう。

> 人間を超えた尺度を採用していたのである。……群衆の尺度、高速度交通の尺度を考えているのであった。……平和会館の実施設計にあたって、人間の尺度と社会的人間の尺度の対位によって建築

を構成してみようという野心をもっていた。……記念陳列館では、社会的人間の尺度による主構造に対して……人間の尺度による鳥籠構造をなすルーバーが交錯してゆくものであった。……10514 : 6498 : 4016 : 2482 : ……: 86 : 52の系列が凡たる部分の寸法を決定している……
……20世紀後半の都市像は、これらのスーパー・ヒューマン・スケールからマス・ヒューマン・スケールへ、そうしたヒューマン・スケールまでいたるスケールの序列なしには考えられない。

(丹下[1954]「建築の尺度について、または、空間と社会」《広島平和記念陳列館》)

複数の対象(人間のスケールと群衆・社会的人間・高速度交通のスケール)による異なるスケールを同時に設計にもちいて建築を構成するという新たな設計手法を基盤として、コンセプトが語られている。
以下、建築家のスケールに関する言葉の言い回しを少し取り出して眺めてみよう。

知覚される幾桁もの身体的スケールの断絶感が……身体の内部に知覚された特殊な像を生み出す。内触覚的な空間が立ち上がる。

(磯崎新[1999])

身体とその動きの寸法を直接空間に写すことで身体から周辺に広がる風景のスケールを感じる場とする。

(宮晶子[1999])

空間はすべて、このメガ・スペースに面することによって、またそれらの間のレベル差の設定によって、全体としてのまとまりをもつ。
（船越徹［1976］）

車のスケールの空間（道路）が建築内にまでそのまま連続的に持ち込まれるのである。その連続性によって、ニュータウンのダイナミックなスケール感は建築自体にまで表現されることになる。
（伊東豊雄［1994］）

2，400のモデュールで26本の円柱を等間隔に並べ、連続して架けられた梁の存在により、空間を分節し、生活行為の移行にグラデーションを与えた。
（谷内田章夫［1993］）

それらの空間がもっているプロポーションは、「気持ちがよい」住宅になれた目で見れば、たぶん奇妙に映る……「目的なくまずは動きまわる」という人間像あるいは生活像に係わるひとつの試みである。
（青木淳［1994］）

空間に現象する知覚的な性質について述べるものや、空間の連続や分断などの空間相互の関係について述べるもの、また、人間のさまざまな行為や生活・空間における機能とスケールとの関係について述べるものが見られる。建築のスケールだけでなく、風景のスケールや、ニュータウンのスケールと、建築家はさまざまな環境を横断して新たな環境を事物の重なりとして生み出す。

大きなものと小さなものとの弁証法を試みたごとくにものの大小の意味を考え、その対置併存によるそのスケール感の惑乱と意味の拡がりを目指した。（石山修武［1975］）

見る者に各々の視座から多様な意味を読み取ることを可能にし……。（室伏次郎［1982］）

ののびのびとして力強く、しかも無理のない自然な形態として求めるべく、特にプロポーションに重点をおき……寸法的にはO.K.モデュールを使用した。（高杉敏［1961］）

カタチとスケールは連動している。（竹山聖［2001］）

都市を受け止めるファサードと、市民公園を媒介として静穏な住居地に連なる背面とは、環境条件が異なる以上、当然スケールが変わらなければならない。（岡田新一［1972］）

ふたつの全く異なるスケールの風景にどのように対応するか。（早川邦彦［1991］）

日本の都市が、今日結果的に臨床としての猥雑さや矮小さ、つまりsmallnessの非業以外のなにものをも示していないとすれば……「巨大さ」——bignessは当然のごとく浮上する簡潔な処方箋である。（高松伸［1996］）

建築を人びとに開こうとしたならば、控えめな寸法の粒子へと、建築を分解すべきではないか。（隈研吾［2007］）

1920はコルビュジエの1830のごとく人体の生理的寸法ではなくて人間の生活寸法であるから、エレベーションにもプランにも使える。その他の点ではKMはまったくModulorと同じ法則性に立っている。（浦辺鎮太郎［1960］）

諸条件を背景として発見された自然数列、7・8・9の3次元的置換操作により……各層の開口部の数がそれぞれ下から7・8・9・9となり。（増田実［1989］）

ベーシックスペースブロックというツールを開発した……寸法（立方体の一辺の長さ）は自由に決められる。（小嶋一浩［1998］）

「小ささ」の欠点を解決するのではなく、「小ささ」にしかできないことは何かと考えるべきである。
（塚本由晴［2003］）

建設できる敷地はわずか15坪である……ミニマム（最小限）な構成で住宅という形式を成立させる。
（吉松秀樹［2002］）

常に人間的尺度に対して強靭な主張とチェックが必要であり、尺度に合致していなければ、システムの方を修正する。
（菊竹清訓［1974］）

無機質な数列的構成を探ることによって、高原の建築という観念的コンテクストに左右されないスタンスを取った。
（竹内武弘［1991］）

7、700㎜というモデュールですべてが貫徹されている……システムにこだわったのは、「私」の思いつきのようなものによって決められているのではなくて、何らかの根拠がある。そう見えることを期待したからである。
（山本理顕［1999］）

建築容積をなるべく節約して建築単価を下げる意図をもって天井高には使ったモデュール寸法のな

かから225㎝が選ばれた。

（池田武邦［1962］）

機能的システムと生産システムとの結合が、今回の作品を通じて行われてきた中心のテーマで……ユニット・サイズと、構成法に重点をおいて設計を進めた。

（池辺陽［1965］）

こうした多数の文章を眺めていてわかるのは、建築家は、人体寸法、子どもの行動寸法など、建築に近い空間のスケールを参照するだけでなく、民家、パラーディオ、エジプト建築、西欧の広場などのような、今建築を建てているところと空間的・時間的に離れた建築や風景のスケールも参照する。さらには、黄金比、数列モデュール、立体格子といった、わたしたちの可視世界からも離れて、概念としてのスケールとの関係を見つめることもある。

古典主義建築などに見られるような比例の美の規範がほとんど成立していない現代の状況においては、建築家はさまざまな世界とつながりスケーリングする。これはスケールに限ったことではない。前章と前々章で見たように、空間、かたちに関しても、さまざまな国の文化を参照し、さまざまな分野の言葉を参照し、そこに見られる空間、かたち、スケールを取り出す。これまで分断されていたものとの回路を開き、ある重なりを発見する作業でもある。

空間の名づけの章と、かたちの名づけの章で、わたしたちはそれぞれ、空間と場所の重なり、

SPACE
SHAPE
SCALE

恣意性と非恣意性の重なりを感じられるような視点を導入しようと試みた。それらは普段重なりがたく、喧嘩する二項対立だった。スケールにおいては、サイズとプロポーションという2つが対比的な語である。けれども、この2つは特別仲は悪くない。ここまで見てきたように、ある対象を「おおきさ」の度合いとして眺め見つめれば、ときにサイズとして語られ、ときにプロポーションとして語られる。それはその対象が対峙する相手の違いにすぎない。

なんだかめんどうな手続きを踏んだけれど、ようやく、空間、かたち、スケールについて、わたしたちの周りのいろいろの物たちを、自由に、重ねられるようになった気がする。すべての世界のいろいろの物を対象として、関係として、眺められるようになれば、新しい建築の重なりと名づけも見つけだせるのではないだろうか。

第3部 新たな重なりをめざして

16 夢の空間の名づけ——ユートピア

どの家にも入口は二つある。一つは表通りへ、も一つは裏の庭へという風に。どちらの入口も両開きになっていて錠もかかっていなければ閂もおろされていない。指先で一寸押しただけでもすぐ開くし、閉まるのもひとりでに閉まる。したがって家の中に入ろうと思えば誰でも自由に入ることができる。それというのも、家の内には私有のもの、つまり誰々個人のものといったものがないからである。家そのものは十年ごとに抽籤によって取換えることになっている。

トマス・モア『ユートピア』

愛と憎しみのユートピア

なぜユートピアに着目し始めたかはもう微かにしか覚えていないけれど、建築や都市に興味がある人であれば、ほとんど誰もがその世界を、あこがれをもって見入った経験はあるだろうと思う。それくらいに、わたしたちの世界とは別の、どこかにあるのかないのかよくわからない世界は、魅力的であり、そして同時に反面教師的である。2016年にユートピア（的な物）の事例を数百という数で蒐集して、いくつかのシンポジウム・対談・リサーチをまとめた小冊子（『Whole

Utopia Catalog』（２０１７年）を制作した。そのとき、冊子に次のような巻頭言を載せた。

ユートピアは、かつて世界が工業化の波に不安を覚えるさなかに、より良い環境を夢見て想像されました。

いま日本で、世界で、工業が汚してしまった環境への優しさが叫ばれています。そこはたくさんの正しい言葉でみたされています。ですが、そこにしばしば登場する「エコ」という言葉は、はたしてどのような役割を担っているでしょうか。

私たちの地球。人間は大昔から大地の意味を思惟し、場所に憧れてきました。大地と場所を「工業」が覆い尽くしたときに、「エコ」がそれを断罪してきました。今私たちは、より大きな繋がりをもつエコロジーに期待をしています。ですが、注意深く見てみるとたいてい「エコ」は裏で「工業」とタッグを組んでいます。そんな胡散臭い「エコ」を「工業（エゴ）」と呼んでみることにします。

１９６０年代に地球環境への思いが高まったとき、『Whole Earth Catalog』という雑誌が創刊されました。そこでは私たちの地球の資源がもう無くなるよと訴えていました。同じことが50年経ってまた繰り返されています。

ユートピアは本質的に「工業（エゴ）」でできているように思えます。それはまるで今の日本のようではありませんか。人間が安易に逃避してしまいがちなユートピアとは何なのか。本当に必要なエコとは何なのか。今一度見つめ直すために、この切断の世界のカタログをつくることにしてみました。

このときにもやはり、ユートピアにどこか敵対心をもっているのがわかる。ユートピアはもともと、トマス・モアが1516年に書いた小説に登場する不思議な島国の名前で、小説のタイトルでもある。時代はおおよそ大航海時代。海の向こうのまだ見ぬ新しい世界を、素晴らしい世界として想像して夢見ていた時代で、そんな時代だからこそこの小説は人気を博したのだろう。けれど、トマス・モアもただ手ぶらで極楽浄土を描いたわけではなくて、むしろそこにはわたしたちと近い批判的な思いからこの小説を書いたのではないかと想像する。

ユートピアはUtopiaと書く。「Ou」は否定の接頭辞で、「Topia」は場所だから、文字どおり「どこにも存在しない場所」を示すトマス・モアの造語である。ただ、発音がEutopia（良い場所）と似ているため、楽園、パラダイスなどの理想郷的イメージとのダブル・ミーニングが見られ現在に至る。先に述べたように大航海時代はまさに理想の島ジパングを探し求めていたわけで、ユートピアにはそうした楽園的イメージが重ねられた。

ユートピアの反対は一般にディストピアとされているけれど、実はそうした荒廃性はモアのユートピアの中にすでに見られる。また、ヘテロトピアという語は、おそらくミシェル・フーコーが1966年におこなったラジオ講演が初出と思われるが、「他なる場所」という意味合いである。地理学者のデヴィッド・ハーヴェイはこの言葉を「数多くの断片的な可能世界からなるひとつの不可能な空間における共在」とし、モダニズムの空間に対抗する空間として定義している。それはちょうどコーリン・ロウが『コラージュ・シティ』などで述べたような同時存在性の議論と近いように思う。

ユートピアのキャラクター

そうした数多くの混乱したユートピアたちの、やはりたいへんに多様な性格を整理していくと、おおよそ次のようなキャラクターが浮かび上がる。それは「分断」「人工・幾何学」「反復」「規律」「清潔」という5つである。

もともとのユートピアの5つの特徴

「分断」——何かから切断されていること
現在からの時間的切断、無歴史性、パラレルワールド、今いる場所からの場所的切断、オリエンタリズム、天上世界、地下世界、宇宙世界、未来世界、海中世界など

「人工・幾何学」——人間の理性や技術を志向すること
テクノロジー、機械、ロボット、SF、求心性、同心円、

直線、グリッドなど

「反復」――同じ物の繰り返しでつくられていること

無個性、単一、一様、ユニフォーム、匿名性など

「規律」――管理社会的な世界観を求めること

ルール、スケジュール、時間割、管理社会など

「清潔」――ゴミや異物のない明るい空間をつくろうとすること

隅々まで明るく闇がない、衛生的など

とくに「分断」はとても重要な性質に思える。何かから切断されていることは、物的にも非物的にも取り出せて、その大本はやはり大航海時代の海の向こうの黄金の島国のイメージである。別の場所の不思議な国のイメージは、スウィフトの『ガリバー旅行記』やカンパネッラの『太陽の都』などでも描かれるし、わたしたちが今いる大地からの切断は、メタボリズムの空中都市や海上都市、アーキグラムの動く都市、数多くのSF小説やアニメーションにも繰り返し登場する。そして空間的分断はそのままバックミンスター・フラーらがめざしたドーム内の制御された空間の思想ともつながる。多くの物語では時間的切断としてのループやパラレルワールドの手法がもちいられ、そこにはつねにゴールとしてのユートピアと現世界との対比が設定されている。

けれど、ユートピア的と思える事例を見てゆくと、この5つのキャラクターだけではどうにも

説明できない、裏側のキャラクターも見えてくる。それは、「連続」「楽園・自然」「個性」「荒廃」の5つである。

もともとのユートピアの5つの特徴に相反する5つの特徴

「連続」――何かとひと続きの先にあること
　　　　　現実世界からの連続、シュルレアリスム的連続、
　　　　　今いる場所とつながっているどこかなど
「楽園・自然」―理想郷、桃源郷、手つかずの自然楽園のイメージ
　　　　　パラダイス、南国、自然形態、自由曲線など
「個性」――周りから際立っていること、複数性
　　　　　異種混合、多様性、バリエーション
「自由」――何もルールのない無秩序な状態
　　　　　無法地帯、法律のない世界、裸族
「廃墟」――ゴミや異物の蔓延する暗い世界
　　　　　ディストピア、暗さ、ゴミ溜め

これらの5つは、ちょうど先にあげたユートピアの5つの特徴と相反する特徴である。不思議だけれど、たとえば2016年のディズニー映画『ズートピア』ではおおよそユートピア的特徴が見出せる一方、多様な動物が個性をもって同じ島で生活するというイメージは、一様なユニフォームで書き割りのように存在するユートピア人のイメージとは相反する。また、エンデの『モモ』でみなが幸せに暮らす家は、延々と同じかたちの家だけれど、その様子はとても薄暗い都市イメージで描かれる。わたしたちが今目にするユートピアは、こうした特徴が組み合わされることでできている。そして、それらの特徴を眺めると、最初の5つの特徴は、「現代都市日本」の特徴、後半の5つの特徴は、「東洋の神秘の島国ジパング」の特徴のように見えてくる。2種類のユートピア的イメージが同居しているのが、今わたしたちの生活している日本と言えるだろうか。

ユートピアを超えて——Aと非Aの重なり

ここで、わたしたちのいわゆる基本的人権をおさらいしてみる。

平等権——生まれによる差別をなくす
社会権——人間らしい生活を送る

自由権——精神・身体・経済活動の自由
参政権——ルールづくりに参加する
請求権——ルールに護られる

基本的人権は少しずつ時代に応じて調整されているものの、単純化するとこのようなものである。往々にしてそうなるのは仕方ないかもしれないけれど、こうした法の言葉は厳密性をもつ必要があるがために、逆に包括的で曖昧だ。たとえば平等であるためには通常、不平等を排除しなくてはいけない。当たり前のことだけれど、本当はそれが難しい。平等を絶対視する世界は、平等という環境と不平等という環境の同時存在を認めない世界となる。だから、歴史を重ねたユートピア群には、反復と個性の同時存在を主張する世界がときに描かれる。またあるいは社会権を見てみれば、それは誰もが人間らしく生活できる社会の実現のための権利で、弱肉強食となる社会を国が排除することが重要となる。しかし世界を見渡してみればその断絶はいつまでもなくならない。SDGsの目標を見てもやはり強い対比が設定される。内容こそ正しいものの、「不平等をなくそう」「貧困をなくそう」と一方が否定される言い回しがそこにある（ところで平等性と道徳とについての議論においては一見すると優しい主張の中にもどうもおかしな傾向がかいまみられる。平等権は非常に重要で基本的なものであるのは言うまでもないけれど、日本の「道徳」教育はこの平等権を学ぶうえでどこかねじ曲がった思想を植えつけてきたようにも思う。わたしたちは「道徳」の授業で「弱者への配慮」というものを学ばされる。それは弱者を助けようというものである。老人を労ろうとか、かよわい女性を守ろうとかそうしたものだ。それ自体は社会生活のうえでもちろん良い日常をつくるきっかけになるだろうけれど、重要なのは老人や女性は「弱い」から「強い」ものが守ってあげているというものではなく、すべての人は平等だからその権利を侵されない社会をつくらねばならないということであるはずだ。弱者は強者の思いやりによって生きながらえているわけではない。強者に思いやりがあろうがなかろうが、当然平等に生きられる社会でなければならない。それをはき違えると、「男性専用車両もつくれ」みたいなおかしな主張が起こるし、強者と弱者の対比がつくられてしまう)。

もちろん不平等も貧困も世界からなくなった方がよい。問題はそのときの名づけなのだと思う。対比をつくってしまう名づけは、切断をする思考である。切断されたAと非Aの一方を選択する思考ではなく、その双方が重なりうる環境づくりをめざす思考にわたしは立ちたい。ユートピアの一群は、「平等／個性」「清潔／廃墟」「規律／自由」という対比を行ったり来たりしながら、また、「分断／連続」「人工／自然」という対比の表現をさまざまに使いながら、その両極の重なりへの道筋を模索してきた歴史のように感じる。

「ありえたかもしれない」音をさがして――あるアーティストとの対話

ユートピアに思いを巡らしていた頃、mamoruさんという音をテーマとするアーティストに出会った。彼はわたしたちの環境にある音と、そこにはないけれどどこかにあるかもしれない音の両方を扱おうとしているように見えた。彼の展覧会のリーフレットには次のように記されている。

mamoruはこれまで、身近な物や行為から生まれる微かな音をとりあげた『日常のための練習曲』に始まり、ある場所にまつわる歴史上の人物、出来事をとりあげ、資料やインタビュー、フィールドレコーディングを通して「音風景」を書きおこした『THE WAY I HEAR』などを経て、テキストを「想像のためのスコア」として捉えた制作活動を行ってきています。彼の制作活動では、聴覚を通して経験・知覚できる潜在的な可能性を引き出すことともに、「聴く」という行為を想像上の「音」へと概念的に拡張することが大きな重要性をもっています。「聴くこと」は、実際に見えたり聞こえたりするものの知覚だけでなく、不可視的でかつ実際には聞こえていない事柄にも同じように関わる行為です。

作品にみられる、テクスチュアル・フォノグラフィー（textual phonography）ともいえるテキストで描かれた描写は、想像的に「聴くこと」を生み出すテキストです。読み手はテキストを追いながら心の中で無音の発音を聴くとともに、テキストの描写から生まれくる想像上の音を聴き取ります。つまり、「音」について読んだ／聴いたという知覚の行動のなかに、読み手／聴き手が想像上で別の音を生み出しているということでもあるのです。（展覧会リーフレットより）

mamoruさんの作品は、わたしたちが言説や図面表現などの建築の記述を収集・検討していたときに考えていたことと、とても近しさを感じた。さらにそのときに気づく微かな感覚を、非常に鋭く作品化しているようにも思えた。ありえたかもしれない歴史や風景の想像から、こうしたありえたかもしれない音が生まれるのかもしれないし、ある音からありえたかもしれない歴史や風景が想起されるのかもしれない。ユートピアも、どこにもない場所でありながら、完全な空想ではなくて、現実の先にある虚構であるような気がする。

mamoruさんは2016年に、「ありえた（る）かもしれないその歴史を聴き取ろうとし続けるある種の長い旅路、とくに日本人やオランダ人その他もろもろに関して」という、長い名前の作品を発表した。実現しなかったけれども、ありえたかもしれないものとそれにまつわる歴史とか意味とかイメージとか音とかが作品には表現されている。それらは、ユートピア的な想像とどこかで重なるなと思った。もともとユートピアはどこにもない世界なのだけれど、でもどこかに良い世界として存在するんじゃないかというような、ありえるのかありえないのかよくわからない世界で、その世界を求めて旅をする。そうした意味では現代と時間的・場所的に切断された世界なわけだ。mamoruさんの作品の、ありえたかもしれない歴史、そこにはもちろん音があるであろうわけだが、ありえたかありえなかったかわからない歴史においては、音も想像の音となる。彼にインタビューをした。

もともと音楽をやっていた時からずっと今に至るまで、連なっている興味というのは、音そのものがなんなのかということがあって。目に見えないし。その、目に見えないことの不確かさ、そしてそれがひっくり返ってのリアルと。そして同じくらいに聞く行為というものに感覚として興味がありました。だから「聞くこと」と「音そのもの」の両方に関心がありました。

そして、そうした不確かさが、可能性を広げるのであり、その「広げ」は創造のメカニズムに近いとmamoruさんは言う。

わたしたちも日常的に、リアルなんだけど、それがあるときリアルじゃないものに見えてくる、とか、聞こえてはいるけれども現実と違うものに聞こえてきたり、逆に聞こえていないのに音がしたように感じることもある。現実の延長上に、現実か非現実かちょっとよくわからないような世界がある。そうした現実と連続した非現実という感覚は、シュルレアリストがめざしたものにも近いかもしれない。そしてその感覚は「切断をやめる」という感覚、対比をやめて重ねるという、本書がめざした感覚にもつながらないだろうか。

以下、mamoruさんとの会話の一部を再掲する。彼の、ユートピア的な、ここではないどこかへの思索の話の中には、創作の糸口を見出す姿勢が見られる。

塩崎　mamoruさんは昨年（2016年）、「ありえた（る）かもしれないその歴史を聴き取ろうとし続けるある種の長い旅路、とくに日本人やオランダ人その他もろもろに関して」という、長い名前（笑）の作品を発表されました。これは17世紀にアムステルダムで出版された地理本（『*Gedenkwaerdige Gezantschappen der Oost-Indische Maatschappy in 't Vereenigde Nederland, aan de Kaisaren van Japan*』）に描かれた日本の姿の事実と想像のテキストとイメージから着想されたものです。実はその作品をわたしが拝見する前に、オランダ関係の会でお会いして、言葉の音とか語源とか、そういったことについての興味をお互いに話して盛り上がったのが最初でした。そのときは確か、建築の言説研究の話や、木村徳国先生の家屋文鏡にまつわる建築の型とその呼び名の話をわたしがして、mamoruさんがこの「ありえた（る）……」の話をされたように思います。その後作品を展覧会で拝見して、実現しなかったけれども、ありえたかもしれないものとそれにまつわる歴史とか意味とかイメージとか音とかが、ユートピア的な想像とどこかで重なるなと思って非常に楽しくなったのを覚えています。あのお辞儀のイメージの真面目なバカバカしさなんかは、リアルの延長にあったかもしれない不思議な印象を感じます。

もともとユートピアはどこにもない世界なのだけど、でもどこかに良い世界として存在するんじゃないかというような、ありえるのかありえないのかよくわからない世界で、その世界を求めて旅をするわけです。そうした意味では現代と時間的・場所的に切断された世界です。mamoruさんの作品を見て、ありえたかもしれない歴史、そこにはもちろん音があるであろうわけですが、ありえたかありえなかったかわからない歴史だから、音も想像の音となる。そうしたあたりに、問題意識を共有できるのではないかと思いました。あるいはなぜ

mamoruさんがそのような不可思議なことに興味をもつに至ったかを今日はお聞きできればと思います。

mamoru　もともと音楽をやっていた時からずっと今に至るまで、連なっている興味というのは、音そのものが何なのかということがあって。目に見えないし。その、目に見えないことの不確かさ、そしてそれがひっくり返ってのリアルと。そして同じくらいに聞く行為というものに感覚として興味がありました。だから「聞くこと」と「音そのもの」の両方に関心がありました。それがなぜありえたかもしれないという感覚につながるかというと、シュレーディンガーの猫じゃないですが、聴覚によって確認する行為は、ほぼ想定されていないと僕は思っていて、それはどんどん研ぎ澄ませば、たとえば後ろからの声が誰のものかわかるような、感覚的に捉えたことがある種の正解となることもあるのですが、ただ振り返らずにいなくなってしまった人が誰だったかを確認する手立ては聴覚にはないと思うんです。すると、そのときに自分が迷いさえすれば、「あの声は○○のものだ」「いや待てよ、あの低音はもしかしたら××のかもしれない」「いやそもそも知らない人の声かもしれない」「本当に聞いたのだろうか?」というように、可能性を広げる、結論を大きくすることができるというところが僕は魅力だと思っていて、それが「創造」というもののメカニズムと非常に近いんじゃないかということを感じています。つまり、聴覚から何らかの事象に迫ったときには創造の余地を消さずに済むのではないかと。

塩崎　音への興味から、「聞くことって何だろう」というところへ行くんですね。手の映像作品もすごく近い感覚だと思ったんです。リアルなんだけど、それがあるときリアルじゃないものに見えてくる。それは視覚だけど、聴覚でも聞こえてはいるけれども現実と違うものに聞こえてきたり、逆に聞こえていないのに音がしたように感じることもある。現実の延長上に、現実か非現実かちょっとよくわからないような世界がある。

mamoru　これを知識抜きに捉えるのは非常に難しいんですけど、感覚的に、世界が複数的であるだろうという前提で僕は臨んでいるので。視覚より聴覚に魅力を感じるのはそこなんですよね。たとえばこれを見て、コップではないかもしれない可能性を、視覚から感じるのは非常に難しいですけど、誰かが「乾杯、かちん」とやっていたときのコップの形状をバラエティをもって感じることは、耳ならできる。それがガラスのコップか陶器かっていう程度の浅い複数性ではない、もっと大きい複数的な世界というものが現実に存在して、それが世界のリアリティだとしたら、僕としては聴覚が一番それにアクセスしているんじゃないかなと。少なくとも僕にとってはそうですね。

塩崎　複数の世界を前提とする思考はヘテロトピア的思考ですね。最近、わたしの研究室では民話と建築の研究をしていまして、民話は代々口承でつたえられてきた物語なわけですが、現代においてもそのような物語は存在しているのではないかと、現代における民話を採集しようと考えるようになりました。現在、都市の再開発によってどんどん消えていく街並みがある。たとえばもうすぐ月島で、ある1つの区画がすべて消滅するんですよ。そこではどんな営みがおこなわれていたのか、そこに住む人には当たり前だった話や噂話や思い出話を採集する活動「現代民話採集部」をおこなっています。そうしないと、彼らがそこで生活していた事実が消えていってしまう。そのとき、積極的に「訊く」という行動が重要だと感じたんですね。そういう話は彼らにとってはとってもリアルな話なんだけど、わたしたちは実際にそれを見たことはないから、それを想像力でリカバーしなければならない。そうすると、語られた物語というのは、彼の中と僕の中では違う世界を形づくっているということになる。民話も同じで、そういうことの繰り返しでできていくという気がしていて、複数性の連続で伝わっていく。

mamoru　とくに話し言葉と言うのは、圧縮の技術というものがすごく大きくて、書き言葉というものは意図的にやるから実は技術と言うほどのことはないけれども、話し言葉と言うのは情報を圧縮してつたえて、相手にわかったような気にさせないと会話が流れないから、民話ってそれがベースになっているような気がします。ポテンシャルと言うか、字面以上のものをつたえようとしている。

塩崎　今、わたしは自分で話しておきながら、さっきmamoruさんが言っていたのと違うかも、と思ったのは、音楽の分野で一時期サンプリングして音楽をつくるというのが流行りましたね。あれは環境音を集めて再構成していたんだけど、mamoruさんがやっているのは、音を採集するのとはちょっと違う気がするんです。何かを見つけだしている感じがする。氷の水がポタポタ滴り落ちた音が音楽になる作品はどちらかと言えばサンプリング的ですが、その場合であってもそこに別の意味を見てる。

mamoru それは「日常のための練習曲」のうちの1つですね。これは90年代のリミックス、サンプリングに近いですね。現実に日常の中に存在している音を置き換えるというか、見方を変えることによって、価値を発生させるという。

塩崎 それと、ありえたかもしれない歴史に付随する音だったり、ありえたかもしれない音によって歴史を想像する、それは逆の方向性だと思いますが、そこで考えていたこととは、何か連続がありますか。

mamoru そうですね。連続と飛躍がありますね。「日常のための練習曲」における、僕のリスニングの拡張というのを、工学的なマテリアルから日常環境というところにマテリアルを拡張して、そのあとに想像の音という、実際には鳴っていない、周波数としては人間の可聴域にはない、想像上のフリークエンシーを自分のマテリアルにしようという、そこに飛躍があるんですね。連続性で行くと、リスニングのマテリアルを拡張していったという流れはあります。徐々に聞こえない音になっていくという。だから日常の音を拾っていたときは、忘れられて、微かすぎて誰も気に留めないような、みんなに見捨てられているようなマージナルな音に僕は反応しています。

塩崎　音の定義が広がったということ？

mamoru　そういう見方はあると思う。ただ、主観的な受け取り方が強いと思うんです。「これが赤色である」という割とコンセンサスを取りやすいことより、「これはこういう音だよね」ということの方が、コンセンサスを取りにくいというか。文化的な素地で「これはノリのいい曲だよね」ということはあるし、色だとか、高い音か、低い音かということはわかりやすいけど。

塩崎　色盲と同じようなことが音にもあるだろうから、いろいろな聞こえ方をするということなんだと思う。

中村　「聞く」ということと「聞こえる」ということは違うものですか。さっきの環境音などは、普段は聞こうと思っていないような音なわけですけど、それを主体的に選択するというか。

mamoru　そうですね。そのスイッチが入れば、突然広がるものがあったり。普段おそらく、聴覚の情報は情報量が多いから、ある程度無視しないとオーバーロードするんだと思うんです。よく言われる「カクテル・パーティ効果」というのは、都会におけるサバイバルの技術の一種だと思います。自閉症の人などは音の選択ができなくて、聞こえたものを全部覚えてしまうから閉じこもっちゃうとか。そういう人が優秀な演奏家になっていたりする例もあるんですけど。

塩崎　ありえたかもしれない世界と音の関係に迫る作品が旅路を1つの言葉のうえでのメタファーとしていたのに対して、今度おこなう最新の展覧会では実際に旅をして、その中で音を集めています。これはもう一度サンプリングに戻ったと言えなくもない。ただそのときに相手にする音の対象が広がったということでしょうか。

mamoru　その2つの作品群の間にもう1つ作品があるのですが、それは「The way I hear」というテキストベースの作品で、ベトナムで滞在制作しました。最初は現地の生活の音を集めて、自分のアイデアとつなげようと思っていました。結果的には「日常のための練習曲」の延長の作品として、風で物干しのハンガーがカチカチぶつかるときの音を集めた作品などをつくりました。それと同時に、ベトナムでは街の音を記述するということをやっていて、それは「サウンドスケープを書く」ということで、これは後で知ったのですが「テクスチャル・フォノグラフィー」という言葉があるんですね。このハノイの音の記述で何かできるのではないかと思った。何が気になったかというと一番は原付の音がすごいんですよ。どこにいても。静かな池と言われて行ってみても原付の音だけは必ず聞こえる。朝の4時から夜の11時半くらいまでずっと鳴っている。あるとき友人に、「俺が子どものときはこれが全部チャリだったけどね」って言われた瞬間に、原付の音に僕の脳がチューニングされていた状態だったのに、その音の量をそっくりそのまま自転車の音に置き換えられる体験ができた。その感覚がかなり面白いと思ったんです。そこでハノイの音大の学生に街の音を記述してもらって、それを金庫に入れました。

塩崎　原付の音に対して自転車の音が記述として掘り起こされて置き換わるような、音の記述が考古学的価値を帯びて掘り起こされるということですね。現在の街の生活を記述して記録するという点では現代民話採集とも通じますね。

mamoru　ハノイでは最初こそマイクで音を録っていたのですが、聞き返さないということに気づいて、書き始めたんですね。それが僕にとっては街に向き合うことだった。街に行ったときにはその歴史も知ろうとするので、音の記述と歴史がつながってくるんです。音にはアタック、ディケイ、サステイン、リリースがあるというのが物理的な考えなわけですが、リリースされた後の音を聞く方法があるというのにそのとき気づいたんです。

塩崎　今の原付と自転車の関係はどちらもリアルな音の置き換えですが、本来の音とその部分だけ置き換えると何かしらの齟齬が起こると思うんです。その部分だけがありえたかもしれない何かに置き換わって他の音はまだそこに残っているわけですから。

わたしが初めて上海に行ったときの体験で、mamoruさんの体験とバイクという点でもつながるんですが、あちらはバイクのほとんどが電動バイクなんです。それですごく大量に走っている。大量のバイクだけど音が静かなわけです。

そのとき考えたことがあって、あるはずの音がないのと逆に、ないはずの音をつけていることがコマーシャリズムの空間には多いと思ったんです。たとえばテーマパークではアメコミ的に音をつける。ディズニーランドの清掃員の掃除の動きに合わせて本来の音と関係のない効果音がスピーカーから流れるパフォーマンスがあったり。少し関係があるかもしれないことに、建築でもたまにおこなわれるのですが、意図的な誤読による意味の置き換え・拡張というものがあります。たとえばフェンスをテーブルだと思ってみるとか、机を床だと思ってみるとかの視点のずらしによって新しい場所の使い方が発見される。こういう音と行為や意味と場所との関係に違和感があると子どもなんかは素直に笑っちゃう楽しさなのかもしれない。こうした日常からのずれ、日常から非日常への旅路という意味で、mamoruさんの作品制作とユートピア的なもの、パラレルワールド的なものとの関係を聞いてみたいなと思います。

mamoru 失われた音をテキストで再生できるというアイデアにたどり着いてからは考えが変わった。歴史は記述であって複数的なわけだけど、音は現場直結性が本来ある。音を聞くとその音があった場所にいることができる、ということに可能性を感じて、聞こえなくなっているサウンドスケープを記述できないかなと考えています。その記述を見て音を聞いた人はそのある場所に居たことになりはしないか。タイムラインも音のアプローチで超えられるんじゃないかなと思うんです。その場所は本当の過去なのかどうかは関係なくなる。

塩崎 今、場所の話が出ました。ここまでお話しした中で音と行為の重なりへの興味を非常に感じるのですが、音と場所との重なりについてはいかがでしょうか。ある建物に行ったらある音を思い出すとか、ある音を聞いてある場所の記憶が蘇るとか。

mamoru あるでしょうね。都市を歩いていても、とくに神社の建物配置や地形によって静かな場所を意識的に作り出しているのを感じます。音と場所のつながりは、記憶の中の分解されにくいものとしてあるでしょうね。匂いもそうでしょうけど。多分にそうした組み合わせは主観的な部分があってそれによって強く記憶として残るように思います。

塩崎 スケールを知覚するときや、光を知覚するときは、たいてい他のいろいろな要素とセットで覚えていると思う。音もその1つです。mamoruさんの作品はその一部をスッと取り替えているような感覚があって、それがありえたかもしれない世界につながっているように思います。それは、ありえたかもしれない歴史との接続のみならず、今自分が見ている世界がひょっとしたら他の人にはこう見えているかもしれないという、共時的な多様性のある世界としても見られると思うのです。以前、共感覚（シナスタジア）の人の本を読んだのですが、その人にはそれぞれの数字に色が見える。でもそれは少なからずわたしたち皆にある感覚だと思う。

mamoru 音と記憶に関して言うと音圧というものがあって、音源が何であってどのように自分と関係しているかによって音圧が変わって、聞くという行為も全身で感じて音感となって、そして記憶となる。卑近な例えだと映画館のドルビーサウンドシステムなんかにプラスした4Dとか、あれの発想の元となっているのは音圧によって擬似的に音感を操作しているわけです。でも、人間はそこまで単純じゃないから（笑）インテリジェンスが邪魔をする。僕の作品でもレクチャーパフォーマンスのドキュメンテーション以外では映像に修飾する行為を放棄しているので、わかりにくいと思います。見たものだけが見える。それを解読というほどのことではないけど、映像のもっている方向を想像してもらったら願ってもないことなんです。そういう意味では僕はしっかりしたものに不信をもっているんです。建築の人にこういうことを言うのはあれですけど（笑）。確定した世界への不信感があります。

塩崎　消え去ってしかるべきという感覚ですね。宙吊りを良しとする。それはモダニズム批判でもあると思います。そのとき、どこかでリアルにつながっていることは重要ですか？つまり、音と記憶と場所の周囲で作品をつくるとき、完全なフィクションもつくることができるわけです。先ほどのバイクの話もそうですが。

mamoru　いろいろなフィクションが紛れ込むのもありうると思います。

塩崎　そうするとその世界における組み合わせのバリエーションは無限に広がりますよね。折衷にもなるし、アドホックな組み合わせにもなるし、ブリコラージュ的にもなる。

（2017年1月インタビューから抜粋）

ユートピアとユートピア的な建築の見方を考えながらそして、ある世界、つまりある環境の集まりにたいして、「ありえたかもしれない」という名づけを設定することの可能性を考えていた時期でもあったから、mamoruさんと話をする中で出てくる「ありえたかもしれない」音への探求は、とても刺激的だった。それはデジャヴの音であるとも言える。聞いたことはないはずだけれど、聞いたことがあるかのように感じる音。わたしたちも「ありえたかもしれない」空間、「ありえたかもしれない」かたち、「ありえたかもしれない」スケールを考えるための準備を本書で試みてきた。

そして、建築学とは「ありえたかもしれない」建築を考える学問であるとわたしは思っている。それは、今、そこにある建築とは異なる別の建築の存在を積極的に許容するという意味で、多様性、複数性、曖昧性のある作業にならなくてはならない。その態度こそが建築に新しい「ありえたかもしれない」環境を発生させることができるのだろう。

同時にわたしたちは、ミクロコスモス的な、囲われ切断されたユートピアの危険性にも慎重な対応をしなくてはならない。世界は環境の集まりであると本書では位置づけた。それは名づけとともに広がり続け、本来閉じるはずがない。それを自ら切断し、閉じた世界をつくる思想は危険をともなう。さらに、閉じた世界（と思い込んでいるところ）から、その外の対象を傷つけることで自らの存在を確認する行為は間違いであることに気づかなくてはならない。

わたしたちは非切断の都市、重なりの都市（オーバーラッピング・シティ）に生きている。それは

CIAMが4つに分断して整理してしまった機能主義的都市からふたたび立ち戻るべき場所でもある。時間と空間との重なりで育まれた営みが重なった都市である。今仮に、もうひとつの機能主義と呼んで機能の重なりを見つめ直そう。複数の使い方のできる都市（2-Way-City）や、機能が反転していく都市（Reversible City）にわたしたちはすぐに出くわすことができる。その検討はまだまだこれから、わたしたちの使命である。そこに居たいと思う空間を見つけていきたい。

17　遊びの空間の名づけ——秘密基地

各国の平均的住宅地を見れば、そのたいていは子供という探検家にとって貧弱な環境であることがわかるだろう。砂場とか、いくつかの遊具は備えられているが、そのたいていは、見てくれを大事にしているにすぎない。もし、子供が最も単純な構造物としてただ一対の石が欲しいといっても、法や規則を誤用でもしなければほとんどそれを実現することはできない。破壊行為がいわゆる現代文明社会の問題となるのは当然である。

アービッド・ベンソン『新しい遊び場』

子どもたちの空間

前章までに、ほとんど本書で検討しようとした事柄は終えている。ただ、検討してきた空間の名づけ、物の関係への発見的視線と名づけの拡張、物の重なりと類推的環境に思いを馳せるとき、おそらくもっとも驚きがあるのは、子どもによってつくられた重なりと名づけであろう。そうした、子どもによる遊びの空間についても少し触れておかねばなるまい。

わたしたちの子どもの頃に、初めて自分で意識的に所有しようとした場所はきっと、秘密の隠れ家・秘密基地だったのではないだろうか。秘密の隠れ家ではほとんど人工と自然の区別がない（井出［2020］）。子どもたちは、それぞれがロビンソン・クルーソーになったかのように、事物間の偶然の関係を意気揚々と発見して、それらが人工物であろうと自然の一部であろうと、そこを所有し（保有し）使用する。秘密の隠れ家ほど重なりの発見性に富んだものはない。それは動物が自然と人工都市の中で逞しく生きて、軒下につくりだす巣と同じく、あるいはそれ以上に、人間と自然と建築と言葉が、違っていることよりも同じであることが浮きだってくるようにごちゃまぜとなっている。

近年、1冊の本が復刻した。アービッド・ベンソンの『新しい遊び場』という本である。実験的にわずかな物を提供したところから、子どもの冒険遊び場を生み出そうとする試みの記録だ。その中で、遊び場は子どもたちによって次々につくりかえられてゆく様が文字に起こされている。用意された材木などの素材はいつのまにかなくなるが、それは土で代用されてゆく。また、つくるための素材だった木材は土を掘るための道具にもなってゆく。敷地のいたるところにデン（小屋）ができてゆき、それらは立派な名前をもち始める。

8月4日までにデンはそれぞれ立派な名前を持ち始めていることに気付いた。たとえば、よくあるのは「ジョーの小屋」「虫の穴」「私たちの家」「心地よい巣」「天国」「ロンドン警視庁」などの名

前である。（ベンソン［２０１５］）

この本でいくつか事例があげられている「冒険遊び場」は、ある程度、大人が介入し準備されているものの、慎重に子どもの自由な発見を妨げないような意図が事例報告の随所から感じ取れる。こうした場の提供のとりくみは日本では一部の公園内に見られるものの、素材の提供や工作物の設置などとなるとかなり難しくなってきてしまい、事例はほとんどないだろう。おそらくだんだんとその窮屈さは増していると思われる。けれど本当に柔軟で逞しいのは子どもたちの方で、いつの時代も彼ら彼女らは、思い思いにいろいろな重なりを発見し、秘密の場所をつくりだす。

動物たちの空間

動物が見つけだす空間や、彼らの巣は、子どもたちの遊びの空間と同様に、無邪気でなおかつ切実である。子どもたちが大人たちから逃げて見つからない場所を秘密基地にするのと同じように、動物は本能的に身を守れる場所を見つけて巣をつくる。『建築する動物たち』の著者マイク・ハンセルは、動物がつくる構造物には棲家・罠・ディスプレイの3つがあるという。やはりほとんどは身を「守る」巣である棲家で、そのつくり方や果たす役割からわたしたちが学ぶことは数多い。たとえばビーバーの巣は、自らつくった一種のダムであるラグーン（潟湖）に潜ったところに入口をつくることでオオカミなどの捕食者から身を守りながら、空気の通り道をもった巣穴に食事場所と寝室とをもっている。さらにラグーンは食料の貯蔵室となっていて、ダムの材料の木の枝は次第に水を吸って食物となる。ビーバーは水位の調節をおこたらず、自分の家を日々メンテナンスしている。ラグーンは身を守るために自然の地形と材料を生かしてつくられていて、なおかつその「守り」の形式は、ビーバーにとっての「食」の形式をも重ねられているのである。他にも、プレーリードッグの巣の換気システムは優れたパッシブデザインであるとともに、自分たちの体のスケールと行動に即しているし、ある地域の蟻塚は実に4〜5千年前につくり始められた巣を改修しながら長い歴史とともに使われている事例もあるという。そうしたディフェンシブでありつつ、いくつもの営みと種の環境と歴史に即した住まいと、蜘蛛の巣や蟻地獄のような「攻撃する」タイプの住まいの工夫との対比も興味深いのだけれど、本書でよりいっそう興味がもたれるのは3つ目の住まい、装飾性を住まいに重ねたディスプレイとしての巣についてである。それはニワシドリ（庭師鳥）というオーストラリアに主に生息する鳥のつくる巣で、ハンセルによればディスプレイをつくる動物は人間以外にはニワシドリの雄だけなのだそうだ。ニワシドリはその名称どおり、デコラティブなガーデニングのような巣をつくる。巣といってもそれは棲家ではなく、文字どおり愛の巣をつくる。鳥によっては青い羽や青い洗濯バサミやプラスチックの破片を集めて青一色のエントランスマットをつくったり、骨や卵の殻を集めて白を基調とした巣（バワー）をつくったり、苔を集めてカーペットを設えたりしながら、雌の気をひく巣づくりをする。

よく、求愛行動などは鳥たちの言語であるという言われ方をする。『生きものの建築学』でニワシドリにも触れている建築評論家の長谷川堯は「いわば彼らは、自分の羽を広げる代わりに、美しい部屋を広げてみせたのである」と彼らの巣づくりを評している（長谷川［1981］）。ここまで数多くの名づけを追ってきたわたしたちにとって、名づけはそこに言葉がなくとも位置づけることができるだろう。これは、ニワシドリにとっての名づけの作業である。雌は雄がいないときに複数の巣の名づけ（雄のディスプレイ）をチェックしたのちに、1つの巣に重ねられた装飾を選んで雄の待つバワーに入っていく。その重なりは雄と雌のコミュニケーションとしての名づけである。

秘密基地の重なりと記憶

以前、高校へ出張講義にいったとき、担当した教室の高校生それぞれの子どもの頃の遊び場の図解をレポートとして提出してもらった。残念ながらベンソンの実験のような、自らつくりだされた遊び場は数が少なかったけれど、それでも探し出された場所は、公園の中の遊具と塀のすきまだったり、バルコニーの下の洗濯物の影の部分だったり、わたしたちに共有された名づけも未だない、意表をつく場所が多かった。

それ以後も、思いついたときにわたしはいろいろな人に、子ども時代の秘密基地を教えてもらう。アンケートではなかなか聞き出せないので、実際に会って話しながら聞いていく。1つ面白いのは、秘密基地の記憶は高校生でも40代を超えた大人でも、かなり鮮明に思い出せるということだ。そんな昔のこと覚えてないよとはなかなかなりにくい強い記憶なのである。きっとそれは秘密基地ではいろいろなものやことが未分化のまま重なっているからではないだろうか。そしてそれをつくった自分自身もそこに重なる。重なりは物と物の関係で、コミュニケーションであり、そこに環境という世界の一部を構築する術であり、名づけである。重なりはそのまま記憶ではなかろうかと、夢と共感覚についてわたしたちは想像を巡らせた（第6章）。包まれるように囲まれた場所と、すきまから差し込む太陽と、汗をかいてとなりで寝転がる友人と、土と草の匂いが一緒くたに重なった状態が、そのすべてをすぐに思い出すことのできる強い重なりの記憶として、わたしたちの体のどこかにあるのかもしれない蠟板に押し付けられているから、いつまでも記憶が薄れないのではないだろうか。

18　アナロジーとシャーマン

絵描きが同じ対象を繰り返し描くのは、見つめていると、同じものの中に違うものが見えてくるから。そうでなかったらもう描かないと思うんだ、用済みということで。自分の見る眼が変わるんだろうね。その時その時の自分の受ける感覚が違う気がする。意地になって描くだけなら、みる側も描く側も感激がないでしょう。

野見山曉治『のこす言葉——人はどこまでいけるか』

人工物／自然物

建築家は夢を見る生き物だ。だからだろうか。都市に生きて、ＳＦ好きが多いように思う。けれど、それをひた隠しにして、自然そのままの素材を表現手段に、地球との接続を謳う。その現状に、何か言葉はないものかと考えることが増えてきた。わたし自身も、絡繰（からくり）機械の世界観をときに愛でつつ、木や石の原初的感覚が、形とスケールと仕組みとともに即物的に蔓延するのを、今という時代とともにめざすことがたしかにままあるから、それなりに始末が悪い。

当然それには背景がある。ここまでところどころで触れてきたように、時代の空気が、ある標榜を阻む。地球環境の見つめ直しは、工学的な進歩主義を、少し、嫌う。このテクノフォビア（技術恐怖症）的な立場は往々にして攻撃的になる。ラッダイトしかり。もちろん環境測定のテクノロジーの進歩は、いくつかの局面で現実に動きだし、世界規模で整えられつつある目標に向かって、人類の科学技術の総決算として応用されようとしている。それ自体は良いことであって、建築の分野はいつものように出遅れ気味だけれど、一丸となって舵を切ることになるだろう。

けれどやっぱり、数値化の動きにたいしては、危険を察知する能力、先にあげた脳と身体との対比で言えば身体が察知する能力を発揮して、わたしたちの生の存在を脅かされないようにしないといけない。安易に振り切っているところからは距離を取らねばならない。物の数値化、あるいは定量化がいったんなされると、いつまで経っても、過去でも未来でも、数値・量であり続ける。1つの物にたいして、ただ1つの存在しか許さない。本当は1つの物にも、生があり、いくつもの意味と数、存在があって、いくつもの名づけがあるのに。

物どうしのつながりを見失っていることに気づいた時代に、医療の世界でも食の世界でも、そして建築の世界でもわたしたちは、隠蔽された部分を暴くべく新しい透明性をめざし始めた。自然の姿そのままに、覆い隠さず塗装もしない、そうした建築空間に漂う空気は、虚の透明性や形式の透明性に次ぐ、第3番目の透明性と言える空気だ。

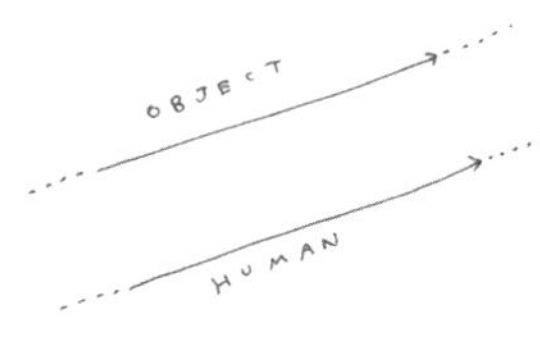

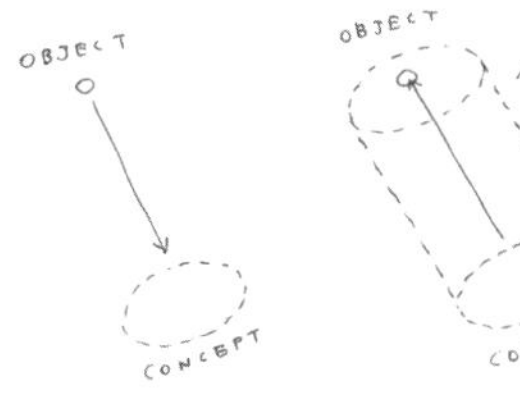

アンチ・プロジェクティズム

ものづくりには、通常「やりたいこと」があるとされる。それは、主題とか、コンセプトとか言われる。小学校の国語の授業でも、この作者の「言いたいこと」は何かとテストで問われる。大学の設計スタジオでも「コンセプトは何？」と聞かれて、設計趣旨が求められる。そういう教育を受けてきたし、そういう教育をしてきた。わたしの博士論文は、設計論の中の不可思議な言葉をめぐって、建築家の「言いたいこと」を検討するものだったわけで。

けれど、はたしてコンセプトとはそんなに絶対的なものだろうか。ティム・インゴルドが言うように、コンセプトは、物を人間の側に引き寄せてつくりかえるという図式の上に成立している。それは意味の投影という言葉で表されるだろう。あたかも人の意思が物に乗り移ったように捉えられるけれど、その実、そこでは人間のアイデアが重要視されて、物は背景と化す。思い返せば、図面にも平面投象とか立面投象とか、つねに投影の思想がもちいられてきた。これまでのものづくりは、その根本が、プロジェクティズム（投影主義）なのである。

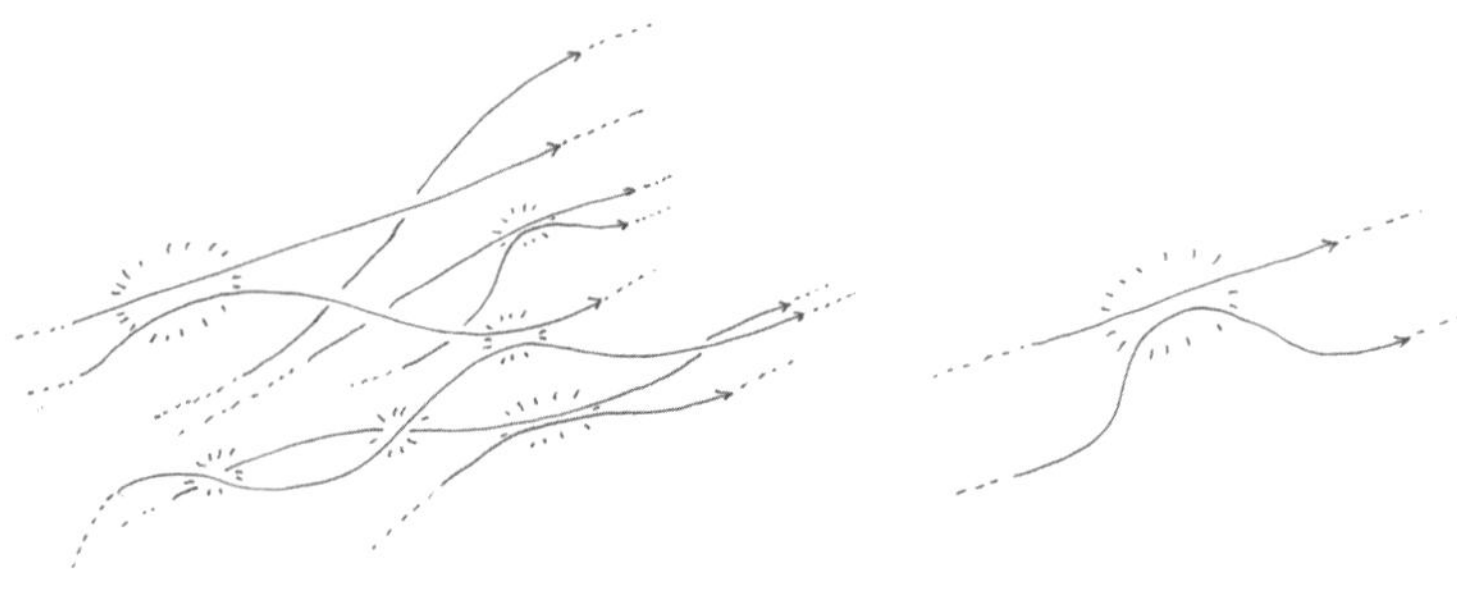

その、人間優位のスキームを一度忘れてみるのはどうだろうか。本書で取り上げたフィリップ・デスコラの思想は人間と非人間を重ねる思考だった。インゴルドは大理石の彫刻と大理石の鍾乳洞とはいったい何が違うのかと問う。いったん、人間の人生のように、あらゆる物に人生を見て、存在を示す点としてではなく、一生を示すパラレルな線として置いてみよう。それらを、一緒にマラソンを走っているランナーの足並みのように並走させる。あるときは人間が物に近寄るときもあるだろうし、物がわたしたちに寄り添ってくることもあるだろう。もうゴールした人の横を走ることもあれば、走らずに応援している人の横を走ることもある。

木の人生は、育ち、伐採され、製材され、加工され、ある一時だけわたしたち建築家が寄り添って、それを建築の要素と呼ぶ。たとえば木のある状態をわたしたちは柱と呼んで、建築のマテリアルとして扱っているけれど、それは木の一生の中でたまたまそうなっているにすぎないし、そのレンジ（柱と呼ばれている状態の期間）もわたしたちが勝手に枠づけているにすぎない。そのあと取り壊されることもあるし、その一部が記憶として保存されることもある。人間も動物も物も、死した後もたとえば墓という場所を与えられてその人生を続けていく。そしてそこにもまた、人や物が寄り添っていく。そのとき、物が自然物か人工物か、伝統的か工業的かは、あなたの今の肩書きのように、移り変わるただの一時の属性となっていく。

では、コンセプトなき建築はどのように存在可能なのか。それはさほど難しい問いではない。そもそも建築にコンセプトなどあっただろうかという問いがそれに併置される。コンセプトと言われたものは、いつの頃からか建築家にとって都合の良い逃げ場となった。そしてそれがゆえに建築はますます社会環境から離れてしまったのではなかったか。

建築には建築自身の形式と言えるものがある。だから、計画ごとに、見つけた形式を起点に、その建築が建つところと、時間と、関係をもちそうな環境に合わせて、少し形式をずらしたり発展させてあげればそれで良いのだと思う。とても少ない数ながらも、わたし自身そうして建築を設計してきた。形式という言葉ではなくて、ここではとりあえず単にかたちと言ってもいい（かたちと形式については第20章参照）。そのかたちが何らかの意味をもつようになるかもしれないし、ただただ、1つのかたちがその場所に佇むだけかもしれない。けれど先に意味があるのではなくて、意味は後から生まれるのだろうと思う。ガンダムをつくろうとしてできあがった建築にわたしは興味がないけれど、つくられたかたちに、もし、子どもたちがガンダムという類推を取り上げたのならば、かたちから意味の生成するそのプロセスに、わたしはとても興味がある。それこそがきっと名づけの本質だと思うからだ。

名づける＝透明性の発見

これまでいくつか、身近なことに対比を見つけて、そのどちらかを選ぶのではなく、それらを重ねて思考することを試みてきた。この重ねるという作業をめぐって、「み」という、物の内側の可能性を測る語にも着目した。その重ねる作業は、投影するのをやめて、寄り添いながら並走するという感覚が近い。子どもが秘密基地をつくる作業も、少しずつその場所に寄り添いながら、自然と人工物の区別なく、自分を同化させていく作業だった。この作業における人と物との関係については、90年代の建築分野で「アフォーダンス」という概念で検討されることがよくおこなわれた。アフォーダンスとは、もともと、生態心理学者のジェームズ・ギブソンによって、生物と物の間に存在する行為（たとえば「物をつかむ」とか）について、およびその関係性のこととして検討された。本書の言葉でそれを捉えるならば、環境の能力という言葉がふさわしい。

わたしたちは、そのつどそのつどの、物と物との関係を空間と呼び、そこに3つ以上の物があるところに環境を見た。そしてだから環境は次々に生まれては消えていく。そして環境の集合が、存在するかどうかは別として、わたしたちの世界である。たとえばわたしたちがコップを手に取ろうとしたときに、コップをもつ能力はわたしたちの能力だろうか、という問いがギブソンの提示したものだった。それはコップの能力でもあるのではないか。わたしたちとコップとそれに関連するすべての物とそれらがつくっている関係としての空間、すなわち環境が、コップをもつという能力の担い手ではないのか。

建築やデザインの分野では、認知科学者のドナルド・ノーマンによってアフォーダンスが紹介され、より単純に、ある行為とそれを誘発する物の特徴（たとえば「つかみやすい形」とか）との関係というような意味でおおざっぱにもちいられてきた。これはギブソンが提唱した本来の意味とは異なるが、人とその外側の事物との状態を検討するのにはわかりやすさをもっている。けれど、やはりアフォーダンスの視点においても、人と物は並走しているとは言いがたい。

さてしかし、ラトゥールやハーマンの人と物を等価に見る視点や、インゴルドが述べる精神と物との重なりの有無のような類いの話は、まず、美術家の具体への迫りに着目してみるところから考える必要もある。たとえば具体美術協会なるものまでつくって具体に迫っていった吉原治良は、「具体美術宣言」で次のように述べる。

具体美術は物質を変貌しない。具体美術は物質に生命を与えるものだ。具体美術は物質を偽らない。具体美術に於ては人間精神と物質とが対立したまま、握手している。物質は精神に同化しない。精神は物質を従属させない。物質は物質のままでその特質を露呈したとき物語りをはじめ、絶叫さえする。

（吉原［1956］）

物に精神が重ならない。物は物として存在する。精神も1つの物として同じように存在する。

そうした意味の抜けた空虚としての物、本章で言うシャーマンとしての物は、バルトが着目したサイ・トゥオンブリーの線のようなものかもしれない。執拗に繰り返しぐるぐると書き殴られたトゥオンブリーの線は、ロラン・バルトによって意味が無くなるまでおこなわれた「動作」として取り出された。それは行為（アクト）と対比的に、動作（ジェスト）と呼ばれる。

TW（筆者注：サイ・トゥオンブリー）は、現代画家の多くが選んだ態度とは逆に、動作（ジェスト）を示す。求められるのは、生産物を見、考え、味わうことではない。そこに至った運動を見直し、見定め、いってみれば《楽しむ》ことである。（バルト［1986］）

物と物の重なりは、比喩のようだ。比喩は、言葉と言葉の重なりだから、当然かもしれない。比喩にもいろいろとある。直喩（明喩）、隠喩（暗喩）、換喩、提喩、などなど。それぞれにカタカナもある。シミリ、メタファー、ネトニミー、シネクドキ。重なりは名づけと、本書では少しずつ見てきた。だからこの重なり方への名づけは、名づけの名づけと言えるだろう。

何かと何かが重なるということは、そこに透明性があるということである。空間についての章で、それを空虚という言葉をもちいて表した。シャーマンも空虚な存在であり、だからそこに霊が重ねられる。建築家の隈研吾は、ノイズを含んだ透明性、ザラザラとした透明性という言葉を使うことがある。隈の建築の特徴である、自然材を建築要素化して、通常の位置と異なる使い方でチェッカーパターンとして建築の表層にする手法のことだ。隈はその説明にロジェとゼンパーの対比をもちいる。建築の基本をフレームで捉え、建築の原型を「小屋」として示したロジェに対し、ゼンパーは「基壇」と「屋根」の間に「炉」があり、そこをどのように「囲う」かを論じ、空間という語の礎をつくった。そこには外部からフレームとして建築を見る視点と、内部から建築空間の囲い方を見る視点の違いがある。ゼンパーはその空間の囲い取り方に織物との類似を重ねた。隈建築は建築物の粒子化と、その織り方として説明できる。その表層を見るとき、わたしはアドビ社のグラフィックソフトphotoshopの、透明を表すレイヤ表現を思い起こす。それは関係としての透明ではない。その白とグレイのチェックパターンは、背景としてもちいられる白地よりも、より透明であることを強引に示す、1つの物としての発明だった。

透明とは何か。何かと何かがおなじところに同時に存在することができるとき、何かと何かは相互に透明な関係にある。つまり物と物との重なりには必ず透明性が存在する。だから名づけるということは透明性の発見でもある。

憑依と重なり——シャーマン的

突然だがシャーマンについて考えてみよう。シャーマンとは、ここではないどこかから、魂的なるものを自分に憑依させる人のことを言う。日本では死者を霊界から呼び寄せて自分に憑依させるイタコや、神の使いとしての巫女がシャーマン的な属性をもつ。スリランカの悪魔払いもシャーマニックな側面をもつだろう。ある年代の読者にとっては、シャーマンを題材とした著名な漫画によってなじみがあるだろう。この、シャーマンという存在について興味をもつことがあった。それは、本書の興味に照らせば、憑依という作業が、重なりの作業に近しいからだ。本書のはじめに述べたように、わたしたちは、ある空間に足を踏み入れたときに、ある記憶を呼び起こすことがある。それは、その空間に記憶が重なっているわけで、空間への記憶の憑依ということができる。そうしたときその空間は、単純に、シャーマン的だ。そして、記憶についての章で考えたように、わたしたちはいたるところで複数の感覚を重ね、記憶し、そしてその意味について思いを巡らしている。それは過去・現在・未来といった時制を問わない。だから、記憶について考えるときと同様に、シャーマンについて考えるときもその憑依と被憑依の関係は対比的なことではなくて、生物でも静物でもよく、人物でも自然物でも人工物でもよい。それらを同じように並走させて、あるとき近づける作業ができるくらいに、物を見るときの比喩の感覚を研ぎ澄ませば、物の見え方が変わってくるだろう。

人の外側には人が見る世界があるのではない。人物と同様にいろいろの物々がある。物が名づけられるとき、そこには環境がある。物の名づけが関係をもてば、空間が生じて、風景が語られる。そうした名づけの数だけ環境がある。人に対して人外という言葉を考えれば、人外をも人と同様に並べてみたい。きっと人からもっとも遠い外側は、人の内臓ではないだろうか。胃や大腸は人が見る外側の物々と「空気的に」つながっていながら、もっとも人から遠く、人が見ることができない。それでいて文字どおり人の内にある。そう考えれば、自分の内に抱え込んだ物に比べて、外に散らばっている物たちのなんと近しいことか。

いつか、「やりたいこと」よりも、物そのものを建築と呼べる瞬間に立ち会いたい。そのときようやく、物を即物的と言えそうな気がするし、かつそこには、見たことはないけれど見たことがあるかのような、というデジャヴの感覚があるように思う。そして見たことがあるかのような、というのは隠れた形式を物に見出す、物と形式の重なり、形式による物の名づけである。いや、そもそも内容と形式という分離自体に問題があったのだ。この分離によって、あたかも形式が物の仕組みを上からつくりだす力で、その内側にナカミとしての意味があるかのような環境の見方に、いつしかなってしまっている。

「内容と形式との対比を当然として設計することへの疑義」はわたしたちにはなかなか難しい態度だ。物事や思考に内容的側面と形式的側面があることは、物事や思考をクリアにするし、そのことはおそらく否定できないのだと思う。歴史家のモリス・バーマンは、わたしたちがここで検討することと関係する対比として「事実と価値」の対比を取り上げたうえで、その区別を明快にし、知を実証に基づかせなければならないとした歴史上初めての主張は、17世紀フランシスコ会修道士のメルセンヌによるという（バーマン［2019］）。メルセンヌらは、ゆきすぎた錬金術師と宗教の関係性を激しく弾劾した。バーマンがこの書籍で述べるメルセンヌ／錬金術師の対比は他にも、主客の峻別／主客の重なり・「参加する意識」、ソクラテス－プラトン・デカルト的精神／ホメーロス・アリストテレス的精神、資本主義的世界認識／トマス・アクィナス的な統合の認識、大量生産／ギルド的生産、つまり17世紀的世界観／中世的世界観の対比として整理されているけれど、これは本書で繰り返し見てきた切断と重なりの対比とつながりそうだ。

そもそも機能という言葉が、とても多くの言葉の重なりだったことを今でもわたしたちは忘れがちだ。1つのわかりやすくてよく取り出されるのは、種類の重なりである。それはたとえばCIAMの第4回会議で分類されてしまったようなものだ。そこでは都市でのさまざまな営みが、余暇、仕事、交通、居住と4つに整理されてしまった。また、日本の戦後の住宅史が住宅での暮らしを個室、リビング、ダイニング、キッチンと分類してしまったのも同様である。そうした、寝るとか、食べるとか、くつろぐといった言葉が場所と対応させて整理されたのが近代の1つの大きな出来事だった。そのときに忘れられてしまいがちだけどもう1つ、いつのまにか何となく機能という言葉でまとめあげられた言葉たちがある。先に少し取り出したような、暮らし、営み、ふるまいといった言葉たち。行為とか活動とか用途という言葉を加えてもいい。それらはそれぞれに異なる。だから合わせてしまうべきでなかった。哲学者の國分功一郎は能動でも受動でもない行為の状態、中動の行為を詳細に検討した。そう、あちらかこちらという軸は、本書で見るように重なりうるのだと思う。能動でも受動でもある、重なりの状態がわたしたちにはある。

左右という名づけ

名づけることが環境と、その見方をつくることであることを示すなじみのある例として、左と右という向きの名づけを考えてみよう。わたしたちは名づけるまでもなく、日常的にその、左と右がある環境を生きている。それはわたしたちの身体の非対称性にもよっているのだろう。子どもの頃よりずっと、眼の前の環境を左右のあるものとして把握している。太田邦夫は、『エスノ・アーキテクチュア』の中で、家の柱をどちら廻りに立てるかという興味深い考察をしている。一見「どうでもいい問題」に思える木造の架構がもつ「廻り」という特性は、樹木、そして木材のもつ目の向き、さらにはその「捻れ」が北半球と南半球で異なることが影響しているという。そしてまた、わたしたちの身体が左と右をもつこと、わたしたちの「利き手」にも影響していると述べる。数学者のマーティン・ガードナーは、鏡はなぜ左右を逆にするのに上下は逆にしないのかという問いから始めて、左と右との非対称性をさまざまに紹介している本を書いている。『自然界における左と右』というその著書の中でも、自然、物質、動物、そして人の左右非対称性、右利きと左利きの違いが、わたしたちの環境を非対称にしている様子を描く。

わたしたちは、道を聞かれたら、どこを右に曲がるとかの説明を期待していて、南に曲がると言われては困る。これもわたしたちが左と右の名づけをもとに環境をつくりあげているからだ。けれど、世界には、左と右という名づけをもたない人たちもいる。およそ30年にわたってピダハンという民族の調査をしてきた言語学者で人類学者（というより、キリスト教伝道者といったほうがよいかもしれない）であるダニエル・エヴェレットは、ピダハンの言葉には右と左という概念がなく、自分たちの活動する環境は「山」とか「川」といった不変の位置をもつ物が向きを示す語として使われていることを驚きをもって述べている。

わたしにはこれが理解できなかった。「左手」「右手」にあたる単語はどうしても見つけることができなかったが、ただ、ピダハンが方向を知るのに川を使うことがわかってはじめて、街へ出かけたとき彼らが最初に「川はどこだ？」と尋ねる理由がわかった。世界の中での自分の位置関係を知りたがっていたわけだ！（エヴェレット［2012］）

実はこの種の「向き」についての空間の名づけ、つまりわたしの外に向きを決めるための指標を定める仕方は、わたしたちの環境のうちのいくつかにおいてよく見られる。エヴェレットによれば、その「向き」の名づけは言語学の用語をもちいて呼ばれ、「左手」「右手」で向きを捉えることはエンドセントリック（endocentric）・オリエンテーション、「山」や「川」で向きを捉えることはエクソセントリック（exocentric）・オリエンテーションという。たとえば「北」と「南」という向きは、地球上にいるわたしたちに共通した「向き」であるし、わたしたちは電車に乗るとき、「のぼり」と「くだり」という向きを自然に使っている。さらに東海道線の鉄道関係者は、進行方向に関係なく線路の両側を「山側」「海側」という言葉で呼ぶ。これは「左」「右」などではむしろ混乱するためで、ピダハンたちの名づけの環境に似ている。舞台の向きを示す「上手」「下手」の呼び名も同様である。演出と役者、師匠と弟子が向き合って稽古をする環境においては、「左」と「右」は場所を示すのには使われず、客席から見て右側・舞台から見て左側を「上手」と呼ぶ。こうした名づけの事例はいくらでもあるけれど、本書ではそのありあまる事例をあまりあげていない。けれど、その名づけに、それぞれに特殊な物と物語との重なりがあることは、もう繰り返さずともよいだろう。

もっとも重要な空間論の1つであるとわたしが思うものに、教育哲学者のオットー・フリードリッヒ・ボルノウの『人間と空間』がある。ボルノウはアリストテレスの空間論から始める。空間は、境界を形づくるまさにその部分に生じるというアリストテレスの空間感から、ボルノウはその境界部分を越えていくことに空間の可能性を見ているように思う。ルネサンスとバロックを比較して、明瞭に空間のかたちをつくるルネサンスと比べて、バロックは境界部に複雑なかたちを堆積させることで曖昧なかたちの空間をつくり、外へ広がる感覚を獲得しているという。そして外へ広がる感覚は翻って中心を考えることにつながり、その対比を、遠方への旅といずれ帰る生活の中心としての家、さらに死へと進みつつ生を認識する人生の路程へと類推を重ねてゆく。そのボルノウが同書の中で上と下の特異性を述べたうえで、空間の固定性に触れている。

右と左、前方と後方は、人間が向きをかえればかわってしまうが、上と下は、人間が横になったり、あるいは空間の中でその他の仕方で動いてみても、いぜんとして上は上、下は下である……上と下との対立にたいして、前方と後方、および右と左という方向の対立はまったく別である。

空間がどのように私に関連づけられているにしても、空間は独自の、つまり私のその時の姿勢に依存しない自立性を獲得していることを意味している。私が私の空間を動かすのではなく、私が空間のなかで動くのである。

（ボルノウ［1978］）

このボルノウの向きについての洞察は、空間は人間のものであるという明快な宣言であるように読める。実際にボルノウはRaum（ラオム／空間）を必要とするのは唯一人間であり、そしてRaumの下位に、位置を示す「ところ」であるトポス（Ort（オルト／場所）、Stelle（シュテレ／位置）、Platz（プラッツ／席・箇所））を置いた。

わたしたちは本書で、空間を物の関係に見て、（その空間を含めた）すべての物を同等に、また、もうひとつの空間そして環境をつくりうる物として捉えてきた。つまりシャーマン性を発生させる可能性に満ちた物として空間を見ようとする本書の立場とボルノウの立場とのずれを、ここでつかみとることができそうである。

ブラックボックスの透明化をめざして

「less is more」は、建築学に触れたことがあるものなら誰でも知っている言葉だけど、でも、いったい何が少ないのだろうか。きっとそれは名づけなのであるとわたしは思っている。

たとえば「住宅は機械である」というル・コルビュジエの言葉や、「形態は機能に従う」のようなマニフェストは、わたしたちがここまでで考えてきたことに照らし合わせると、建築の名づけの1つである。それはあくまで建築のマニフェストだ。「レス・イズ・モア」というフレーズはそこが異なる。「レス・イズ・モア」は名づけのマニフェストなのだと思う。建築が何なのかをそこでは述べていない。名づけの特徴をミースはシンプルに位置づけた。建築をつくっている物の数は変わらないという思想があるとき、だから、それを少ない名づけで整理すれば、1つの名づけのもつ意味はそれだけ多く豊かになるということをミースは言ったのだった。「この建築は、床と柱と壁と天井と屋根と雨樋と……でできている」というよりも、「この建築は柱とスラブでできている」と言った方が、はるかに1つの要素が担っている情報が増えるはずだ、という考え方だ。だから、そこを整理しないで、少ないことが退屈かどうかと言っても仕方がない。けれどわたしたちはここまでに、物の数は名づけの仕方で変わる、と考え方を変更した。名づけが増えていけばそのぶん、物、そして環境は増えていく。名づけられる数だけあなたの数は増える。

最後にもうひとつ言葉を重ねよう。物を名づけるとは、透明化するということでもある。すでに、わたしたちの現在が第3の透明性を手繰り寄せる動きの中にあるということを述べた。なぜ今そうした第3の透明性を手繰り寄せる動きがあるかというと、やはりこれも名づけの仕組みから説明できる。名づけることは透明化することなのだ。

ここまで少しずつ、あまり定式化しないままつらつらと述べてきたように、名づけにはまず環境をつくる効果がある。赤ん坊が周囲の物を1つずつ名づけて環境をつくるように、世界を形づくるための環境づくりである。そしてまた、その名づけは時と場所に応じて、時空間に応じて変わる。本書のはじめにも述べたように、たとえば日本では人の名も一生のうちに取り替えられて変身していく。柳田國男も指摘するように、戦国武将は名を変えその環境を変えて一生をつくってきたのである。数多くの神話の登場人物も、歌舞伎役者も名を変えることはその人物の周りの環境を変えることとなのだった。また、同じ物の名も呼ぶ人の見かたによって名づけは変わる。そこにはアドホックな軽さがある。場所に応じて名づけを変え、言葉を変えて、会話をするのも人間の特徴だろう。神事など神聖な場所においては、使い方の同じ道具であっても特別な呼び方がなされる。地鎮祭には鎌・鍬・鋤といった道具がやはりふさわしく、スコップとかシャベルなんて名づけはふさわしくない。他にも古来より、里で生活する人々が、山に入るときだけに使う、里言葉に対しての山言葉なんて言い方もある。それは神聖な場では違う言葉を使うという意味もあっただろうが、山の物々に里の匂いを漏らさないよう、里の存在を隠す意味もあっただろう。

第3の透明性を手繰り寄せる動きは、この山言葉の存在からも導き出せる。人は、わからないものが怖い。理解の及ばない物、先のわからぬ物に不安と恐怖を覚える。震災後に、気づいた、というのは、そのわかっていない部分だった。名づけられていないということは、自分たちが制御できていない部分、コントロールできていない部分であって、それはすなわち恐怖の対象ともなりうる。そして、人は、名づけたくなる。名づけることで自分と物との関係を環境化して、第三者に開くのである。

この名づけの衝動には、ルンペルシュティルツヒェン現象という名づけがある。これはグリム童話に登場する、藁を金に変えることのできる不思議な小人の名前で、名前を当てられて死んでしまうことに現象の名前は由来する。不思議な恐怖の対象（小人）が、名づけられることであっさりと理解の及ぶものとなり、恐怖の対象ではなくなる。

一方、岡本太郎は、物に名前があるからいけないんだと生前語ったと言われる。名づけがおこなわれることで物にヒエラルキーがつき、主従関係が生まれるというのである。人間の平等を制作の根本に据えていた岡本太郎らしい考え方である。岡本にとっては、すべてに名前のついた透明な世界よりも、名づけの存在しない、雑多で平等で根源的な、混沌とした世界が理想であった。

アリスが鏡の国で迷い込んだ森は、そこに一度足を踏み入れると皆名前を失くしてしまう「もの皆名無しの森」。アリスは、小鹿と一緒に森を進むけれど、森を出た途端にアリスが人間であることに気づいてしまう不幸な小鹿は一目散に逃げてしまうのだ。

一度わたしは、めったに耳にしない場面に出くわしたことがある。画家の野見山曉治先生のご自宅に伺っていたときの話。どうやら個展に出す作品の中に、同じ名前をつけてしまっていた2つの絵があったらしい。その場で野見山先生は、一方の絵に、さらっと即座に別の名づけをされた。それくらいに、名は、「あればそれでよい」ものであった。そこにはさして「意味」とか「コンセプト」はなかった。名づけが「ある」ことだけが意味があった。その一連の作業を聞くことができたわたしはそのとき、とても幸せな時間を過ごしていた気がする。

思想史家の市村弘正が『「名づけ」の精神史』で指摘するように、人知の及ばぬ、わからない部分にわたしたちがしたことは名づけだった。名づけてわかったことにしてきたのだ。だからこれまでの世界をつくってきた環境を超えて、連関を探り、また、新たな物の見方を見出そうとする第3の透明化への動きは、ブラックボックスの名づけ、ブラックボックスと言葉の重なり、つまり、ブラックボックスの透明化に他ならない。だから、そこにはいろいろな比喩があるのを見逃してはならない。

19 虚/実の都市論——名づけの批評軸①

私は道に迷うことなく歩けたためしがない。〈大通り〉は〈トリピエ将軍〉と素顔で闘っている（7区）。〈良い知らせ（ボンヌ＝ヌーヴェル）〉というのも袋小路である。

ジル・ヴォルマン「最初の通りを行きなさい」

最後に建築空間の名づけについて、2つの批評軸を導入して本書を締めくくりたい。実と虚の対比についての名づけの軸となる。

まず本章では都市論として整理してみよう。実の都市と虚の都市。コーリン・ロウが透明性にもちいた、リテラルとフェノメラルの対比にも相当する、文字どおりの現実の都市空間への名づけと、現象としてのイメージの都市空間への名づけである。

実の都市空間への名づけ①——丹下健三と丹下研究室

1945年以後。戦後の日本は復興へ向けた都市形成からスタートする。焦土と化したゼロからの都市。国家政策を背負った計画家としての建築家はマスタープランを描くための名づけを探した。その起点は丹下健三である。この時期は日本にモダニズムが定着し始めていた時期である。そうした事情もあって、不運にもというべきかもしれないが、フィジカルには歴史と断絶した都市計画がなされていくことになる。もちろんそんなに簡単にわたしたちの文化の痕跡が消えてなくなることはないので、都市には多くの痕跡が残っていることを多くの歴史家や建築家が拾い上げている。

丹下は1913年に生まれた。東京大学で研究室をもち、50年代には黒川紀章や磯崎新が所属していた。槇文彦は海外留学中であったが丹下の影響を強く受けたと言われている。丹下以後の日本のリーディングアーキテクトは多かれ少なかれ丹下の影響の下でそれぞれの思想を発展させることになる。丹下は戦前に2つのコンペで勝利を収めていたが、彼の都市計画の起点としては「広島計画」と「東京計画1960」にエッセンスが詰め込まれている。丹下の都市のポイントには大きく2つの方向性がある。1つは都市の組織化。これはタブララサからの都市計画ということが大きく関係している。日本の新しい都市は強いマスタープランを必要としていた。何もないところから都市を計画するときに、丹下はいくつかの名づけをもちいて都市を組織化・構造化した。たとえば丹下は都市の「軸」をとても重要視する。建築がつくりだす軸もそうだし、建築をつなぎ、諸都市をつなぎ、日本全土をつなぐ交通要素についても強い軸を導入している。また、都市の「コア」も重要視した。これは「都市のコア」がテーマであった1951年の第8回

CIAM会議で丹下が報告もしており、広島計画で非常に重要なコンセプトであった。そして、軸とコアが都市の背骨と心臓とするならば、丹下がその身体を組織化するのにもちいた器官への名づけは「シティ・ウォール」と「シティ・ゲート」だった。

ここまで述べたことは、一見すると当時の中心的雰囲気としてのCIAM「アテネ憲章」(1933年)をベースとする機能を軸に据えた考え方にのっているように聞こえるかもしれないが、1950年代の丹下研の都市計画的建築はむしろ「伝統論に端を発する「機能主義への反逆」が空間概念の基をなしている」と丹下研のメンバーは語っている。それは「群衆・人間」への着目が裏づけていると言えるかもしれない。丹下は、国家－都市－建築の流れの中に、もうひとつ人間の系列、群衆－民衆をつなげた。そうして、単純な「ヒューマンスケール」だけでなく、「マス・ヒューマンスケール」さらに「スーパー・ヒューマンスケール」という名づけをもちいて、都市の建築を語る。経済復興でドラスティックに都市生活が変わる中で、ゆっくりとした民衆のスケールだけでなく、群衆のスケール、さらにスピード感をもつ車社会のスケールを丹下は意識する。驚くべきはその先に、情報のスピード感への言及も見られることだ。この時期に丹下はインフォメーション・ビジネスが都市の中心となるだろうと述べている。丹下が戦後の都市計画家として偉大であったのは、それらの名づけとともに、都市を実現させていったことにつきる。たとえばル・コルビュジエも多くの都市計画を提案したが、実現した都市は少ない。けれど丹下は、計画のすべては実現されていないとはいえ、マケドニアのスコピエ計画、ナイジェリアの新首都アブジャ都心計画、ナポリ市新都心計画と、数多くの都市を現実のものとしてつくってきた。丹下の都市の名づけはそれらの都市がこれからどのように生きられていくかで評価されるだろう。

実の都市空間への名づけ②——メタボリズム

丹下の後の都市を引き継ぐのはメタボリズムのメンバーである。メタボリズムは川添登が中心となって、浅田孝オーガナイズのもと、大高正人、菊竹清訓、槇文彦、黒川紀章、榮久庵憲司、粟津潔というメンバーで1960年の世界デザイン会議に向けて結成されたグループだった。川添登がまとめた書籍で、'Architecture and City must not be closed machine but be living organic develop through metabolism'（建築と都市は閉じられた機械では決してない。それは新陳代謝する生きた生命の成長なのである）と述べるように、「メタボリズム（新陳代謝）」という彼らのグループ名自体が方向性を決める重要な名づけであった。それは「機械」をメタファーとしてもちいたモダニズムに対して「生物」をメタファーとするカウンターでもある。いまさらわたしが紹介するまでもなく、メタボリズムのメンバーは数多くの都市イメージを、「生物」的な形態とともに提出した。それらはイメージではあるが、その背後には実際の都市を本当につくろうとする意思がある。それは丹下を見て育った次の世代が、高度成長期に必然的に抱いた創作のモチベーションだったのだろう。メタボリストが他の多くのアンビルト建築家と異なるのは、都市こそ（《代官山ヒルサイドテラス》を除いて）ほとんど実現していないものの、多くの都市建築を実現させたことだ。彼らの都市建築で重要だった名づけは「メガストラクチャー」「カプセル」「人工土地」などである。これらはカタストロフからスタートした丹下の戦略に強く関係している。

都市を構想するときにストラクチャーとなる骨組をつくろうとする姿勢は、何もない白い紙から都市を構想した丹下健三に学んだ彼らからするととても自然な流れだっただろう。もうひとつおそらく重要であるのは、彼らが戦後の時代に建築を学び始めた頃、「モデュール・システム」や「プレファブリケーション」を期待をもって学んだ時代だったことだ。のちにそれらが商業化される中で、産業側の商品として敵対視されるわけであるが、「システム化」を若いうちに学び血肉化した経験は「メガストラクチャー」の思想の組み立てに一役買ったはずである。ともあれ、メタボリズムの作品と思想の多くに、このメガストラクチャーとそこに組み込まれるカプセルとの対比が登場する。菊竹の《塔状都市》、《大阪万博エキスポタワー》、また、丹下の《静岡新聞・静岡放送東京支社ビル》や《電通テック本社ビル》もメガストラクチャーとカプセルの形式を明快に示している。なかでも黒川は大阪万博で《空中テーマ館住宅カプセル》、《タカラビューティリオン》と2つのカプセル建築を世に送り出し、その2年後にはメタボリズムの象徴的作品の1つとなる《中銀カプセルタワービル》を世に送り出している。

このストラクチャーとそこに係留するカプセルの対比は、生物のたとえと非常に相性が良く、実にさまざまな言葉と形をつくりだした。たとえば、黒川の《ヘリックス計画》は文字どおり遺伝子の二重螺旋をモチーフとした計画であるし、槇の《ゴルジ構造体》も生物の器官をアナロジーとしている。

ところで槇の建築は先のゴルジ構造体のようなものを除けば、メタボリストたちの作品の中で少し異色に映る。どちらかと言えばメタボリズムが対決しようとしたモダニズムを現代的に解釈した作品群としてのほうが理解しやすい。事実、槇は建築を次の3つに整理し自身のめざすところを説明した。それは、「コンポジショナル・フォーム」「メガ・フォーム」「グループ・フォーム」という、都市の集合体についての3つの形式である。槇は、「コンポジショナル・フォーム」の例として、パヴィリオン型の、周囲から自立して建つモダニズムの建築。「メガ・フォーム」の事例として、「メガストラクチャー」と「カプセル」の概念でつくられた建築の集合体をあげ、自身のめざすものに「グループ・フォーム」の名を与えている。それは、《代官山ヒルサイドテラス》のような、徐々に新陳代謝していく仕組みそのものの建築化だ。

人工土地

領土拡大という野蛮なことを世界規模でおこなった侵略戦争に負けて、期待していた土地を失い、さらに高度成長と人口増加が起こった日本で、新たな土地の希求は全国民の総意であったのか。少なくとも政治家と建築家はそうした欲望に素直であった時代が1960年代である。その萌芽は建築家より先に政治家から提案されている。松永安左ェ門が委員長を務めた産業計画会議では、東京湾を埋め立てた新都市計画「NEO TOKYO PLAN」が「東京湾2億坪埋立についての勧告」という報告書の中で提案される。それは丹下が「東京計画1960」を発表する1年前、1959年のことであった。その冒頭では次のように高々と目標が語られる。

東京は、最近ついに人口900万の世界一の大都市となった。この地域における工業生産は日本の3分の1を占め、しかも戦後の日本経済の著しい発展に伴う産業の拡大は、首都に人口と工場とをますます集中しつつある。

（中略）

臨海性大工場敷地の要求と人口の首都集中とは、東京湾周辺に大きな土地を求めている。鶴見、川崎にはもう土地がない。横須賀から三浦半島へ、船橋、千葉から内房へ、工場敷地を求めて工場地域は拡大しているが、土地には限りがある。

（中略）

一方において発展に伴う工場と住宅との敷地の不足、他方において人口の増加と交通の混乱。この板ばさみとなってあえいでいるのが「東京」の現状である。この「東京」の悩みを解決するみちはないか。

さいわい、東京には、10億平方メートル（3億坪）の海域を有し、近代的な巨大な船舶の出入にも便利な良港の建設に適し、しかも遠浅で経済的に埋立地を造成し得る東京湾がある。

（「東京湾2億坪埋立についての勧告」）

2億坪の埋立こそ実現はしていないが、この「ネオ・トウキョウ・プラン」で示された川崎と木更津を結ぶ交通の軸は、そのまま現在のアクアラインと重なっている。また、産業計画会議の委員のひとりであり、後に千葉県知事となる政治家・加納久朗は、「加納構想」と呼ばれる1958年の東京湾埋立プランで「新首都ヤマト」を提示する。それは、千葉の山を核で爆破し、その土で東京湾の東半分をすべて埋め立てるというさらに奇抜なものだった。加納は「東京湾埋立についての加納構想」の中で、オランダの干拓、マンチェスターの人工湾、ニューデリー建設など、自らの目で見てきた世界の事例を紹介し、その実現可能性を謳い、「日本が、「新東京」を建設しえないはずはなく、また作らなければならないことだと思います」と強調し、東京湾に2億5250万坪（東京23区の1・5倍）の土地を確保することをめざした。

とにかくも、そうした土地への欲望は時代の空気であり、それを時代精神とした設計を建築家がおこなうのは、職能として当然のことであったかもしれない。だから、建築家は新しい土地をさまざまな方向に獲得しようとした。海をめざしたものの典型が、東京湾の埋立計画であり、そして、海上に都市を建設することをめざし続け、沖縄海洋博のアクアポリスとして実現させた菊竹清訓だった。そして、大地を積み重ねようとしたのは大高正人の人工土地、さらに空へ向かったのが数多くの空中都市計画と、バブル期の各ゼネコンによる超々高層建築計画だった。たとえば大成建設の富士山の形状を模した《X-Seed 4000》は建物高さ4000mに及び、早稲田大学の尾島俊雄研究室による構想《東京バベルタワー》にいたっては1万mの最上階が成層圏に到達していた。

虚の都市空間への名づけ①——磯崎新と篠原一男

磯崎新はしばしばメタボリストとの類似性を指摘される。たしかに《空中都市渋谷計画》は、視覚的にもメタボリズムの都市構想と似ているし、その思想の背景は一部重なっている。しかし、決定的に他の丹下研究室メンバーと異なることがあるとすれば、磯崎はおそらくこれらの都市計画を実現する気などさらさらなかったことだろう。磯崎は当時、地上31m以下の都市には興味がないという趣旨の発言をしている。日本の都市計画上建設できた最高高さが31mであったことによる発言である。磯崎が相手にしていたのはつねに虚の都市だった。大分に生まれ、幼少期に震災の廃墟としての都市を目の当たりにし、そこを出発点とした磯崎は、《孵化過程》《電気的迷宮》といったコラージュやインスタレーションによって、イメージとしての都市を描き続けた。それはメタボリストたちとは決定的に異なっていたと言える。事実、丹下研究室で大阪万博を担当していた磯崎は、お祭り広場のコンセプトとして、ノンフィジカル、インヴィジブルな「見えない建築」として設計することを提案している。

同様に、イメージとしての都市を建築の創作のバックグラウンドとした同時期の建築家に篠原一男がいる。ただし、磯崎の都市イメージが、日本や世界各国の国家の存在を強く意識したものであったのに対して、篠原の都市イメージはとても私的なものである。その都市は、「篠原の都市」でしかない。にもかかわらず現実の都市を超えて強いイメージを喚起させるものであった。数学者としてのキャリアから始めた篠原は、都市への接しに数多くの数学的な名づけを与えている。「都市関数空間」「超大数集合都市」「通時都市と共時都市」などの名づけは、それまで美しくないとされてきたカオティックな都市に光を当ててきた。篠原が着目したのは、「都市のカオス」と、「通りと人影」であり、それを建築に抽象化してあらわしてきた。

虚の都市空間への名づけ②——伊東豊雄

伊東豊雄は東京大学を卒業後、菊竹清訓事務所に就職するが、東大在籍時に篠原が審査員を務めたアイデアコンペで入賞したことをきっかけに、篠原研究室に出入りするようになる。もともと篠原の抽象的な空間に憧憬をいだいていた伊東の初期作品は、非常に抽象的な形態をもっていた。その後、その抽象度を保ちながら、伊東は建築を徐々に都市空間に溶かし始める。時代の「軽さ」に着目して、都市に揺蕩う空気感と、アルミやプラスチックという素材の空気感、そして、都市を使いこなして生活するノマド的都市生活者の空気感を建築に落とし込んでいった。こうした方向性を、篠原がイメージとしての都市に着目したこととの関連として連続的に語ることは容易だが、伊東のそれは「私的」なものではなく、「時代の空気」として皆に共有可能なものだった。そして同時に、建築を透明化し、都市に重ねて溶け合わせようとしたこの企みは、伊東の東大での先輩、磯崎の都市イメージからの連続にもなっていると言える。磯崎は「見えない都市」をキータームとして都市を見つめていた。一方、伊東の時代には都市は見えないながらも「感じる都市」として社会で共有されていたと言えよう。伊東はその虚としての都市イメージをそのまま実体の都市に凝結させることを試みた。その連続は折に触れた透明という言葉をもちいれば、「見えない透明」から、「溶けて重なる透明」というかたちで、言葉としてはシフトしているものの、そこで追っていた都市イメージは近接している。

伊東の都市イメージは、溶けて重なる透明性であった。それは物としての情報の重なりでもあり、磯崎が「見えない」と評したものとも近接していた。そのイメージは他の多くの建築家も共有しており、バブルの時代と重なることで消費の海に漂いながら建築物を実現していった。

実の都市空間への名づけ③——都市のリサイクリズム

バブルがはじけてからの世代にとっては、大量に物が生産された都市の残留物を、現実として事後的に見ることから都市との向き合い方が始まったように見える。西欧の建築家はアジアの高密度な都市の状況を調査し始めた。その調査の背景には、モダニズムが単純化してしまった建築と機能との対応に対し、よりダイナミックでなおかつ理にかなった重なり方が発見できるのではないかというものがあった。それは机上の論理で積み上げられた機能（ファンクション）の整理ではなく、人間の欲望でできた都市に埋め込まれたプログラムを整理して建築に翻訳するというものだった。その手法をもっとも巧みに建築にもちいたのは、すでに触れたレム・コールハースだったと言えよう。

塚本由晴と貝島桃代は「観察」と「定着」という言葉で、東京の不可思議な実情をポジティブに読み取り始める。『メイド・イン・トーキョー』では「環境ユニット」という都市の単位が着目され、『ペット・アーキテクチャー・ガイドブック』では都市の残余に滑り込む建築が着目された。それらは都市にすでにある物と、物どうしの関係を再定義し、再利用（リサイクル）するというポスト・バブル世代の最初の手法だった。

また、都市の中の住宅地エリアの実情にふたたびスポットが当てられるのもこの時代の特徴である。いわゆるライフスタイル誌によって建築家の設計する狭小住宅にスポットが当たった時代でもあるが、そうした個々の住宅としてではなく、住宅の集合をあらためて観察しサーヴェイしたのがこの時代だった。70年代・80年代に数多く建設された郊外住宅地は、建築家が対決すべき大量工業生産品として位置づけられたが、この時代、90年代から２０００年代においては、都市をつくり更新し続ける最小単位の粒子として、住宅や狭小敷地に建つ建築が捉えられていく。それは都市全体を生命体として眺める視点であり、ふたたびそこに「メタボリズム」という語が実体への視線とともに復権させられた。北山恒、西沢立衛、塚本由晴は『TOKYO METABOLIZING』で、世代交代を繰り返しながら更新していく都市としての東京に生命のアナロジーを重ねている。

実と虚の重なりへ

都市の密度に関しては、人口減少・都市人口の流入継続に端を発する、コンパクトな都市への思考（大野秀敏『ファイバーシティ』など）や、過疎化しつつある地域の空き家リノベーションへの思考、高密度な状況がさらに加速した都市を想定する思考（八束はじめ『Hyper den-City』など）と、都市の実情を基点としたいくつかの思考が、現在も引きつづき試みられている。こうした90年代以降の状況を、「ハイデンス都市」から、「スーパータイト都市」、そして、「オーバーラップ都市」への展開として眺めることができる。

ハイデンスな都市では実体の高密度な状況から、主に人間の欲望がつくりだした建築とプログラムの状態が抽出された。そのときの密度は原則として物的なものだったように思う。けれど、スーパータイトな都市と本書で呼ぼうとする状況は日本では東日本大震災後にもう一度見つめられ始めた密度、つながりの問題系であり、都市における過密性と親密性が重なった状況として取り出される。そのとき物的な密度だけでなく、人と物との営みの密度が問題となる。

そしてスーパータイトの先にわたしたちが名づけの検討を通して評価したい都市は重なりの都市、さまざまな対比がオーバーラップする都市である。すでにゲームの世界では一部字義どおりのオーバーラップ都市も実現している。数多くのアカウントを仮面として使いこなして、複数の虚の都市としての環境を、実の都市とパラレルに使って生きる様が、現状のオーバーラップ都市である。そこでは、人物と事物の数多くの物々の重なりとともに、実現化しつつある情報技術を受け入れて重ねた都市である。そのとき情報は物としての情報（information as things）として、建築や自然やわたしたち人間と区別なく捉えられる必要があると思う。そして、人々が所有と保有の感覚を重ねる都市でもある。そこは、パブリサイゼーション（公開化）と呼んだような実践がおこなわれるところにもなる。

ここまで見てきたのは都市への眺めを「実」と「虚」の往復運動として捉える批評軸であった。オーバーラップ都市は未だトライアルの先にあるけれども、「実」と「虚」をオーバーラップさせる都市でもあるだろう。

20　虚／実の空間論——名づけの批評軸②

どこなのか、いまは？　いつなのか、いまは？　誰なのか、いまは？　自分にそれを尋ねるのではなく。私と言うばかり。考えるのはやめて。これらを質問、仮説と呼ぶ。

サミュエル・ベケット『名づけられないもの』

前章に続いてもうひとつ、空間の名づけについて対比軸を設定する。

多くの建築家の言葉を見ていると、よく資料になる建築家と、資料にしにくい建築家がいる。それは名づけをよくおこなう建築家にたいして、名づけをあまりしない建築家がいるということでもある。けれど、名づけないからと言って、そこに思考がないわけではもちろんなくて、豊かな重なりを見出せる。だから、名づけない名づけという言い方をしたほうがいいと思う。先ほど、都市論の批評軸として、実の都市空間と虚の都市空間を設定した。だから本章では、「実の名づけ」と「虚の名づけ」と呼んでみたい。

実の名づけ

たまたまかもしれないけれど、わたしが積極的に学んだ建築家たちはよく名づける「実の名づけ」側の建築家だった。たとえば篠原一男は、空間という語のうえに、形容する語を加えて特別の意味をしばしば与えた。そうした造語だけでも、「非開放的な空間」「多様性空間」「無駄な空間」「不足した空間」「正面性空間」「亀裂の空間」「思想の空間」「裸形の空間」「野生の空間」「無記憶の空間」「超人間的なる空間」「ハードエッジの空間」「黒の空間」「孤独な空間」「第4の空間」「原空間」「機能空間」「装飾空間」「象徴空間」……と多くの名づけを使って論理を構築した。

篠原研究室出身の坂本一成も、「乾いた空間」「日常としての空間」「主題としての補助空間」「都市の部品としての空間」「断片的空間」といくつかの空間についての名づけをもちいてきたし、坂本の場合は本書でもいくつか取り上げた多くの対概念を論じてきた。「記憶の家／今日を刻む家」「使用対象としての住宅／所有対象としての住宅」「住むこと／建てること」「環境としての建物／対象としての建物」「ミクロコスモス／イマゴムンディ」「一元論的設計態度／二元論的設計態度」といった具合に。

また坂本以降の世代では、青木淳や坂本研出身の塚本由晴はやはり多くの対概念による名づけをもちいて語ってきた。青木は「動線体」への興味を、さまざまに変化させた名づけによって繰り返し語る。「つないでいるもの／つながれるもの」「原っぱ／遊園地」「PLACE／PALACE」……。一方、塚本は、「読むこと／つくること」「観察／定着」「つくる／つかう」といった、論理構築と創作という建築家特有の双輪の題材への思索を対概念で語る時代を経て、その興味を数々のキャッチーな名づけで位置づけてきた。「建ち方」「B級建築」「環境ユニット」「ふるまい」「非施設型建築」「資源的人」といった具合に。

もちろん他にも「実の名づけ」側の建築家は多くいる。思い出すのは、センセーショナルな言葉、射程の長い言葉を、メディアを通して数多くわたしたちにまでぶつけてきた近代主義建築家のル・コルビュジエが、後年に「えも言われぬ空間」という、言葉にできない空間のことを語っていたことだ。アンソニー・ヴィドラーによればル・コルビュジエが初めてその言葉を口にしたのは1933年のCIAM会議（つまり、あのアテネ！）において。多くのドライな言葉をもちいたル・コルビュジエも、20年代後半の「詩的反応を起こすオブジェ」、40年代の「音響的空間」とつながる、ウェットな一連の言葉を見つけることができる。

また、たとえば篠原とは別な方法で「有孔体」「場としての建築」などの数学的な切り口の名づけをおこなってきている原広司や、人間のスケールで都市を「みち空間」から見つめた槇文彦、美術への膨大な知識とともに広い視座の中で建築を位置づける名づけをもちいる磯崎新、他にも伊東豊雄、山本理顕など、多くのリーディングアーキテクトは名づけることで建築をつくってきた。こうした情念豊かな名づけたちがつくる意味空間は、また別に考察しないといけない。

虚の名づけ

だからここでは最後に、名づけなかった建築家、「虚の名づけ」の建築家をひとり取り上げて本書をいったん閉じたい。その建築家は白井晟一である。

白井晟一は、そもそもあまり文章を残していない。しかも残している文章の多くは自分の設計した建築についてではない。それは、伝統とか、民衆とか、あるいは、豆腐とかめしとかについての文章である。

誤解のないように言えば、白井は自分の設計した建築を「宣伝」しなかったわけではない。たとえば原爆堂計画については、日本語での発表と別に、英訳の解説文を載せたパンフレットを配布用に自ら制作したことが知られている（岡崎［2018］）。けれど白井は自分の設計した建築を「売り込む」ことに対して、自分のオリジナルの言語を使うこと、あるいはあまり建築界隈で使われない言葉をどこからか引っ張ってきて使うことはほとんどなかった。しいてあげれば、白井が論争の中心のひとりであった伝統論争における「縄文」という語の使用であろう。白井は、江川家住宅を引き合いに出し、縄文的なるものによって弥生的なるものを批判的に論じた。

……伝統の表面に典型がうかぶのはやむを得ないが、価値概念として固定化し、その上情緒や簡素という感覚的皮相の墨流しを器用に移しとっては、これを日本的なものとして定型化してきたことはなかったか。そしてそれがいつの間にか形象性の強い弥生の系譜へ偏った重点がかかり慣習化されてしまったということはないだろうか。

私は長い間、日本文化伝統の断面を縄文と弥生の葛藤の中で把えてみたいと考えてきた。一建築創作家としての体験である。

（白井［1956］「縄文的なるもの」）

けれど、それでも、縄文という語は一般的な語である。それは白井がよくもちいた他の語、たとえば民衆や用と、語の位置づけはあまり変わらない。先の篠原が、非日常の語を日常の中に探し求めて、詩的な言語をもちいたのと異なり、白井はとにかく日常にとどまろうとしたように感じる。白井は孤高の建築家であったとよく言われる。けれど、あらゆる存在から独立した孤高の存在である作家として制作をするというより、民衆の精神を酌み取り、歴史の流れの中の代表として自らを位置づけて制作したように感じる。

こんどの建物の入口に、私は「輝いてみえるものすべてが黄金だと思うな」というオヴィディウスの箴言を金文字で彫らせてもらった。この建物が黄金の輝き以上のものを契機として、尊い人間や心のコミュニケーションの場であってほしいという希いと共に、この建物を造ったのは、述十数万人の諸職の汗と血であって、けっして黄金だけでできたものではないという痛切な述懐をこの建物のあるかぎり、銘じておきたかったから。……私は嘗てこんどの建物外壁の石積を「われわれの負っている尨大な歴史へのオマージュ……」とも言ったが、私は自分がこの歴史の中にあるという自覚を、比較的早く身につけることが出来たのをありがたいことだと思ってきた。私のもっている建築理念が、このことによって支えられているのは言うまでもない。

（白井［1975］「聴書 歴史へのオマージュ」）

「自分がこの歴史の中にある」という自覚はそうたやすいものではない。これは制作の結果が一般的か個性的かの問題ではない。日常にとどまるならば日常に埋没した制作物となるわけではない。白井の設計した建築は抜きん出て個性的であったし、埋没するどころか現代でも周囲から浮き出て異彩を放っている。それでもなお、白井は建築の美にたいして、自分がつくるのではないという意識があったように思う。

この世から諸々の雑音とともに装飾が消え、「美をつくる術」などと思い上った企てをしなくなったらどんなにすがすがしいか。そうなったら人間は真に感嘆すべきものに目を向けるようになるだろう。コマアシャリズムと恣欲にかりたてられて喪われてゆく人間性が、もう一度、理想の色をした空の下で、生き生きと回復するだろう。

美は人間が作るものとは言い難い。求めて得られるものではない。人間にはただ表徴と抽象の能力が与えられているだけである。

（白井［1956］「めし」）

建築空間の設計を、名づけという語によって言葉の比喩で語れるように、言葉の設計も、建築空間で語ることができる。けれど、空間に言葉を重ねるのと、言葉に空間を重ねるのとは、同じではない。名づけを通して空間論を取り上げるときに、いつもわたしは白井晟一の設計した建築とその背景を意識してしまう。

主題投影から形式引用へ

この、実の名づけと虚の名づけとの対比は、先の章であげたコンセプトの投影と形式の引用(アルージョン)との対比と並べて考えると興味深い。そして、コンセプトの投影と形式の引用は対照的に論じられるけれども、それは対立的ではない。実際のところ、設計の過程でコンセプトと呼べそうなものがなにひとつあらわれないということは決してない。

わたしが今アトリエや研究室でパートナーやスタッフ、そして学生とともに設計をするとき、そのあたりのこと、つまりコンセプトの投影から形式の類推・引用へと作業がシフトしていることに意識的になっている。この形式の引用へのシフトは作業としてはなかなか言葉にしづらいのだけれど、物と並走して、いっとき寄り添うことと説明する。あるいはベクトルの向きで説明できようか。条件から形へは向かわず、形から条件へと向かうデザイン。線形に論理だてることはせず、仮説を検証するデザイン。そこでは、完璧主義を嫌いながらなおかつ、いかに緊張感を保ちうるかが重要になる。ちりひとつ許さない完璧な空間は、研ぎ澄まされて緊張感をもち美しい。それは虚構として、わたしたち建築家のひとつの提示目標だろうと思う。そして、完璧主義を嫌い、緊張感のない、リラックスして生き生きとした空間というのもまたやはり、建築家が提案すべき環境である。けれどそのどちらでもないもの。未完の、不完全の、未だ無意味の、物としても認識できるか危うい、フワフワしたところ、そこに緊張感を与えて空間化したい。そして、そのためにわたしたちは、建築がもつ形式的な事物を対象として取り組みたいと思う。この作業のシフトは、設計の相手を前にして、「やりたいこと」というのはないのだと気づくことによる。わたしたちがクライアントと協働して相手にする物は、目の前の使い手の生活だけではなくて、ましてやつくり手の感覚的なものでもなくて、建築の長い長い歴史、建築の人生みたいな物が相手なんだと思う。そして、それはおおむね、建築の形式と言ってよい事物として取り出せるとわたしたちは考えているのである。

帰納、演繹、類推

かたちについて、形と形式とについて、整理したい。形式とは形に時間の積み重ねが加わったものであると考えよう。とくに出自がなく場当たり的に機能と呼ばれるものに即した建物の形は、ただ単純に形であるのにたいして、たとえば家型は長い年月にわたり反復されてきた強度のある形として、形式と呼びうる。時間の積み重ねがもつ強度という点では、単純な初等幾何学形状も形式となりやすいだろう。また、形式と近い言葉に図式がある。図とは物の形のことである。何か表される物があって初めて物の形としての図がある。ここでの物の形としての図とは、もちろんゲシュタルト的な構造把握としての図と地の関係における図でもあるから、空間の名づけの章で検討した実と虚の対比で言えば実の形である（もちろん虚として認識されていた物、あるいは地として認識されていた物も、形をもち図となることは可能である。近年の、オープンスペースを積極的にデザインしようという姿勢は、虚あるいは地として認識されやすかったところを図として強度をもたせようという試みである）。そして、図式とは物と物との関係の形である。これまで何度となく、物と物との関係を空間と呼んできた。そうした意味で、

「形式＝形＋時間」
「図式＝図＋空間」

と整理できる［▼1］。

そして、今わたしたちがそうした形や図をもちいて建築を説明するときに、以下のような図式を導入して、建築の記述を批評的に議論したい。それは3つの図式である。

まず1つ目に「部分から全体を思考する建築の図式」がある。そしてそれと対照的に「全体か

ら部分を思考する建築の図式」が2つ目としてあげられる。双方ともに建築を概念的に捉える際にはもちろん、実体的な物であると捉える際にも有効な位置づけである。前者は部材から構築的に建築を捉えていく方法としても適しているし、後者は屋根で統合される建築全体を捉えるのに適している。また、設計段階においても、前者は連結的手法として考察でき、後者は分割的手法として考察できる。しかし、ここでもっとも着目したい対比的意味は、論理的推論の図式としての意味である。つまり、前者は確かである部分からすべての事例の正しさを証明してゆく帰納的推論に対応し、後者はすべてに通ずる定理から個別の事例の正しさを証明する演繹的推論に対応する。

ア　部分から全体へ　連結　帰納（induction）

イ　全体から部分へ　分割　演繹（deduction）

この2つの図式は、建築の設計・思考において、よくあらわれ、ときに選ばれ、また、バランスよく融合されて利用されてきているし、これからもわたしたちは時と場合に応じて選択的にもちいてゆくだろう。また、ある建築家の創作の態度を眺めるときにも、非常に力強い意味をもっている。

さて、最初に述べたようにもうひとつの図式を3番目としてここで取り上げたい。それはここまで本書で重ねて検討してきた名づけの作業に重要であった類似への着目と深く関係し、そしてまた現代という終わりなきイメージによる重なりの日常に適応し、そしてデスコラの思想として取り上げた社会の四象限のうちの1つであるアナロジズムとも関連が深いと考えられる。それは記号論の分野でパースが示した第3の論理的推論の方法としてもちいた語、アブダクションという語をもちいて整理できる。

ウ　集まりから重なりへ　類推　仮説（abduction）

アブダクションによる推論では、集められた類似からおおよそ確からしい仮説がたてられる。たとえ同じでないばらばらの物であっても、いくつかの重なりを発見し、それらの偶然の集合に発見的仮説を与えて価値を見出す。そのような図式である。わたしはこの図式について、現代における建築の設計へ慣用されうるものとして先の2つの図式と同様か、それ以上の価値を与えうるものと考えている。わたしたちの都市、そして環境を重なりの環境として眺める態度は、この発見的仮説を積み重ねていく姿勢である。自身の設計においても、いくつかの建築家の設計した建築についても、この図式で語ることができると予測している［▼2］。その演習的作業は今後の課題としたい。けれど、本書でさまざまな角度から名づけ、そして重なりという鍵語で見てきた事柄はそうした建築的環境への足がかりとなるものと考えている。

スタフォードの翻訳者でもある学魔・高山宏は、16世紀のマニエリスムに、こうしたばらばらな物のつながりの作業を読み取っている。

何となくいろいろとつながってひとまとまりと意識される世界が……一人一人の個人はかえって個の孤立感を深めるといった理由から、断裂された世界というふうに感じられてしまう。その時ばらばらな世界を前に、ばらばらであることを嘆く一方で、ばらばらを虚構の全体の中にと「彌縫（びほう）」しようとする知性のタイプがあるはずだ。それがマニエリスムで、十六世紀の初めに現れて一世紀続いたとされる。（高山［2007］）

こう述べたうえで、高山はその16世紀マニエリスムの作業が20世紀シュルレアリスムに蘇る発想に正当性を与える。

未曾有の断裂は未曾有の結合をうむ、とでもいうか。マニエリスム・アートが「アルス・コンビナトリア（ars combinatoria＝結合術）」と呼ばれうるのは、そのためである。合理的には絶対につながらない複数の観念を、非合理のレヴェルでつなぐ超絶技巧をマニエリスムという、といってもよい。マニエリスムが1920年代のシュルレアリスムによみがえるという発想は、だから説得力がある。（高山［2007］）

この時間を飛び越えてつながりのつながりを見出していく姿勢は、本書で最初に取り上げた家屋文鏡を見つめる木村徳国の姿勢に近い。

本書の最後となるここで位置づけて述べてきたことは普段、「コンセプトから形式へ」という言葉を使ってわたしたちがアトリエや研究室で考えていることである。形式というのはどうも抽象的なので、骨格とか背骨とか、神経とか、血管とか、そうした生物的なアナロジーで整理することもある。先に取り上げた「内容と形式との対比」を当然のように受け入れて設計することに対する疑義もこうした考え方の上にある。ここでその形式という事物の種類には踏み込まない。それはこれから、たとえ少しずつでも、実践として建築などをつくりながらあらわしていかなくてはいけない。また、ひょっとするとそれは、アレグザンダーが都市から取り出した形態言語の現代版のようなものとなるのかもしれない。

やりたいことから逃れて、建築そのものがもつ形式を対象として「いつかの」「誰かの」デザインをすること。そこに、建築と非建築の重なりの豊かな世界、さらに翻って言葉と形の豊穣な重なりが見出せるのではないかと思う。

おわりにかえて——次の重なりにむけて

非常時なればなるほど、我々は一面において落ちついて深く遠く考えねばならぬと思う。

西田幾多郎『知識の客観性について』

２０２０年。都市のイメージがまた1つ新しく加わった。けれどただただそれだけのことで、わたしたちはまた、これまでの都市の文化の連続を生きるだろうと思う。あの、予期せぬ出会いと発見にあふれ、欲望のうごめくところ。そうした都市を取り戻したい。そこは目的なく彷徨うところだ。今はいっときの幕間だと信じたい。

前章までのテキストは、わたしが大学で研究室をもった２０１6年春から２０１7年度末ごろまでの2年間におおよそ書き上げたものである。この数年で出版されたいくつかの書籍について追記したけれど、だいたいのトピックはすでに5年程度昔の事柄だから、「み」という言葉や、いくつかの寄り道も古くなり始めている。当時デスコラの文章は、いくつかの特集雑誌か、英訳等の書籍でしかまだ触れることができなかったが、２０２２年に入った今は邦訳が出て建築分野でも広く知られ始めている。そうした事情はあるけれどここで書いた「名づけ」と「重なり」に関しては、古びるとかそうした類いの事柄ではないと思い、ほとんど数年前に書いたままとなっている。2018年から2022年の間、いくつかのことが起こった。そうした事柄にあらためて触れることはしないつもりでいたが、2020年に入って突如として起こった新型コロナウイルス（COVID-19）の猛威とそれによる外出自粛、オンラインでのコミュニケーションは、触れぬわけにいかないくらいに新しい都市のイメージを重ねたから、ここでほんの少しだけ記しておきたい。

2つの密

2019年夏、オーストラリア・RMIT（ロイヤルメルボルン工科大学）の研究者の知人であるグラハム・クリストとジョン・ドイルと一緒に、「super tight」をキーワードとした展覧会をおこなった。80年代、90年代に西欧の建築家たちも着目したアジアのごみごみとした活気にあふれる「過密な都市の状況」のその後を追って、そして、それと並存してきた「親密な都市の状況」を合わせて展示した。2つのタイトネスとして、過密性（tight density）と親密性（tight familiarity）を並べて、重なりの都市（オーバーラッピング・シティ）を論じた。本書で考えてきた「重なり」についての、都市をフィールドとした思索である。そこでは「密」の先に「重なり」があると論じた。

2020年3月、新型コロナウィルスの感染を防ぐためのスローガンとして感染の温床となる

「3密」を避けることが提示される。「3密」とは「密閉、密集、密接」で、換気の悪い閉じられた密室空間、大勢の人で混雑した状況、近い距離でのコミュニケーションの3つを避けることが重要であるということをわかりやすく示したキーワードである。英語ではコロナ（corona）の頭文字でもあるCをもちいて3C（"Three Cs", Closed spaces, Crowded places, Close-contact settings）とあらわされた。そしてこの3密が重なるところが危険とされ、2mのソーシャル・ディスタンス（社会的距離）を保つことが海外でも重要視される。わたしたちが議論してきた「過密」と「親密」が同時に避けられるべきものとして社会の常識となった。「密から粗へ」というわけだ。

　それでもわたしたちは、タイトネスの議論を続けた。わたしたちには次なる密度が必要なはずであったから、zoomなどのツールを使って、離散したわたしたちをつなぎとめる方法を模索する。そこに次のタイトな状況が生まれうるだろうと（安易なのは仕方がないとして）。densityからdistanceを経て、ある程度離散（ディスクリート）的な都市となるというDにまつわる議論は必然なのかもしれない。けれど閉と密の反対へと転換を求める軽率な宿望に踊らされてはいけない。

　これからの都市イメージを今のうちから描き始めなければならない。これまでも、そしてこれからも、都市は描かれたイメージをなぞるようにつくりあげられる。ただ、かつて「私」個人のイメージで描かれていた都市は、今は「わたしたち」のイメージとして描かれるのだろうと思う。わたしたち皆の希望、わたしたち皆の恐れ、わたしたち皆のイメージが都市をつくっていく。どんなに抗ってみても巨大なSNSの仕組みが浸透した今、ちょっとした個人の風穴で都市が劇的に変わるようには思えない。現在、潜在的にかもしれないけれどもっとも平均的に共有されている都市イメージは、どうやってわたしたちの生活を守るかにまつわるものとなっている。

わたしたちは知らず知らずのうちに、眼に見えぬものに怯えながら都市生活を送らざるをえなくなった。アメリカ同時多発テロ、東日本大震災、新型コロナウイルスの経験は、わたしたち皆の共通の敵として、そこから自身を守る必要性と、そこから自身を守る術の困難さを、否が応でも感じさせることになった。いつどこで起こるかわからないテロ、自然天災、ウイルスと、「共に」わたしを守りながら生活する都市のイメージ、あるいはなくならぬえも言われぬ不安とストレスと「共に」わたしを守りながら生活する都市のイメージ。それは新たな防備都市だろうか。

かつての防備都市は、求心的なイメージとして描かれた。外敵から身を守る城壁に囲まれ、中心に最重要施設が配された直接的な形態として同心円の幾何学形態がその都市のイメージである。しかし軍事兵器の発達はノスタルジックな世界で描かれる城壁を無意味なものとし、また防御のための兵器はミサイルの追尾追撃を可能なものとしたから、巨人が生息する世界でもない限り、かつての防備都市形状が有効に働くことはなくなった。

何がわたしたちをプロテクトするのか

新しい防備都市のイメージにとって重要な背景は、住まいに関するものだと話され始めた。かつて、わたしたちの生活は住宅から都市にあふれだして、都市をカスタマイズして、住まいのさまざまな営みが、都市を漂流しながらおこなわれた。ノマドにも喩えられながら、都市のさまざまの場所に点在しながら、わたしたちは都市に住み生きながらえていた。ともすれば家は寝るだけの場所でよかったし、寝る場所すら都市には容易に見つけられた。

けれど、そうした住まいのイメージが変わってきた。今、わたしたちは家で一日中過ごしている。そして、家に豊かさを求め始めている。実際、コロナ禍以前にもそうした感覚は生まれていた。さまざまな豊かさが点在する家、それは、都市に点在させた豊かさをもう一度家に持ち帰る作業となるであろうか。かつて住居に都市を埋蔵しようとしたとき、その都市イメージはともすれば私的なものであったし、それはミクロコスモスとして住宅の中で完結していた。

これからの都市的で豊かな家は、それ単体では都市のイメージとはなりにくそうだ。離れた2つ3つの家々が、「1つの家」として意味づけされていくだろうか。少なくとも、住まいにおけるプライベートとパブリックの意味合いは、クラインの壺をアナロジーとしてもちだせそうなくらいに裏返りをみせている。建築家、そして住まい手が「家開き」「住み開き」と称して、住まいの部分を街という公共の場に向けて開こうとしてきたけれど、その奥に最後のプライベートの砦として守られていたnLDKのnの部分である個室が、zoomなどのウェブ会議の日常化によって公共の場に晒され始めた。人を招き入れ、パブリックなサロンともなりえていた「リビング」こそが、今、住宅で（あるいは地域で）もっとも閉じた部分となっている。

また、住まい手の形態もすでに変わりだしている。国家の家、地域の家、家族の家、個人の家、そしてシェアハウスと住まい手が分解した先に、とうとう家の家と呼ぶことができそうな住まいの形態も登場し始めている。複数の家が、1つの家に住む。それは新しいタイプの大家族住宅だ。少子高齢化社会において住まいを共同で営む利が生まれると、そうした「大きい住宅」が誕生する。それも1つの都市イメージをつくるだろうか。家は住まいの単位であるから家は都市のイメージをつくる。

少子高齢化と地域の過疎化は、急速にコンパクトな都市を求めだしていた。コンパクトシティは災害復興都市において顕著に目標に掲げられて、それは1つの都市イメージとして動きだしてはいた。けれど、どこかに違和感が残っていたのは、その議論に都市の人々の欲望がどうも抜け落ちているからなのかもしれない。とうとう密であることが都市で忌避され始めてしまってからは、コンパクトでなくとも人々がタイトに生きる術を実践し始めているように思う。そうすると公共性が生じる。

わたしたちは、都市で（密に）生き生きと生活を謳歌することをあきらめないだろう。友人や恋人や見知らぬ誰かと会い、語り、怒り、泣き、そしてまた会う約束をする場所が都市なのだから。だから、離散的な防備都市のイメージは決してかつてのSF小説で描かれるような、人が画面越しにしか出会わない電脳空間のイメージではなくて、これまで以上に広い、日本全体に都市と郊外と地方が混ざり重なり合うような、重なりの都市イメージにしたい。イメージというのはこれから、少しずつデータを掬いながら、丁寧に、定量的にも定性的にもつくりだしていけばよい。その重なりの模索と新たな名づけはこれからおこなおう。

あとがき

この本のタイトルの「空間の名づけ」という言葉からは、（この本が建築の分野から出ているということもあるし）建築空間のいろいろな名づけを解説した本と思われたかもしれません。たとえば、日本の民家の田の字プランの間取りが、おおよその地域で、「デイ」「ザシキ」「ヘヤ」「カッテ」の4つの名づけで構成されていたこととか、「デイ」は一番外に出た居間であって、「オモテ」とか「ミセ」とか「ダイドコ」とかいう名づけもあるとか、民家の下屋につく庇（ヒサシ）が、地域によって「シコロ」や「オダレ」と呼ばれ、沖縄の民家の軒下空間には「アマハジ」という特別な呼び名があるといったような、さまざまなネーミングの由来を解説する本。実際に、そうした資料をわたしは集めてもいるし、今現在のわたしは「家の名づけ」ともいえる「屋号」の調査をしているし、建築家の空間の名づけとともに、そうした伝統的な空間の名づけについて触れていく本を書こうかと思ってもいました。同じ物が、まるで異なる名づけで呼ばれてきたのは、それだけでわたしたちの興味を誘うものですから。

けれど、どうしてもその前にふまないといけない手続きがあるように感じて今回の本の構成となりました。そうしないと「名づけ」の本は、単にトリビア的な事例集になってしまいそうだったからです。だから本書でも、名づけを検討するうえで有益と思える事例はいくつか紹介していますが、そのほとんどを「名づけるということはどういうことか」について検討する結果になっています。実際の建築空間の名づけそのものを検討する文章を求めている方には期待を裏切ってしまったかもしれませんが、またいつかの機会ができるのをお待ちいただければと思います。

「名づけ」を研究する一方、ながらく、自分が建築をつくることとの関係をうまく考えられないでいました。いつ頃からだったかは覚えていませんが、「重なり」という言葉によって、「名づけ」と「つくる」が自分の中で一致してきたように思います。それはどちらもわたしたちの環境への視線です。だから、この本はわたしたちのもうひとつの環境論として読んでもらえたら嬉しいと思っています。

一介の駆け出しの建築家が出すぎた本を書いているのではないかというストレスでだいぶん眠れぬ夜を数えた気がします。とくに、血肉化しているとは言えない先人たちの思想を勝手気ままに利用しているときに罪悪感のようなものも覚えてしまうのです。とはいえ、実際に設計している時の状況を考えると、誤読だろうとなんだろうとそれまでに触れた数少ない知識から自身の実践へと向かっているのだなとあらためて感じ、その感覚に正直に文章を書きました。

建築家のただひとつの秀でていることは、建築をつくれるということです。もちろん実際に作っているのは建築家のわたしたちに無い技能を培ってきた職人です。けれど、そしてもちろん、つくるというのは現実に建つ建築にとどまらず、図面、写真、模型にも建築はあらわれますし、言葉のなかにもあらわれます。だから、本当はミースの言うようにだまって建築をつくっていればそれで良いのですが、それでも何か書けないかと思って、今回は苦悩悶絶しながら書き溜めました。その多くはとても拙い言葉にすぎませんが、一建築家が、ときにどんなことを考えているか、それがどうして建築家の思考なのか、そういう地点からお読みいただけたらば幸いです。

この本では記憶についていくつか書いています。わたしがとても好きな、けれど建築の空間に落とし込むのがとても難しいテーマです。わたしは記憶力が悪く、この本で参照・引用している物事の多くはせいぜいこの本を書いている途中に読んだか、もう一度読み直して思い出した内容で、そのときの気づきを書き連ねているにすぎません。つまり、ほとんどの参照している事柄はわたしの本業の研究対象ではなくて、わたしのつごうのよい解釈です。わざとらしい誤読もしていますし、それぞれの分野の研究者にしてみればとても読むに耐えない内容だと思います。そもそも自分の専門でない分野から、いろいろな言葉をとりあげることの心苦しさをいつも感じながら、それでも興味が生まれた言葉を手元に置きつつ、この本を書きました。だから、拙い参照に不満が生じた読者の方にはここで謝っておこうと思います。ごめんなさい。そんなときわたしはいつも、生前の篠原一男が言った「建築家には本を読む時間なんてないはずなのです」という言葉を思い出して心の平静をたもっています。この本は建築関係者向けの本です。けれど、ほとんどあらゆる人は、毎日、建築と接して生きていますから、誰もが建築の関係者だとも、わたしは思っています。そしてまた、ほとんどあらゆる分野が建築と関係すると思ってもいます。

本書を書くきっかけをくださったのは、真壁智治さんです。最初にお会いしたのは、『新建築』誌の企画で黒川哲郎さんの自邸と六角鬼丈さんの自邸の訪問記の執筆を頼まれた時でした。（おそらくは）その訪問記を真壁さんが気に入ってくださったのか、それからいくつかの文章を書かせていただくことになって、今回の本の話となりました。とくにテーマは与えられませんでしたが、たしか「空間論を書かないか」と言われたようなぼんやりとした記憶があります。わたしは、映像記憶というのを持ちあわせていないようなので、その時の様子や真壁さんの顔は思い出せません。ただ空間論を書くなんて大それたことはできないなと思った記憶があります。わたしが大学で研究室をもち始めたころに話があって、それからおおよそ2年間、2016年と2017年にこの本の大部分は書きあげました（だからトピックを古く感じた人がいるかもしれないです）。その後何年かの間に、新しく出た関連書籍とか、新たな気づきとかを書き加えて本書をのんびりと書き上げました。

NTT出版の山田兼太郎さんの言葉は、いつもおだやかで的確で、とても励まされました。松田行正さんと杉本聖士さんにはうつくしい装丁をしていただきました。ここで感謝の意を記します。

本書で語っているさまざまな部分の元になっているのは、わたしが東京工業大学で教わった先生方、特に、奥山信一先生、仙田満先生、八木幸二先生、坂本一成先生、藤岡洋保先生、安田幸一先生、塚本由晴先生のご指導のもと学生時代から考えてきたことです。ありがとうございました。また、白澤宏規さん、石堂威さんからは研究室発足時に多くの資料をいただき、研究のスタートが切れたことをこの場をお借りして改めて心よりお礼を申し上げます。

本書を書きながらいろいろな人と話をしました。研究会という名の酒席をおこないながらいろいろと議論をした研究者の友人・研究室の学生、うまくいかないときに辛口の日本酒を飲みながら甘口で話に付き合ってくれた大切な飲み仲間、そして、いつもわたしをささえて晩酌をしてくれる家族にはあらためてこの場でお礼を伝えたいと思います。今後ともよろしくお願いします。

2022年、初夏

塩崎太伸

註

はじめに

▼1 世界のすべては無理だけど地球のすべてを名づけようとする欲望は、試みとなって歴史上おこなわれてきた。たとえば住所の名づけは西洋、東洋、それぞれに特徴があり、一般に西洋は通りをベースとした住所が多いが、日本では街区をベースとした住所が多い。日本の中でもたとえば京都の「上ル、下ル、東入ル」といった特徴ある住所の名づけは、それ自体が都市の把握・記憶と関連している。また、近年、what3words(what3words.com)という、地球上のすべての3m×3mのエリアに3つの単語の組み合わせによるアドレスを割りあてるというインターネット上の試みが話題となった。「住所」の名づけについては以下の書籍が詳しい。同書では、日本人が通りの名づけをもちいずに、目印の関係性から道案内をする様子についての、ロラン・バルトとバリー・シェルトンの話が述べられている。マスク［2020］『世界の「住所」の物語』。

▼2 水簸をおこなっていた職人はおそらくまだ存命であるが、彼らは当時のことを語らないという。それは窯業集落における水簸作業が「汚い泥作業」という立ち位置として認識されていたことから、それを隠したいということのようである。わたしは彼らに接触することはできなかった。

第2章

▼1 家の語源の系列として、本書では大きく2つここで触れておきたい。ひとつが「ヤ」で、もうひとつは「イヘ」である。「ヤ」は「屋」であり、単純に「建物」という意味程度しかなかったようだ。まだ言語が発達していなかった古来の言葉は、おそらく、一語で発することができる言葉から始まったと思われる。それは自分自身の体や身の回りの物の名づけから始まっただろう。だから「テー（手）」とか、「メー（目）」とかの発語がスタートだろうし、そうした基本的な発語の中に自分たちの身を隠していた建物の語、「ヤー（屋）」があっただろうという考えはとても自然に思われる。一方、「イヘ」には「火（へ）のそば」説と「戸（へ）のそば」説があるようだけれ

ど、いずれにしても「居るところ」といった意味から始まったようだ。現代では「火」の説はその信頼性が揺らいでいるようだが、人の住まいの中心にはつねに火があったことを思えば、「火のそば」説ももう一度復活させてもよいように思う。

ところで、「家」の名づけにはもう1つの意味がある。それは制度としての家である。これは決して日本のみにとどまらないことだけれど、「家」は「個人」以上に守り、存続させる対象であった。とくに日本では「家名」は「屋号」としての字（あざな）、「苗字」と関連して、家の名づけを検討するうえではとても興味深いのだけれど、本書ではそこに深く踏み込まないこととした。また期をあらためたい。

▼2 建築家の原広司は、ある一時のことを「微期間（マイクロ・デュレーション）」と呼び、地球の一生のような長い期間と区別する（原［2014］）。この微期間という考え方は、時間を自由自在に移動する思考や記述にうまく適合し、未来の再現や予測、そして未だ見ぬ未来の名づけをも扱うことができそうな予感を誘う概念である。

▼3 本書では「世界」は「環境」の集まりとして捉えることとする。以降の章で少しずつ触れていくが、本書でわたしたちは身の回りにある「物」の名づけを検討する。「物」は人の場合もあれば建築の場合もある。「物」は複数で何かしらの関係をもつ。2つ以上の「物」が関係をもつとき、そこに「空間」が生じると考えよう。それゆえ、「空間」は平面上にも存在する。2つ以上の「物」の関係である「空間」は密度をもつ。そして、3つ以上の「物」の関係を本書では「環境」と呼ぶ。「環境」には「空間」の重なり（オーバーラップ）が見られることがある。3つ以上の「物」の関係、つまり「環境」のもっとも身近な例は、「父と母と子」であろう。そして、「環境」には「名づけ」が生じる。逆に、3つ以上の「物」の関係において初めて「名づけ」が生じうる。そして、生まれては消え、消滅しては誕生する数多くの、無限とも言える、「環境」の集まりをわたしたちの「世界」と考えたい。「名づけ」への眺めは、わたしたちの「環境」そして「世界」への眺めである。

第3章

▼1 外在と内在による建築的事柄の整理について、森田慶一によるウィトルウィウスの建築論の読解も取り上げておこう。ウィトルウィウスの有名な「強（firmitas）」「用（utilitas）」「美（venustas）」に対して、森田はウィトルウィウス

のもちいる原理を整理し、「美」を内在的、「用」を外在的とし、「強」については原理が掲げられていないとした（森田［1969］［1978］）。そして内在的原理（美）には量的な原理（ordinatio/symmeria）と質的な原理（dispositio/eurythmia）があり、外在的原理（用）にはdecor/distributioがあると整理した。これらはすべて対概念になっており、先にあげた原理が上位概念で後にあげたものが下位概念であるとした。森田慶一のウィトルウィウス読解については、以下などに詳しい。田路貴浩［2019］「森田慶一建築論に対する増田友也の当惑感」。

第4章

▼1 近年もちいられている切断という語は、本書の語としては無限に増殖する環境の群による世界から、マルクス・ガブリエルの語としては存在しない世界から、千葉雅也の語としては意味のある無意味（千葉雅也［2018］『意味がない無意味』）から、それぞれ脱出するための意味の有限化にたいしてつかわれるようにわたしは感じているけれど、ここでもちいている切断という語はもっと単純な、こびりついた意味の切断くらいの意味。

▼2 平野利樹（編）［2017］『A＋U』。

第5章

▼1 けれど、日本にも空虚と言いうるパブリックスペースがかつてあった。それはかつては天皇の空間として軍事パレードがおこなわれ、戦後は占領軍の場となり、そしてメーデーとなると労働者が集い日本の「人民広場」と呼ばれた皇居前広場である。令和という名づけの日、多くの人が未来を祝ったのがMay day（5月1日）の皇居前広場だったことは、なかなか象徴的なことだったと思う。

第6章

▼1 セールはラトゥールの師であり、本書でも登場するANT（アクター・ネットワーク・セオリー）はセールの「準・客体」の理論を展開したものとして知られている。セールは準・客体論の検討で、本書でも乗り越えようとしてい

る主体と客体の二項対立的な対比を重ねようとしたり、主体と客体を逆転させたりする。それに即して言えばわたしたちの試みも、建築家が主体、建築が客体としてあつかわれてきたこれまでのデザインから、建築が主体、わたしたちが客体となるデザインに意識を変える演習と考えることができるかもしれない。

第9章

▼1 上松はそこで、バットより30年以前の、カール・ハインツ・エッサーの『体験空間としての建築空間』の以下の文章を取り上げている。「適用可能な哲学的・心理学的・美学的・芸術学的・建築学的な空間概念はまだ何一つ存在しない」(上松[1997])。

第10章

▼1 アップルトンの「眺望−隠れ場理論」が動物行動学的な次元を超えて建築空間や都市空間に適用可能かどうかについては検討の余地があると思われる。たとえばオギュスタン・ベルクは著書の中でアップルトンの理論に否定的なニュアンスを述べている(ベルク[1990])。

第11章

▼1 篠原は多分野の言語を参照し、自らの言葉に転換している。その語の中には意図的かどうかわからないが誤読と言ってよいものもある。たとえば篠原が物の意味にたいして使う「熱い」「冷たい」という語は、当時篠原が参照していたレヴィ・ストロースが社会の構造にもちいた「熱い」「冷たい」という語と異なる方法でもちいている点には注意が必要である。篠原は古い伝統がもつ意味に対してその豊饒さから「熱い」という形容詞を当て、意味のはぎとられた事物の関係に「冷たい」「ドライ」という語を当てるが、レヴィ・ストロースは未開の社会の運動の少なさに対して「冷たい」という語を当てている。

▼1 served space / servand space（サーヴド・スペース：仕えられる空間／サーヴァント・スペース：仕える空間）の概念がもっとも明快に示された作品の1つに《リチャーズ医学研究棟》がある。なお、晩年のルイス・カーンに学んだ建築家、工藤国雄によれば、この考え方が最初に提出されたのは、ユダヤ人コミュニティ・センターの《バスハウス》においてである。また、サーブド・スペースは、マスター・スペースと述べられることもある（Kahn［1987］、工藤［1981］）。

▼2 ルイス・カーンは1950年代に「幾何学形態を設計の地盤とすることで、空間の本性の探求をさらに深めようと」した。その際に、unnamed space（「名前のない」空間）という言葉が使われ、キッチンやリビングルームといった、一般によく知られた名前の部屋（named space）が否定的に語られた（齋藤［2003］）。

▼3 universal spaceという言葉はミースのコンセプトの代名詞の1つとしてもちいられることが多いが、実際に建築家として最初にもちいたのがミースであるかどうかはわたしの調べた限りでは、それを明確に示す文献は見当たらなかった。ミースはいくつかの講演録以外には言葉による著作を残しておらず、その数少ない講演録（その大半は左記参考文献に収められている）からのみでは、この言葉をミースが最初に述べた時期を特定することは困難であるが、八束によれば、ミースによるこの概念の内容の萌芽的言説は渡米以前のアダム・ビル・プロジェクトに関するクライアントへの手紙（1928年）に見出せる。また、藤岡によれば、ユニバーサルスペースという言葉が日本の建築誌上で最初に紹介されたのは1953年であり、それはミースの講演の和訳としてであった（Neumeyer［1991］、八束［2001］、ミース［1953］、藤岡［1990］）。

▼4 L'Espace Indicible（えも言われぬ空間、言語を絶する空間などと訳される）は、アンソニー・ヴィドラーによれば、ル・コルビュジエが1933年のCIAM第4回会議において初めて述べた言葉であり、その後とくに1950年代に多くもちいられた概念である。

▼5 Junkspace（ジャンクスペース）について、レム・コールハースはラスベガスやショッピングモールなどを例にあげながら、近代化する都市において生み落とされた残留物として定義する。その空間はさまざまの欲望を内包するものとして多面的に描かれているが、記憶への残りにくさ、豊穣さ、商業性などがその特徴としてあげられる。そ

してその空間を生み出した実体的要因としてエアコン、エスカレーター、石膏ボード（3つとも歴史書から抜け落ちていることが指摘されている）があげられている。また、ジャンクスペースと題された論文は複数ある（コールハース［2000］［2003］、Koolhaas［2004］［2006］）。

▼6 藤岡は「通常、建築においては「空間」という概念は茫漠とした単なる3次元的な拡がりをさすのではなく、何らかの知的操作によって分節され価値を付与された3次元的なまとまり、として認識されていると言ってよかろう。つまり、「空間」は人間の理性によって認知され得るものであり、「空間」に建築の基本原理を見るという行為は建築を成り立たせていると考えられる普遍的要素に対する高い関心、いいかえれば合理主義的思考に支えられている」と述べている（藤岡［1933］）。

第14章

▼1 ルイス・カーンは"I always start with squares no matter what the problem is."と述べ、正方形という厳格な幾何学をもちいることで「プログラミングの不純物を濾過しようと」した（Kahn［1987］、齋藤［2003］）。

▼2 磯崎新は1970年代に、建築雑誌への建築作品発表と合わせて、「〈手法〉について」［1972］、「〈立方体〉について」［1975］、「〈円筒〉および〈半円筒〉について」［1975］、「〈直方体〉について」［1975］などの一連の論文を『新建築』誌に発表し、幾何図形の無根拠な操作による〈手法〉を展開した。これらの論説は、『手法が』にまとめられている。

▼3 ル・コルビュジエは著書において、建築家に対しての「三つの覚え書」として「立体はわれわれの感覚がそれを通じて知覚し、測定するもので、全体に影響をうけるものだ。面は立体を包むもので、その感覚に抑揚を与えるものだ。平面は立体と面とを生み出す源泉であり、これによって、全てを確定的に決定するものだ」と述べている（ル・コルビュジエ［1967］）。

▼4 ここで〈立体〉の空間認識の形式に対しての「俯瞰的」という語は、〈平面〉に対してもちいた「図式的」という語と対比的にもちいており、本来的な意味より広義の意味でもちいている。つまり、事物を捉える視線として、「アクソノメトリック的」な視線と「パースペクティブ的」な視線の2つを設定するならば、俯瞰的とは本来、

遠方から捉える前者の視線と位置づけられ、後者の視線は「ありのままに」「アイレベルで」という語が感覚として近い。

▼5 正方形、円、立方体、および円筒が、幾何図形の中でも単純な図形であるかどうかは、数学的にも議論の分かれるところであると考えられるが、ここでは、ウィトルウィウスの『建築書』で取り上げられた神殿の形式が四角形（第3書、第2章）と円形（第4書、第8章）の2つの形式のみであったこと、および下記のパラーディオとル・コルビュジエの言説を引用し、その判断の材料としたことを記す。

「神殿は、円形、四角形、六角形、八角形、およびそれ以上の角をもつ多角形につくられる。これらはすべて、円形の中にきっちり収まる。また、人々のさまざまな考案に従って、十字形、その他の多くの形式や形態にもつくられる。……しかし、もっとも美しくもっとも整った形式で、他の形式がそれらから自己の基準を受けとっている形は、円形と四角形である」（パラーディオ［1986］、305頁）。

「軸線とか、円とか正方形などは、幾何学の神髄であり、われわれの目が測る事象であり、認識することである。もしそれでなければ、偶然か、異常か、いい加減かである。幾何学は人間の言葉である」（ル・コルビュジエ［1967］、68頁）。

▼6 同一のかたちによる単位の反復という構成は、本書で取り上げた建築の構成の中でも特殊なものと言える。アリソン・スミッソンは1974年に発表した論文の中で幾何学的な単位の反復による建築をマット＝ビルディング（Mat-Building）という言葉で初めてあらわした（Smithson［1974］）。なお、こうした反復による構成形式は平面的な思考と共にもちいられやすいが、現在では、マット＝レイアウト（Mat-Layout）という言葉を英語による建築的な言説上で見ることができる。

第20章

▼1 「図式＝図＋空間」、「形式＝形＋時間」という言い方をベースとして、多くの議論が可能となる。たとえば「形式のようで形式でない形」とは、いつの日か形式となりうる強さをもった形でありデジャヴ的な形式と言える。また、本書でたびたび「機能」の代わりに登場する「営み」という語は、人のふるまいに時間の積み重ねと空間的

設えが積み重なったものであると言える。

▼2
設計におけるアブダクションの試みは下記の拙稿を参照（拙稿［2021］「アブダクション、欠性」『新建築住宅特集』2021年7月）。なお、建築設計におけるアブダクションについては建築家の門脇耕三によりすでに詳細な検討がされている（門脇［2012］）。

八束はじめ［2001］『ミースという神話――ユニヴァーサル・スペースの起源』彰国社
山田守［1964］「《日本武道館》作品解説」『新建築』1964年10月
山本洋一郎ほか［2008］「スケールを主題とした設計論の文脈と形式――現代日本の建築家の設計論にみられるスケールに関する研究(2)」『日本建築学会学術講演梗概集 F-2』2008年7月
山本理顕［1999］「主体性をめぐるノート」『新建築』1999年11月
横河健［2001］「「トンネル住居」が問いかけるもの」『新建築住宅特集』2001年6月
ヨコミゾマコト［2005］「非均質性・非全体性・非中心性」『新建築』2005年4月
吉原治良［1956］「具体美術宣言」『芸術新潮』1956年12月
吉松秀樹［2002］「Tokyoに住むことの意味」『新建築住宅特集』2002年4月
ロース、アドルフ［2017］『ポチョムキン都市』鈴木了二、中谷礼仁監修、加藤淳訳、みすず書房
ロウ、コーリン［1981］『マニエリスムと近代建築』伊東豊雄、松永安光訳、彰国社
六角鬼丈［1980］「《金光教福岡高宮教会》作品解説」『新建築』1980年9月
ロブ＝グリエ、アラン［1998］『迷路のなかで』平岡篤頼訳、講談社文芸文庫
渡辺真理［2004］「3つの文化のアマルガム」『新建築』2004年5月

［英字］

Descola, Philippe [2013] *Beyond Nature and Culture, translated by Janet Lloyd*, The University of Chicago Press
Descola, Philippe [2013] *The Ecology of Others*, translated by Geneviéve Godbout and Benjamin P. Luley, Prickly Paradigm Press
Harman, Graham [2012] *The Third Table*, Documenta (13), Hatje Cantz
Kahn, Louis I. [1972] "An Architect Speaks his Mind, interview with Beverly Russell," *House & Garden*, Vol. 142, No.4, October, 1972 (The Condé Nast Publications, Inc.). Reprinted in Louis I. Kahn: *Writings, Lectures, Interviews*, Alessandra Latour, ed., New York: Rizzoli, 1991
Kahn, Louis I. [1987] *Louis I. Kahn Complete Works* 1935-1974, H. Ronner, S. Jhaveri, BIRKHÄUSER
Koolhaas, Rem [2004] "junkspace," *CONTENTS*, TASHEN
Koolhaas, Rem [2006] *Junkspace*, Quodlibet
Neumeyer, Fritz [1991] *The Artless Word*, translated by Mark Jarzombek, The MIT Press
Smithson, Alison [1974] "How to Recognise and Read Mat-Building," *Architectural Design*, September, 1974
Shiozaki, Taishin [2021] "Sloping Ground: The Styles of Shinohara at Tanikawa House and House in Tateshina", *KAZUO SHINOHARA Traversing the House and the City*, Edited by Seng Kuan, Lars Muller Publishers, Harvard University Graduate School of Design
Stafford, Barbara Maria [1999] *Visual Analogy: Consciousness as the Art of Connecting*, The MIT Press

船越徹［1976］「なぜ相貫体か」『建築文化』1976年1月
フランクル、パウル［2005］『建築史の基礎概念——ルネサンスから新古典主義まで』（旧題『建築造形原理の展開』）香山壽夫、武澤秀一、宇佐見真弓、越後島研一訳、鹿島出版会
ペヴスナー、ニコラウス［1954］『ヨーロッパ建築序説』小林文次訳、彰国社
ペヴスナー、ニコラウス［1957］『モダン・デザインの展開——モリスからグロピウスまで』白石博三訳、みすず書房
ベルク、オギュスタン［1990］『日本の風景・西欧の景観——そして造景の時代』篠田勝英訳、講談社現代新書
ペレック、ジョルジュ［2003］『さまざまな空間』塩塚秀一郎訳、水声社
ベンソン、アービッド［2015］『新しい遊び場』大村虔一、大村璋子訳、鹿島出版会
ボルノウ、オットー・フリードリッヒ［1978］『人間と空間』大塚恵一訳、せりか書房
ホワイトヘッド、アン［2017］『記憶をめぐる人文学』三村尚央訳、彩流社

［ま行］

槇文彦［1973］「みち空間と町並み」『新建築』1973年10月
槇文彦［1982］「最近の設計から（III）——慶應義塾図書館・新館をめぐって」『新建築』1982年6月
マスク、ディアドラ［2020］『世界の「住所」の物語』神谷栞里訳、原書房
増田実、米田有［1989］「ポスト消費社会の建築言語」『建築文化』1989年2月
mamoruほか［2017］「あり得た（る）かもしれない音と風景と経験と都市と私たち」『述ら本01——WHOLE UTOPIA CATALOG』建築記述研究会（本書第16章一部分の初出）
ミース・ファン・デル・ローエ［1938］「アーマー工科大学における就任演説」
ミース・ファン・デル・ローエ［1953］「ユニヴァーサル・スペース——西ドイツ・マンハイムの国民劇場・案」『国際建築』1953年11月
三浦展［2012］『第四の消費——つながりを生み出す社会へ』朝日新書
南方熊楠、土宜法竜［1990］『南方熊楠 土宜法竜 往復書簡』飯倉照平編、八坂書房
宮晶子［1999］「人と場の相互作用III」『新建築住宅特集』1999年7月
宮脇檀［1970］『現代建築用語録』コンペイトウ（井出建・松山巌・元倉真琴）共著、彰国社
ムーア、チャールズ［1978］『ディメンション——空間・形・スケールについての考察』ジェラルド・アレン共著、石井和紘、安藤正雄訳、新建築社
村上徹［1981］「設計メモ」『新建築』1981年2月
室伏次郎［1982］「伝達と共有」『建築文化』1982年12月
毛綱毅曠［1993］「「瓢簞鯰」と建築のカオス」『新建築』1993年7月
モホリ＝ナジ・ラースロー［1967］『ザ ニュー ヴィジョン——ある芸術家の要約』大森忠行訳、ダヴィッド社
モリス、ウィリアム［2013］『ユートピアだより』川端康雄訳、岩波文庫
森田慶一［1978］『建築論』東海大学出版会

［や・ら・わ行］

谷内田章夫［1993］「〈24の塔〉均等配列のトポロジー——脱計画学的なモデュラープランの試行」『新建築住宅特集』1993年6月

新田正樹［1992］「マイナス空間への深化」『新建築住宅特集』1992年5月
日本建築家協会編［1963］『モデュール』彰国社

［は行］

ハーマン、グレアム［2017］『四方対象——オブジェクト指向存在論入門』岡嶋隆佑監訳、山下智弘、鈴木優花、石井雅巳訳、人文書院
バーマン、モリス［2019］『デカルトからベイトソンへ——世界の再魔術化』柴田元幸訳、文藝春秋
長谷川逸子［1977］「直角二等辺三角形の立面」『新建築』1977年6月
長谷川逸子［1991］「シースルーのプロセニアムアーチ」『新建築』1991年1月
長谷川堯［1981］『生きものの建築学』平凡社
早川邦彦［1979］「異系の遭遇について」『新建築』1979年10月
早川邦彦［1991］「場のもつ磁力を増幅する」『新建築』1991年8月
パラーディオ、アンドレア［1986］『パラーディオ「建築四書」注解』桐敷真次郎編著、中央公論美術出版
原広司ほか［1982］『新建築学体系23——建築計画』新建築学大系編集委員会編、彰国社
原広司［2014］『WALLPAPERS——空間概念と様相をめぐる〈写経〉の壁紙』現代企画室
バルト、ロラン［1986］『美術論集——アルチンボルドからポップ・アートまで』沢崎浩平訳、みすず書房
ハンセル、マイク［2009］『建築する動物たち——ビーバーの水上邸宅からシロアリの超高層ビルまで』長野敬、赤松眞紀訳、青土社
ヒルベルザイマー、ルートヴィヒ［1973］『現代建築の源流と動向』渡辺明次訳、鹿島出版会
廣田裕之［2016］『シルビオ・ゲゼル入門——減価する貨幣とは何か』アルテ
平野利樹（編）［2017］「特集：米国の若手建築家」『A+U』2017年5月
フェン、ファン・デ［1981］『建築の空間——近代建築運動の理論と歴史における新しい理念の展開』佐々木宏訳、丸善
フォーティ、エイドリアン［2005］『言葉と建築』坂牛卓、辺見浩久訳、鹿島出版会
フォション、アンリ［2004］『かたちの生命』阿部成樹訳、ちくま学芸文庫
藤井圭子［2008］「形容詞名詞化の接尾辞－SAと－MIの違いの認知論的再考察」『15th Princeton Japanese Pedagogy Forum』2008年5月
藤井博巳［1973］「格子目地で建築を被う」『新建築』1973年7月
藤岡洋保、佐藤由美［1993］「建築雑誌に示された日本の建築界への「空間」という概念の導入と定着」『日本建築学会計画系論文集』NO.447、pp.109－118、1993年5月
藤岡洋保、鈴木達也［1990］「日本の建築雑誌に示されたルートヴィヒ・ミース・ファン・デル・ローエの評価」『日本建築学会計画系論文集』NO.418、pp.147－154、1990年12月
藤本壮介［2003］「居場所／距離感」『新建築』2003年8月
藤本壮介［2004］「Space of no Intention」『新建築』2004年9月
藤本昌也［1964］「坂出市人工土地でのねらい」『新建築』1964年12月
藤本康宏ほか［2018］「空虚な容れ物としての役者とその個性」『述ら本02——特集シャーマン』建築記述研究会（本書第5章一部分の初出）
ブドン、フィリップ［1978］『建築空間——尺度について』中村貴志訳、鹿島出版会

高橋実知子［2002］「名詞接尾辞「さ」と「み」の差異についての一考察」『東京電機大学工学部研究報告』21号、2002年12月
高松伸［1996］「「巨大さ」の能力」『新建築』1996年1月
高山宏［2007］『近代文化史入門——超英文学講義』講談社学術文庫
武基雄［1965］「対比する空間」『新建築』1965年5月
竹内武弘［1991］「《野辺山の住宅》作品解説」『新建築住宅特集』1991年12月
竹山聖［1992］「関係の形象——地域へ、そして都市へ」『新建築』1992年4月
竹山聖［2001］「REFRACTION——光を象徴から戯れの領域に移行させる」『新建築住宅特集』2001年3月
田路貴浩［2019］「森田慶一建築論に対する増田友也の当惑感」『建築論研究』第1号
谷口吉生［1989］「設計メモ」『新建築』1989年11月
タメット、ダニエル［2007］『ぼくには数字が風景に見える』古屋美登里訳、講談社
丹下健三［1954］「建築の尺度について、または空間と社会」『新建築』1954年1月
千葉雅也［2018］『意味がない無意味』河出書房新社
塚本由晴［2003］「幻想のない住宅」『小さな家の気づき』工国社
塚本由晴［2005］「マイクロ・パブリック・スペース」『新建築』2005年2月
デスコラ、フィリップ［2019］『自然と文化を超えて』小林徹訳、水声社
出向井直也ほか［2004］「建築家の言説にみられる「空間」を用いた創作概念の内容と形式——建築設計論における概念設定に関する研究（4）」『日本建築学会学術講演梗概集 F-2』2004年7月
ドーマル、ルネ［2010］『類推の山』巌谷国士訳、河出文庫
樋田力［1961］「OK モデュールについて」『日本建築学会論文報告集』No.67、pp.114-122、1961年3月
土岐新［1980］「《ふらここ保育園》作品解説」『新建築』1980年6月
戸沼幸市［1978］『人間尺度論』彰国社
富永讓［1978］「純粋直方体（プリズムピュール）に何が可能か？——幾何学的な場について」『新建築』1978年6月

［な行］

中井仁実［1992］「《メープルコート》《ロ・スフォンド》作品解説」『新建築』1992年8月
長坂大［1999］「「余白」について」『新建築』1999年12月
中沢新一、國分功一郎［2013］『哲学の自然』太田出版
中島俊明ほか［2006］「建築家の言説にみられる幾何学的言語の参照根拠と手法的操作の形式——現代日本の建築設計論にみられる幾何学的操作に関する研究（2）」『日本建築学会学術講演梗概集 F-2』2006年7月
中野はるみ［2005］「転成名詞の文中での意味のあり方——「たのし・さ」と「たのし・み」」『長崎国際大学論叢』第5巻、2005年1月
夏目漱石［1961］『吾輩は猫である』新潮文庫
西沢立衛［2003］「座談会 建築の2010年を語る——建築の読み替えと空間の名づけをめぐって（青木淳・西沢立衛・藤本壮介による鼎談）」『新建築』2003年1月
西田幾多郎［1996］「知識の客観性」『西田幾多郎随筆集』岩波書店（初出：『改造』1933年）
西田知己［2022］『「新しさ」の日本思想史——進歩志向の系譜を探る』ちくま新書

塩崎太伸［2016］「床にまつわる8つのフレーズ（住宅をエレメントから考える（前編）」『新建築住宅特集』2016年3月（本書第10章一部分の初出）
塩崎太伸［2021］「アブダクション、欠性」『新建築住宅特集』2021年7月
篠原一男［1958］「日本の風土のなかから」『新建築』1958年9月
篠原一男［1962］「様式がつくられるとき——デザインをめぐる諸考察」『デザイン』1962年8月
篠原一男［1964］「住宅設計の主体性」『建築』1964年4月
篠原一男［1964］『住宅建築』紀伊国屋新書
篠原一男［1967］「空間の思想と構造——都市論と住宅論との間に」『新建築』1967年1月
篠原一男［1972］「住宅論——個と集合のための空間論」『新建築』1972年2月
篠原一男［1975］「裸形の空間を横断するとき——谷川さんの住宅」『新建築』1975年10月
篠原一男［1977］「第3の様式」『新建築』1977年1月
篠原一男［1979］「今、そして機能」『SD』1979年1月
篠原一男［1986］「《ハウス イン ヨコハマ》作品解説」『新建築住宅特集』1986年5月
篠原一男［1989］「ある商業都市機械」『新建築』1989年1月
篠原一男［1996］『篠原一男』TOTO出版
清水邦子［1978］「接尾語——『み』と『さ』を中心に」『ILT News』64、早稲田大学語学研究所
白井晟一［1956］「縄文的なるもの——江川氏旧韮山館について」『新建築』1956年8月
白井晟一［1956］「めし」『リビング・デザイン』1956年11月
鈴木恂［1968］「泡沫単位をもつ住空間」『新建築』1968年4月
鈴木恂［1968］「水泡空間考」『建築文化』1968年5月
スタフォード、バーバラ・M［2004］『グッド・ルッキング——イメージング新世紀へ』高山宏訳、産業図書
スタフォード、バーバラ・M［2006］『ヴィジュアル・アナロジー——つなぐ技術としての人間意識』高山宏訳、産業図書
スタフォード、バーバラ・M［2006］『ボディ・クリティシズム——啓蒙時代のアートと医学における見えざるもののイメージ化』高山宏訳、国書刊行会
スタフォード、バーバラ・M［2008］『実体への旅——1760年－1840年における美術、科学、自然と絵入り旅行記』高山宏訳、産業図書
ゼーヴィ、ブルーノ［1966］『空間としての建築』青銅社
セール、ミシェル［2016］『作家、学者、哲学者は世界を旅する』清水高志訳、水声社
清家清ほか［1961］「座談会　住宅設計の行きづまりをめぐって」『新建築』1961年1月
清家清ほか［1965］「これからの居間のために」『新建築』1965年1月
瀬尾文彰［1971］「スペースコアの提案」『新建築』1971年10月
妹島和世［1994］「ふたつの設計をめぐって」『新建築住宅特集』1994年5月

［た行］

高井利洋ほか［2008］「現代日本の住宅作品の平面図にみる面表現と家具表記——図面に表現された空間図式」『日本建築学会学術講演梗概集 F-2』2008年7月
高口恭行［1976］「巡空間考——空間接続の造景手法」『建築文化』1976年9月
高階秀爾［1967］『芸術空間の系譜』鹿島出版会
高杉敏［1961］「《東京読売ゴルフ場クラブハウス》作品解説」『新建築』1961年8月

黒川紀章［1967］「メタボリズムの二つのシステム」『建築文化』1967年11月
黒川紀章［1978］「即非の空間――構想についてのノート」『新建築』1978年1月
ゲデス、パトリック［2015］『進化する都市――都市計画運動と市政学への入門』西村一朗訳、鹿島出版会
コールハース、レム［2000］「Junkspace」『a+u 2000年5月臨時増刊　OMA@work.a+u 』土居純訳、エー・アンド・ユー
コールハース、レム［2003］「ジャンクスペース」『建築文化（特集 レム・コールハース――変動する視座）』No. 664、山田和子訳、彰国社
香山壽夫［1988］『建築形態の構造――ヘンリー・H・リチャードソンとアメリカ近代建築』東京大学出版会
小嶋一浩［1998］「設計の思考方法を変えるツール」『新建築住宅特集』1998年4月
小嶋一浩［2003］「並列空間――住宅の黒と白」『新建築住宅特集』2003年2月
小林克弘［1991］「「ON AXIS-OFF AXIS」から「厳粛なる散逸」へ」『新建築』1991年9月
小林克弘［1993］「幾何学・列柱・大階段」『新建築住宅特集』1993年5月
駒田知彦ほか［1963］『モデュール』日本建築家協会編、彰国社
小宮山昭［1986］「脱テーマ主義――動的な視点より」『新建築』1986年6月
ル・コルビュジエ［1953－60］『モデュロール（全2巻）』国際建築協会編、吉阪隆正訳、美術出版社
ル・コルビュジエ［1976］『モデュロールⅠ――建築および機械のすべてに利用し得る調和した尺度についての小論』吉阪隆正訳、鹿島出版会
ル・コルビュジエ［1976］『モデュロールⅡ ――発言は使用者に』吉阪隆正訳、鹿島出版会
ル・コルビュジエ［1984］『プレシジョン――新世界を拓く 建築と都市計画』井田安弘、芝優子訳、鹿島出版会
ル・コルビュジエ［1967］『建築をめざして』吉阪隆正訳、鹿島出版会

［さ行］

齋藤裕［2003］「永遠の家を求めて」『Louis I. Kahn Houses――ルイス・カーンの全住宅 1940－1974』TOTO出版
斉藤義［1980］「対空間の家について――住み方の反映としての空間の形式」『新建築』1980年8月
坂井宝一郎［1984］「《CPMスタジオ》作品解説」『新建築』1984年9月
坂牛卓［2008］『建築の規則――現代建築を創り・読み解く可能性』ナカニシヤ出版
坂田聡［2006］『苗字と名前の歴史』吉川弘文館
阪田誠造［1977］「敷地から建築へ――東京都立夢の島総合体育館と埼玉県青少年総合野外活動センターについて」『新建築』1977年4月
坂本一成［1971］「登戸の家――建築としての住宅」『新建築』1971年10月
坂本一成［1974］「乾いた空間――即物性と存在性」『新建築』1974年2月
坂本一成［1976］「住宅における建築性――住宅設計私論 2」『新建築』臨時増刊1976年11月
坂本一成［2011］『建築に内在する言葉』TOTO出版
塩崎太伸［2014］「母なる空間」『新建築住宅特集』2014年3月（本書第12章一部分の初出）
塩崎太伸［2015］「ジェネリックに育った僕たちのもうひとつの空間論に向けて」『応答 漂うモダニズム』槇文彦、真壁智治編、左右社

エヴェレット、ダニエル・L［2012］『ピダハン―「言語本能」を超える文化と世界観』屋代通子訳、みすず書房
越後島研一［1991］「「自立する秩序」と「孕んだ空間」の合成」『新建築住宅特集』1991年12月
エルンスト、マックス［1996］『百頭女』巖谷國士訳、河出文庫
エンデ、ミヒャエル［1996］『M・エンデが読んだ本』丘沢静也訳、岩波書店
遠藤織枝［1985］「接尾語「さ」の一考察」『早稲田大学語学研究研究所紀要（31）』
遠藤政樹［2005］「小さいこと、特殊であること、いま」『新建築』2005年6月
太田邦夫［2010］『エスノ・アーキテクチュア』鹿島出版会
大野秀敏［1998］「複雑性をもった部分からなる全体」『新建築』1998年7月
大山顕［2020］『新写真論――スマホと顔』ゲンロン叢書
岡崎乾二郎［2018］『抽象の力』亜紀書房
岡田新一［1972］「群馬県民会館における設計の方法」『新建築』1972年1月
奥山信一［2008］「「原型住宅」の意味　〈分割〉〈非分割〉そして〈連結〉を巡る空間的試作」『篠原一男　住宅図面』彰国社
小沢明［2011］『「ポシェ」から「余白へ」――都市居住とアーバニズムの諸相を追って』鹿島出版会
オストロム、エノリア／ウオーカー、ジェイムス［2000］「市場でも国家でもなく」『公共選択の展望 第1巻』デニス・C・ミュラー編、関谷登、大岩雄次郎訳、多賀出版

［か行］

ガードナー、マーティン［1992］『新版　自然界における左と右』坪井忠二、藤井昭彦、小島弘訳、紀伊國屋書店
加藤千佳、塩崎太伸［2018］「日本の諸産業における物を干す空間の形式と名づけ」『日本建築学会大会梗概集 F-2』2018年9月
門脇耕三［2012］「2000年以降のスタディ、または設計における他者性の発露の行方」10+1 website、LIXIL出版
神谷宏治［1973］「空間の表と裏――日本的都市空間の特性」『新建築』1973年3月
川向正人［2017］『近現代建築史論――ゼムパーの被覆／様式からの考察』中央公論美術出版
河邑厚徳、グループ現代［2011］『エンデの遺言――根源からお金を問うこと』講談社
ギーディオン、ジークフリート［1978］『建築、その変遷』前川道郎、玉腰芳夫訳、みすず書房
菊竹清訓［1974］「最高裁に考える」『新建築』1974年7月
菊地大麓［1976］「20代の空間」『建築文化』1976年6月
岸政彦［2015］『断片的なものの社会学』朝日出版社
北田暁大［2008］『広告の誕生――近代メディア文化の歴史社会学』岩波書店
北山恒［2017］『モダニズムの臨界――都市と建築のゆくえ』NTT出版
木村徳国［1979］『古代建築のイメージ』日本放送出版協会
キャロル、ルイス［1959］『鏡の国のアリス』岡田忠軒訳、角川文庫
工藤国雄［1981］『講座 ルイス・カーン』明現社
隈研吾［1994］『新建築入門』ちくま新書
隈研吾［2007］「開かれたプロセスが町を変える」『新建築』2007年3月
クリプキ、ソール［1985］『名指しと必然性』八木沢敬、野家啓一訳、産業図書
栗生明［1990］「オフィス内リゾート」『新建築』1990年11月

池辺陽［1958］「G.M.について」『国際建築』1958年7月
池辺陽［1965］「住居のスペース・システム」『建築文化』1965年6月
池辺陽［1966］「住居をつくり住居を使う そして住居は人間を支え人間を変える――住宅設計における私の方法」『新建築』1966年1月
池辺陽［1979］『デザインの鍵――人間・建築・方法』丸善
石山修武［1975］「幻庵録――シリンダーは宇宙卵としての世界の充足を目差す」『新建築』1975年6月
伊従勉［1982］「ル・コルビュジエの建築思惟―L'ESPACE INDICIBLEをめぐって」『日本建築学会近畿支部研究報告集計画系』NO.22、1982年6月
出江寛［1972］「余白と余空間」『建築文化』1972年12月
磯崎新［1963］「日本の都市空間――雲煙の技法」『建築文化』1963年12月
磯崎新［1970］「ソフト・アーキテクチュア――応答場としての環境」『建築文化』1970年1月
磯崎新［1972］「〈手法〉について」『新建築』1972年4月
磯崎新［1975］「〈立方体〉について――群馬県立近代美術館の場合」『新建築』1975年1月
磯崎新［1975］「〈円筒〉および〈半円筒〉について　富士見カントリークラブハウスの場合」『新建築』1975年4月
磯崎新［1975］「建築について」（篠原一男との対談）『新建築』1975年10月
磯崎新［1978］「フォルマリズムの方法について――神岡町役場の設計」『新建築』1978年9月
磯崎新［1979］『手法が』美術出版社
磯崎新［1983］「都市、国家、そして〈様式〉を問う」『新建築』1983年11月
磯崎新［1987］「美術館は展示作品をディスターブしてはならない」『建築文化』1987年3月
磯崎新［1999］「身体的――リアルとハイパー」『新建築』1999年2月
伊丹潤［1975］「《余白の家》作品解説」『新建築』1975年2月
市村弘正［1996］『増補「名づけ」の精神史』平凡社ライブラリー
井出達也、塩崎太伸［2020］「子どもの秘密基地遊び場の空間イメージと自然／人工の重なり」『日本建築学会大会梗概集 F-2』2020年9月
伊藤計劃［2008］『ハーモニー』ハヤカワSFシリーズ Jコレクション
伊東豊雄［1994］「ベイ・エリアの風景から――ふたつのプロジェクトをめぐって」『新建築』1994年6月
伊東豊雄［1995］「通過点としての公共建築」『新建築』1995年7月
伊東豊雄［2001］「近代を超える「もうひとつの空間」」『新建築』2001年3月
井上武司［2005］「理想的な音楽空間を求めて」『新建築』2005年6月
井上充夫［1969］『日本建築の空間』鹿島出版会
インゴルド、ティム［2017］『メイキング――人類学・考古学・芸術・建築』金子遊、水野友美子、小林耕二訳、左右社
ヴィドラー、アンソニー［2006］『歪んだ建築空間――現代文化と不安の表象』中村敏男訳、青土社
ウィトルウィウス［1979］『ウィトルーウィウス建築書』森田慶一訳、東海大学出版会
ヴォルマン、ジルほか［1960（1995訳）］『アンテルナシオル・シチュアシオニスト 5 スペクタクルの政治――第三世界の階級闘争』木下誠監訳、黒川修司ほか訳、インパクト出版会
内田樹［2004］『死と身体――コミュニケーションの磁場』医学書院
浦辺鎮太郎・松村慶三［1960］「KM（Kurashiki-module）」『新建築』1960年12月

図版出典・クレジット

p. 015（写真）　：宮内庁HPより<https://www.kunaicho.go.jp/culture/shoryobu/syuzou-r04.html>
p. 101（図版）　：ともに、森田慶一『建築論』東海大学出版会、p. 39をもとに著者作成
p. 101（写真）　：著者撮影
p. 134（写真左）：『建筑　篠原一男』東南大学出版会、2013年、書影
p. 134（写真右）：『Ka』031、TIT建築設計教育研究会、2007年、書影
p. 142（写真左）：『篠原一男』TOTO出版、1996年、書影
p. 142（写真右）：『JIA MAGAZINE』no.317、2015年7月、書影

以下、住宅写真　設計：アトリエコ（小林佐絵子＋塩崎太伸）、撮影：鈴木淳平（p. 2のみアトリエコ）
pp. 002－003（第1部扉）：《house on the corner》2012年
pp. 062－063　　　　　：《longhouse》2014年
pp. 090－091（第2部扉）：《four column house》2018年
pp. 232－233　　　　　：《gohira house》2020年
pp. 248－249（第3部扉）：《house in kamiikebukuro》2021年
pp. 336－329　　　　　：《pithouse in kikuna》2021年

参考文献（50音順）

［あ行］

相田武文［1972］「無明の思惟」『新建築』1972年8月
相田武文［1975］『建築形態論』明現社
相田武文［1976］「形態と図形について」『新建築』1976年10月
相田武文［1985］「遊戯性、積木、そして・・・」『新建築住宅特集』1985年春号
青木淳［1994］「動線体としての生活」『住宅特集』1994年5月
赤坂喜顕［1989］「抽象と応答――鎌倉のゲストハウス設計ノート」『新建築住宅特集』1989年1月
秋道智彌（編）［2018］『交錯する世界　自然と文化の脱構築――フィリップ・デスコラとの対話』京都大学学術出版会
上松佑二［1997］『建築空間論――その美学的考察』早稲田大学出版部
東浩紀［2017］『ゲンロン0――観光客の哲学』ゲンロン
安部公房［1982］『箱男』新潮社
安藤忠雄［1978］「敷地の余白」『新建築』1978年3月
安藤忠雄［1988］「異化する」『新建築』1988年10月
安藤忠雄［2004］「自然に埋没する建築」『新建築』2004年9月
井内清志［1997］「《フィルタースペースのある家》作品解説」『新建築住宅特集』1997年4月
五十嵐太郎［1999］「批判的地域主義再考――コンテクスチュアリズム・反前衛・リアリズム『10+1』18号、INAX出版
池田武邦［1962］「《わが家》作品解説」『建築文化』1962年2月

［著者紹介］

塩崎太伸（しおざき・たいしん）

1976年生まれ。建築家。アトリエコ共同主宰。東京工業大学 環境・社会理工学院 建築学系　准教授。千葉県立東葛飾高校卒業、東京工業大学大学院理工学研究科修了。オランダ・デルフト工科大学（2000-2001）、東京工業大学・博士（工学）（2009）。建築制作に《五平柱の住宅》（Japan Wood Design Award 2020）、《菊名貝塚の住宅》（SDレビュー2018、住宅建築賞2022）、《上池袋の住宅》など。家具制作に《patapata》、《shimashima》など。グッドデザイン賞2010。共著に、『建築論事典』（日本建築学会）、『応答「漂うモダニズム」』（左右社）など。

建築・都市レビュー叢書 07

空間の名づけ

—— Aと非Aの重なり

2022年10月7日　初版第1刷発行

著　者　塩崎太伸

発行者　東 明彦

発行所　NTT出版株式会社
〒108-0023　東京都港区芝浦3-4-1 グランパークタワー
営業担当 / TEL 03-6809-4891　FAX 03-6809-4101
編集担当 / TEL 03-6809-3276　https://www.nttpub.co.jp/

造本設計　松田行正＋杉本聖士

印刷・製本　中央精版印刷株式会社

ISBN 978-4-7571-6085-9 C0052

建築・都市レビュー叢書　創刊の辞

21世紀の建築と都市のための議論を生む新しい知のプラットフォームを築く必要があります。そのために20世紀を生んできたこれまでの知の棚卸しを図り、新たな時代のパラダイムに対応する論考＝レビューのための場づくりが求められています。本叢書の主題は、現在の建築・都市に潜む事態・事象・現象・様相等のその問題性を指摘し、新たな局面を切り開いてゆくための独創的な力を示すことにあります。そして、レビューの機会をより多くの世代間、分野間に拡げ、そこから議論と理解を深め問題の所在を明らかにしてゆきます。

本叢書が、21世紀の建築と都市にわたる論考の場を活発化することを期待しています。

叢書キュレーター　真壁智治

建築・都市レビュー叢書

01

妹島和世論

マキシマル・アーキテクチャーI

服部一晃

建築のモダニズム、ポストモダニズムの流れを、突然「切断」するかのように現れた妹島和世。その発想の根底には「世界」と「私」の「亀裂」を丸ごと飲み込む姿勢があった。80年代生まれの俊英が放つ建築史の冒険。

定価（本体2400円＋税）ISBN978-4-7571-6070-5

02

モダニズムの臨界

都市と建築のゆくえ

北山恒

社会はいま、モダニズム建築に代わる新たな空間を求めている。世界中へ輸出され、各国で独自の発展を遂げてきた、モダニズム建築。ポストモダンを経て、グローバル経済によって翻弄され続ける建築の明日を探る。

定価（本体2600円＋税）ISBN978-4-7571-6071-2

03

営繕論

希望の建設・地獄の営繕

内田祥士

建築の工業化がもたらした設備の重装化によって、修繕することの技術的な困難に直面するモダニズム建築。建築と修繕を併せ持つ「営繕」という古来よりある言葉を、再解釈しなおすことで、現代建築の希望をつなぐ。

定価（本体2600円＋税）ISBN978-4-7571-6072-9

04

フラジャイル・コンセプト

青木淳

2011年の東日本大震災以降に、さまざまな媒体に紡いできた言葉をあつめた建築エセー。原っぱと遊園地につづく新たなキーワードのもとに、震災以降の建築への取り組み方の変化、息遣い、さらに今後の展望を描く。

定価（本体2600円＋税）ISBN978-4-7571-6074-3

05

隈研吾という身体

自らを語る

大津若果

「負ける建築」を掲げる隈研吾はなぜ勝ち続けられるのか？これまでの実人生の歩みと、数ある著作と建物とを重ね合わせ、さらに隈自身にインタビューすることで、その創作に隠された「受動的なバネ」を明らかにする。

定価（本体2600円＋税）ISBN978-4-7571-6076-7

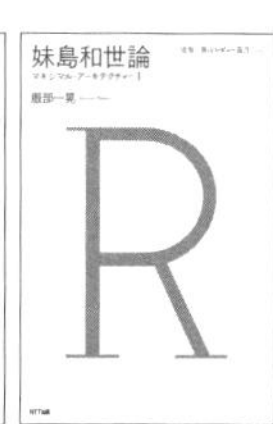

建築・都市レビュー叢書

06

みんなの建築コンペ論
新国立競技場問題をこえて

山本想太郎
倉方俊輔

新国立競技場問題で露わになった、建築界と社会との絶望的なまでのコミュニケーション不全。建築コンペの歴史・現状を詳らかにしながら、現代社会にマッチする建築コンペのモデルを提案し、その価値を問いなおす。

定価（本体2600円＋税）ISBN978-4-7571-6082-8

07

空間の名づけ
Aと非Aの重なり

塩崎太伸

モダニズムが生みだした豊饒な建築言語に潜む、「つくる側／つかう側」という溝。その分断と向きあい、「なぜ私たちは空間に名を与えるのか？」という問いのもと、人、モノ、空間、自然の「重なり」のなかに新たな建築言語を探る。

定価（本体2700円＋税）ISBN978-4-7571-6085-9